추기경
마르크스의
자본론

추기경 마르크스의 자본론

공존과 상생을 지향하는
질서자본주의

Das Kapital Reinhard Marx

라인하르트 마르크스 추기경 지음
주원준 옮김

일러두기

1. 옮긴이의 주는 (옮긴이) 표시를 했으며, 따로 표시하지 않은 주는 모두 지은이의 주이다.

2. 주요 인명과 서명, 교황청 회칙, 주요 용어 등은 처음 한 번에 한해 원어를 병기했다.

3. 단행본은 겹낫표(『 』), 잡지와 신문은 겹꺾쇠(《 》), 개별 성서와 논문 등은 홑낫표(「 」)로 표시했다.

4. 원서의 내용 이해를 돕고자 옮긴이가 본문의 절을 나누고 소제목을 붙였다.

5. 이 책에서 가톨릭교회의 최고위 성직자를 일컬을 때 '교황'보다는 '교종'이라고 썼다. 양자 모두 가톨릭교회의 공식 용어다.

6. 성경을 인용할 때는 가톨릭교회의 공인본 성경을 사용했다. 교황청 문헌을 인용할 때는 한국 천주교 주교회의CBCK에서 발행한 문헌을 그대로 싣되, 문맥에 따라 윤문한 곳은 그때마다 밝혀놓았다. 카를 마르크스 등의 저작도 문맥에 따라 일부 윤문했다.

7. 다양한 사회적 이슈에 대한 가톨릭교회의 가르침을 일반적으로 사회교리doctrina socialis 또는 사회적 가르침disciplina socialis이라고 한다. 이 책에서는 '가톨릭 사회론Katholische Soziallehre'이라는 용어가 주로 사용되었는데, 이를 문맥에 따라 '가톨릭 사회교리', '가톨릭 사회론', '가톨릭교회의 사회적 가르침' 등으로 옮겼다. '사회윤리Sozailethik', '사회학Sozialwissenschaft', '그리스도교 사회론 christliche Gesellschaftslehre'은 각각 구별하여 옮겼다

8. 이 책에서 언급하는 교황청의 주요 문헌은 아래와 같다.

   레오 13세, 『불멸의 하느님Immortale Dei』(1885)

   레오 13세, 『새로운 사태Rerum Novarum』(1891)

   비오 11세, 『사십주년Quadragesimo Anno』(1931)

   요한 23세, 『어머니요 스승Mater et Magistra』(1961)

   요한 23세, 『지상의 평화Pacem in Terris』(1963)

   제2차 바티칸 공의회, 『인류의 빛Lumen Gentium』(1964)

   제2차 바티칸 공의회, 『기쁨과 희망Gaudium et Spes』(1965)

   제2차 바티칸 공의회, 『종교 자유에 관한 선언Dignitatis Humanae』(1965)

   바오로 6세, 『민족들의 발전Populorum Progressio』(1967)

   요한 바오로 2세, 『노동하는 인간Laborem Exercens』(1981)

   요한 바오로 2세, 『사회적 관심Sollicitudo Rei Socialis』(1987)

   요한 바오로 2세, 『백주년Centesimus Annus』(1991)

   요한 바오로 2세, 『생명의 복음Evangelium Vitae』(1995)

   요한 바오로 2세, 『신앙과 이성Fides et Ratio』(1998)

   베네딕토 16세, 『하느님은 사랑이십니다Deus Caritas Est』(2005)

   베네딕토 16세, 『희망으로 구원된 우리Spe Salvi』(2007)

   베네딕토 16세, 『진리 안의 사랑Caritas in Veritate』(2009)

   프란치스코, 『찬미받으소서Laudato Si'』(2015)

한국 독자들에게

이 책의 독일어 초판은 글로벌 금융 위기와 경제 위기가 한창이던 2008년에 나왔지만, 그 이전부터 축적된 오래된 성찰들을 묶은 것입니다. 저도 2008년의 위기가 한 시대를 구분 짓는 징표가 되리라는 인상을 받았습니다. 그 위기로 말미암아 고삐 풀린 자본주의와 규제가 철폐된 시장에 대해 널리 확산되었던 믿음이 '지속 가능하게' 무너져버렸습니다. 당시 저는 새로운 경제를 향한 변화란 무엇이고 어떻게 이루어야 할지에 대해 생각을 나누고 기여하고 싶었습니다.

이런 소망을 품은 가운데 저는 자본주의와 세계 경제가 실질적으로 인간의 얼굴을 갖추는 데 가톨릭교회의 사회교리가 기여할 수 있다고 확신했기에(이 확신은 언제나 흔들림이 없습니다) 이 책을 썼습니다. 이 책은 사회윤리적 성찰을 담고 있을 뿐만 아니라 저의 개인적 삶의 체험에도 뿌리를 두고 있습니다. 저는 1953년 생인데 당시 서독은 이른바 '경제 기적'을 이뤄내던 시절이었습니다. 그 기적은 단순한 기적이 아니라 사회적 시장경제라는 모델에 근거하여 이룩한 것이었습니다. 그리고 세계대전 이후 탄생한 독일 연방공화국에서 발전한 독일식 경제 모델과 사회 모델은 가톨릭교회의 사회교리에서 뿌리를 찾을 수 있습니다.

'만인을 위한 복지', 이는 사회적 시장경제의 구호였고, 저도 유년 시기와 청소년 시기에 실제 독일에서 이런 구호가 여러 분야에서 실현되는 것을 체험했습니다. 물론 저는 최근 수십 년간 무제한 자본주의라는 이데올로기가 확산되는 것도 보았습니다. 그 이데올로기는 경제 위기가 일어나기 수년 전부터 독일뿐 아니라 전 세계에서 강력해지고 있었습니다. 저는 이 책에서 그런 경향에 반대하는 목소리를 높이고 이미 현실에서 입증된 사회적 시장경제의 근본 원칙을 혁신하고 심화하길 원했습니다. 나아가 세계적 차원의 사회적 시장경제를 변호하고도 싶었습니다. 이런 변호는 현재에도 변함없이 유효합니다.

그러므로 저는 그동안 이 책이 여러 언어로 번역된 것을 기쁘게 생각하며, 특히 이번 기회에 한국어로 출판된 것을 환영합니다. 이 책이 나올 수 있도록 수고를 아끼지 않으신 번역자 주원준 박사와 눌민 출판사에 감사드립니다.

이 책을 쓴 지 10년이 넘게 지났습니다. 그러나 저의 주장은 여전히 변함이 없습니다. 오히려 더욱 절박해지고 있습니다. 돌아보면 경제 위기는 세계 경제의 변화를 알리는 신호탄이었습니다. 그러나 우리는 이 위기 이후 일상으로 너무나 빨리 복귀했고 '여느 때와 다름 없이business as usual' 지내고 있습니다. 하지만 여전히 누적된 사회적·정치적 그리고 생태적 문제가 우리 앞에 놓여 있으며, 이제 우리의 부담이 되고 있습니다. 그래서 우리는 진보에 대해 새롭게 사고해야 합니다. 이는 모든 인간의 자유와 평등 그리고 형제애를 새롭게 숙고하는 일과 관련이 있습니다. 저는 장기적으로 볼 때 전체적으로 완전히 새로운 방향을 잡는 일 외에 다른 대안은 없다고 믿습니다.

가장 큰 위기는 기후 위기입니다. 최근 기후 위기로 인해 전체 인류의 생존이 의문시되고 있기 때문에, 우리는 이 위기 앞에서 회개로 이끌립니다. 그리고 이 한국어판 서문을 집필하는 중에도 코로나19의 대유행으로 전 세계가 충격에 빠졌으며, 현재 사망자가 40만 명을 넘어섰습니다. 이런 세계적 대유행은 세계 공동체 차원으로, 곧 세계적 차원의 연대로 대응해야 합니다. 세계적 차원의 연대는 사랑의 공감으로 시작되어 정치적 기관의 협동과 정의로운 세계 경제 시스템으로 입증되어야 합니다. 이런 연대성을 보존하는 일이 제가 간절히 염원하는 것입니다. 1950년대 독일과 달리 이제는 '만인을 위한 복지'보다는 '만인을 위한 기회'가 중요해지고 있습니다. 세계적 차원에서 만인을 위해 발전의 기회를, 특히 다음 세대와 가난하고 곤경에 빠지고 억압받는 사람들을 위해 연대성의 정신으로 열어주어야 합니다.

이런 의미에서 저는 프란치스코 교종과 완전하게 일치하고 있습니다. 최근 교종께서는 창조로 지어진 공동의 집을 함께 돌보아야 하고, 우리의 행동도 그에 맞춰져야 한다고 강조하셨습니다. 특정한 경제 체제를 한없이 비판하는 일에 그쳐서는 안 됩니다. 오히려 경제적·정치적 그리고 사회적 행동이 인간의 복리에 봉사하는지, 전체적인 시각으로 꾸준하게 질문해야 합니다. 프란치스코 교종은 5년 전에 발표하신 회칙 『찬미받으소서*Laudato Si'*』에서 당신의 이런 근본적 지향을 도드라지게 표현하셨습니다. 만인의 복리와 창조계의 안녕을 지향하는, 전체적이면서 새로운 진보 사상을 요청하는 교종의 호소에 저는 온전히 공감합니다. 그러므로 이 짧은 서문을 프란치스코 교종의 말씀으로 마무리하고 싶습니다.

우리의 공동의 집을 보호해야 하는 긴급한 과제에는 모든 인류 가족을 함께 모아 지속 가능하고 온전한 발전을 추구하도록 하는 일도 포함됩니다.(『찬미받으소서』, 13항).

2020년 9월 뮌헨에서
뮌헨과 프라이징 대교구 대주교
라인하르트 마르크스 추기경

이렇게 소중하고 귀한 책이 시의적절하게 번역되어 우리말로 읽고 새기게 되니 가물에 단비를 만난 듯 고맙고 기쁩니다. 1867년 마르크스에 의해 출판된 『자본론^{Das Kapital}』이 같은 성을 가진 마르크스 추기경에 의해 오늘날 우리 앞에 다시 불려 나온 듯합니다.

마르크스 추기경께서는 이 책 첫 장에서 마르크스 자본론의 허와 실을 가감 없이 밝히십니다. 마르크시즘은 착취당하는 노동자, 소외된 인간을 해방시키겠다는 강력한 휴머니즘을 표방했지만, 그것을 실현하는 과정에서 오히려 구체적인 인간을 소외시키게 되는 자체모순으로 인해 결국 그들의 마지막 말마디인 평등^{égalité}은 독재와 전체주의 속에 함몰되고, 파괴된 유산과 파괴된 영혼이라는 비극적 유산만 남겼다고 말입니다.

그러나 추기경께서는 마르크스가 살았던 19세기 산업혁명 시대보다 오히려 공산주의 체제가 붕괴한 후 고삐 풀린 듯 질주하는 신자본주의의 세계화 물결이야말로 오늘날 더 큰 재앙이 되고 있으며, 특히 가난한 나라들은 존립 자체를 위협받고 있다고 거듭 호소하십니다.

이 책은 그런 의미에서 하나의 '새로운 자본론'을 전개하고 있습니다. 마르크시즘의 전철을 밟지 않으면서, 신들린 지금의 자본주의를 어떻게 멈춰서게 하고 어떤 방향으로 이끌 수 있을지를 살핍니다. 인류 역사에서 이런 중차대한 위기 앞에 혼신의 힘으로 서 있는 마르크스 추기경의 진지한 대결의 모습이 이 책 전체를 꽉 채우고 있습니다.

저자 못지않게 지독한 독일어를 수려한 한국말로 읽어내게 해주신 역자 주원준 박사님께도 커다란 고마움을 전합니다. 수년간 정의평화위원회 위원으로 활동해주시고, 전공 분야가 아닌 서적임에도 불구하고 대립된 한국 사회의 현실을 위해 끝내 번역까지 하시게 된 그 동기에 더없이 공감하며 마음 깊이 감사드립니다.

모쪼록 마르크스 추기경의 이 저서가 역자의 마음처럼 또한 저의 소망처럼 오늘을 살아가는 한국인의 정신세계에 귀하게 자리 잡기를 손 모아 기도합니다.

한국 천주교 주교회의 정의평화위원회 위원장

배기현 콘스탄틴 주교

저에게 모든 것이 다 처음이었습니다. 비행기를 타본 것도, 우리 나라 바깥으로 나가본 것도 말입니다. 그때가 1988년이었습니다. 독일에 대한 사전 지식이 거의 없던 저에게 독일에서 가장 인상적인 풍경은 매일 저녁 6시만 되면 모든 상점이 다 문을 닫고 거리가 한산해진다는 점이었습니다. 저녁에도 문이 열려 있는 곳은 오직 주유소와 영화관 그리고 식당뿐이었습니다. 토요일과 주일에도 평일의 저녁 6시 이후처럼 거리가 한산하기는 마찬가지였습니다. 독일 '사회적 시장경제'와의 첫 만남은 그렇게 온통 이질적인 느낌뿐이었습니다. 우리 나라에서 동네 구멍가게나 슈퍼마켓도 밤늦게까지 영업하는 모습에 익숙해 있던 저에게 독일의 이런 풍경은 아주 낯설고 불편했습니다. 하지만 그런 생활에 익숙해지고 난 뒤에는 오히려 밤늦게까지 그리고 주말에도 쉬지 않고 일하는 무한 경쟁의 우리 사회가 얼마나 비인간적인가 하는 생각마저 들었습니다.

이제는 우리 나라도 주 5일 근무제가 정착하면서 많이 달라지기는 했지만 그래도 여전히 세계에서 노동 시간이 제일 많은 국가 가운데 하나로 손꼽힙니다. 우리 나라는 2017년 기준으로 OECD 평균보다 1.7개월을 더 일하는 나라입니다. OECD 36개 나라들 중에서 가장 적게 일하는 나라가 독일인데, 독일 노동자의 연평균 노동 시간은 1356시간으로 우리 나라 노동자는 그들보다 연평균 660시간이나 더 많이 일한다고 합니다. 독일 노동자의 노동 시간이 이렇게 적은데도 독일이 세계적인 경제 강국으로 우뚝 선 것을 보면 '사회적 시장경제'의 효율을 무시할 수 없지 않겠나 싶습니다.

경제는 원칙적으로 인간에 봉사하는 것이지만 통제되지 않는 자본주의 시장경제는 소수 사람들의 탐욕을 채우는 수단으로 왜곡되고 맙니다. 나라의 경제가 인간의 얼굴을 하고 인간에게 봉사하도록 만들 책임은 국가(정부)에 있습니다. 가톨릭교회는 사회교리를 통해서 모든 사람에게 봉사하는 경제 제도의 중요성을 알리고, 이에 반하는 현실의 부조리를 고발합니다.

가톨릭 사회교리를 전공한 신학자이면서 독일 주교회의 의장을 역임한 라인하르트 마르크스 추기경님의 이 책은 '고삐 풀린 자본주의와 규제가 철폐된 시장'의 부조리를 해소할 수 있는 대안으로 가톨릭 사회교리에 부합하는 '사회적 시장경제'의 지구적 확산을 강조하고 있습니다. 그런 점에서 이 책이 우리 나라의 경제 현실에 대한 가톨릭 사회교리적 성찰과 논의를 더욱 심화시키는 데에도 크게 기여하리라 믿습니다.

최근 코로나19 바이러스 감염증의 확산으로 전 세계가 극심한 어려움을 겪고 있습니다. 코로나19는 이 시대 또 하나의 '새로운 사태'가 되었습니다. 동시에 이 시대의 또 다른 '새로운 사태'는 바로 기후위기입니다. 마르크스 추기경님께서도 한국어 서문에서 밝히신 바와 같이 인류는 기후위기라는 전대미문의 위기에 직면해 있습니다. 130년 전 무제한의 자본주의 체제에서 착취당하는 노동자들의 비참한 현실이 교회에 제기된 '새로운 사태'이고 도전이었다면, 오늘날 코로나19와 기후위기는 이 시대의 인류와 교회에 대한 '새로운 사태'이고 도전입니다.

코로나19와 기후위기가 서로 무관하지 않다고 전문가들은 진단합니다. 둘 다 인간이 스스로 자연을 파괴하고 창조의 질서를 어지럽힌 결과라는 것입니다. 자연을 쉽게 파괴하는 이유는 한마디로 말해 돈(당장의 경제적 이익) 때문입니다. '돈만 된다면… 무엇이든지 못할 것이 없다'는 자본주의 경제의 사고방식은 사람과 자연을 동시에 착취합니다. 코로나19와 기후위기도 사람보다 돈을 더 먼저 생각하는 '고삐 풀린' 지구적 자본주의 경제가 불러온 비극이라고 할 수 있습니다. 코로나19와 기후위기가 우리의 일상을 위협하고 있는 시기에 이 책이 번역되어 나온 것도 우연이 아닌 것 같습니다. 이 책이 그런 위기를 초래한 사회와 경제, 정치의 구조에 대해 숙고해보도록 우리를 초대하고 있기 때문입니다.

끝으로 이 책을 번역해주신 한님성서연구소 수석연구원 주원준 박사님께 감사를 드립니다. 주 박사님께서 성서 연구와 정평위 활동으로 바쁘신 중에도 이 책을 명료하고 쉬운 우리말로 옮겨주셔서 저도 아주 재미있게 읽었습니다. 저는 라인하르트 마르크스 추기경님을 뵌 적이 없고 또한 이 책의 독일어 원서를 읽어본 적이 없지만, 독일에서 가톨릭 사회교리를 전공한 제가 진즉에 했어야 할 작업을 주 박사님께서 이렇게 대신 해주신 것 같아 그저 송구하고 감사할 뿐입니다. 이 책의 출간을 거듭 축하드리며, 이 책이 우리 나라와 교회 안에서 가톨릭 사회교리에 대한 이해와 관심을 더욱 확산하는 기폭제가 되기를 바랍니다.

서울대교구 보좌주교

유경촌 디모테오

독일 문고판 서문

이 세상은 재정 위기와 경제 위기를 당면하면서 달라졌을까? 아마도 그렇다는 대답이 많을 것 같다. 왜냐하면 이 세계적 위기는 어디에서나 공공연히 강하게 인식되고 있고, 지구 어디에서든 위기의 강력한 여파를 쉽게 접할 수 있다고 느끼기 때문이다. 이미 많은 매체와 기관들이 이 세계적 위기의 원인과 결과를 알기 위해 큰 노력을 기울였다.

이 주제는 지금까지 다양한 논점과 시각으로 토론되었고, 여전히 다양한 매체가 정치경제 토론의 주제로 즐겨 다루고 있다. 때로 출중한 전문가들이 질문을 받아 매우 전문적이고 자세한 설명을 내놓기도 한다. 그런데 토론자들이 어떤 가치를 지니고 있는지가 점점 더 중요해지고 있다. 공동선을 위해서는 윤리적 원칙과 사회적 윤리가 결정적 의미를 지니기 때문이다.

이는 좋은 일이다. 우리의 경제 체제는 근본적인 토론이 필요하다. 특히 이 경제 체제의 윤리적 기초에 대한 토론은 엄청난 의미가 있다. 이는 재정 분야나 경제 분야 전문가들만의 주제가 아니며,

오히려 모두와 관련된 질문이다. 곧 노동자나 사무직은 물론이요 고용자, 로비스트, 노동조합 대표, 상장 회사 대표, 가족 회사 대표, 실업자, 실업급여 '하르츠 IV'[1]의 수령인, 정치인 그리고 각종 사회 기구와 조직 등 책임 있는 모든 분야와 관련된다.

이런 질문에 대해서 가톨릭교회 또한 할 말을 해야 한다고 나는 여전히 확신한다. 그것이 이 책을 내는 이유다. 이 책은 지난 10여 년간 다양한 기회에 발표한 원고와 강연 내용을 2008년 초가을에 새로 묶은 것이다. 그런데 이 책이 완성될 즈음까지 이 경제 위기에 대해서 예측할 수가 없었다. 지금은 이 위기가 단순한 기술적 결함으로 발생한 것도, 가볍게 해결될 것도 아니라는 점이 명확해졌다.

나는 때때로 이런 인상도 받는다. 모든 것을 '늘 하던 대로' 하자는 식으로 돌아가서 마치 아무것도 일어나지 않은 듯 말하거나, 또는 이 위기가 극복되었다고 너무 빨리 선언해버리는 것이 더 간단한 방법이라고 말이다. 하지만 그렇게 해서는 아무런 진전이 없다. 당면한 이 문제를 구체적이면서도 근본적으로 파헤쳐서 지속 가능한 해결책을 제시하는 일이 경제에나 사회 전체를 위해서 중요하다. 이미 던져진 질문은 매우 근본적이고, 시스템 전체가 시험대에 올랐다. 물

---

1 (옮긴이) 하르츠Hartz 법은 2002년 슈뢰더 정부가 수립한 노동 시장 개혁 방안을 총칭하는 것으로, 모두 네 단계로 이루어졌다. 고용과 실업 관련 정부 개편안(하르츠 I), 미니잡, 아르바이트, 1인 회사, 자영업자, 자기 회사 등을 빠짐없이 사회보장 체계에 통합시키는 계획(하르츠 II), 연방 노동청을 고객 지향적 서비스 제공 기관으로 개편하는 계획(하르츠 III), 그리고 실업부조와 사회부조를 통합한 실업급여 지급(하르츠 IV)을 지칭한다. 도입할 당시와 현재도 논란이 끊이지 않지만, 대체로 독일 경제를 한 단계 끌어올렸다고 평가받는다.

론 이 근본적인 시험은 유익할 수 있다. 위기를 기회로 바꿈으로써 새로운 방향을 제시할 수 있다면 말이다.

이 위기로 말미암아 전 세계가 얼마나 밀접하면서도 다양하게 연관되어 있는지 다시 한번 명백히 드러났다. 세계적 전망이란 이미 오랫동안 일상생활의 확고한 일부가 되어버렸다. 세계화라는 과정을 무시해도 되는 사람은 지구상에 없다. 오히려 세계화 과정은 이루어질 수 있고, 이루어져야만 한다.

세계화의 결과는 일부 경제 영역에서 복잡한 결과를 낳는다. 그러나 그런 이유만으로 윤리적 질문을 배제할 수 없다. 오히려 경제적 행위를 포함하여 윤리에서 자유로운 공간이란 없다. 언제나 책임과 결과에 대해 생각해야 한다. 또한 우리는 한 국가 안에서만 제한된 행위를 하듯이 행동할 수 없다. 오늘날 우리의 모든 결정은 지구상 다른 나라들에 영향을 끼치고 있다.

유엔에서 2000년에 채택한 '밀레니엄 개발 목표'는 2015년까지 세계의 빈곤을 반으로 줄인다는 내용을 담고 있지만, 재정 위기와 경제 위기 때문에 달성하기 어려워지고 있다. 세계적으로 가난한 사람의 숫자는 줄지 않고 오히려 늘어났다. 그래서 유엔이 애초 설정한 2015년까지의 목표 달성은 부정적이다. 사실 이 문제는 어떤 통계 숫자나 평균치들에 대한 것이라기보다 인간에 대한 것이다. 국내적으로든 세계적으로든 자본이 아니라 인간을 중심에 놓는 것이 이성적이다. 우리는 재정 위기와 경제 위기 때문에 인간의 삶이 희생당한다는 점을 잊으면 안 된다.

베네딕토 16세 교종은 2009년 7월에 회칙 『진리 안의 사랑*Caritas in Veritate*』을 반포했다. 이 회칙에서 교종은 공동의 윤리적 이해가 가능할 때 오직 인류의 가정만이 생산적이고 공동선을 향한 제도와 구조를 건설할 수 있다는 점을 다시 한번 강조했다. 교종은 위기를 기회로 삼아 '새로운 인본주의적 종합'을 이루자고 요청했다.[2] "현재의 위기는 우리의 여정을 다시 세우고, 새로운 규칙을 만들고, 새로운 형태의 참여를 찾아내고, 부정적인 경험은 버리고 긍정적인 경험을 쌓아가게 합니다. 따라서 이 위기는 새로운 미래관을 형성할 식별의 기회가 됩니다. 이러한 정신으로 포기보다는 확신을 가지고 이 시대의 어려움에 대처하는 것이 바람직합니다."[3]

가톨릭교회는 사회교리를 통해 이 토론에 참여한다. 복음에 기반한 사회윤리적 선포라고 할 수 있다. 가톨릭 사회윤리는 예수님의 정신으로 시대의 징표를 탐구하여 규범적이고 비판적인 전망을 내놓는 일을 주저하지 않는다. 오히려 규범적이고 비판적인 전망은 모든 선한 사람들과 공유되어야 한다. 이런 의미에서 이 책이 가톨릭 사회윤리의 이해와 확산에 기여하길 바란다. 나는 현대 세계에서 일어나는 실제 사건에 의문을 제시하며 가톨릭교회의 사회적 가르침의 큰

2　베네딕토 16세, 「진리 안의 사랑*Caritas in Veritate*」(2009), 21항.

3　베네딕토 16세, 「진리 안의 사랑」, 21항.

원칙들을 보여주려 한다. 큰 원칙들은 불변하지만 정치적이고 사회적이며 구체적인 문제들 안에서 늘 새롭게 증명되어야만 한다. 그런 의미에서 나는 본래의 원고를 수정하도록 허락하지 않았다.

이 책이 출간된 뒤로 수많은 편지와 초대를 받아서 무척 기뻤고, 시급한 문제들에 대한 토론이 실제로 더 격화되었음을 잘 알 수 있었다. 이 책에 대한 비판도 긍정도 모두 똑같이 환영한다. 왜냐하면 우리는 다양한 입장에서 대화에 참여하여, 개인 차원이나 공동체 차원에서 삶을 결정짓는 중요한 가치들을 서로 이해하려고 노력하기 때문이다. 물론 이것이 절대 쉬운 과제는 아니지만, 이런 도전을 받아들이는 일은 분명 가치 있다. 인간을 위하여!

2010년 3월 5일 뮌헨에서
뮌헨과 프라이징 대교구 대주교
라인하르트 마르크스

초판 서문

‘교회와 정치’란 자체로 매우 흥미진진한 기회다!

주교가 경제와 정치에 관한 질문에 솔직한 견해를 밝혀야 할까? 주교는 이런 분야에 전문가로서 능력이 있는가? 주교는 이런 일을 하도록 맡겨진 사람인가? 이 책은 이 같은 질문에 분명히 ‘예’라고 답한다. 가톨릭교회는 가톨릭 사회교리를 통하여 근본적으로 복음 자체에서 비롯한 사회적 메시지를 선포한다. 특히 지난 100여 년간 교종들은 다양한 회칙과 담화 등을 통해 이런 관점을 펼쳐왔다.

하지만 나는 이 책을 출판하기를 망설였다. 이 책은 우리 시대의 정치적이고 사회적인 도전들을 매우 직접적으로 다루고 있고, 따라서 현실 정치의 맥락에서 가톨릭 사회교리를 논하고 있기 때문이다. 하지만 출판사 대표 베른하르트 모이저^{Bernhard Meuser} 형제의 지칠 줄 모르는 재촉에 결국 굴복했다. 왜냐하면 가톨릭 사회교리의 큰 원칙들이 구체적인 정치적 실천 안에서 증명되어야만 한다고 믿기 때문이다. 또한 글로벌 시대에 우리가 직면한 큰 도전들은 가치에 대한 확신과 윤리적 원칙들 없이 해결할 수 없다고 믿기 때문이다. 여기서 교회는 비판받을 위험 속으로 스스로 들어와야 한다.

이 책의 구상은 카를 마르크스^{Karl Marx}로부터 시작되었는데, 물론 나와 이름이 같아서만은 아니었다. 사실 나는 1991년 반포된 요한 바오로 2세 교종의 회칙 『백주년^{Centesimus Annus}』 26항의 일부 내용에 수년간 골몰했다. 『백주년』 26항은 동유럽 사회주의가 무너진 '1989년의 사건들'을 다룬다. 나는 사회주의권의 몰락이 '마르크스주의 위기'에 머무르지 않고, 오히려 세계 차원에서 불의와 가난을 극복하기 위해 더 나은 대안을 찾는 과제가 사회적 시장경제에 주어진 것이라고 생각했다. 그렇지 않다면 카를 마르크스의 헛된 사상과 그들 아류가 더욱 기승을 부릴 터였다. 이는 끔찍한 일이다.

도르트문트의 콤멘데 사회연구소 시절부터 파더보른 대학의 그리스도교 사회론 교수를 거쳐 주교에 이를 때까지, 나는 다양한 방법으로 사회윤리 주제들에 대해 견해를 밝혀야 했다. 학교를 떠나면서 동료인 헬게 불스도르프^{Helge Wulsdorf} 박사와 그리스도교 사회론 교과서를 공동으로 출판할 수 있었다. 그러고 나서 최근 몇 년간 여러 논문, 강연, 강론 등의 원고가 쌓였다. 이 다양한 원고를 더 많은 독자에게 더 이해하기 쉬운 방법으로 정돈하고 더욱 현실화하자는 생각이 점차 확신으로 바뀌었다. 가톨릭 사회론은 마땅히 일반적이고 공적인 토론 안으로 들어와 존재해야 한다.

이 책은 프라이부르크 대학에서 그리스도교 사회론을 강의하는 아른트 퀴페르스Arnd Küppers 박사의 집중적인 도움이 없었다면 불가능했을 것이다. 그는 나의 다양한 강연과 논문 등에서 원고를 추려내고 주제에 맞게 정돈하는 수고를 아끼지 않았다. 그의 노력이 없었다면 이 책은 나올 수 없었을 것이다. 그의 노력과 놀라운 협력에 감사를 드리고 싶다.

또한 이 책이 나오기까지 집중적으로 함께하면서 비판과 격려를 아끼지 않은 잉게 브로이Inge Broy 신학 조교에게도 감사를 드리고 싶다. 트리어 교구에서 뮌헨 교구로 이동하는 이 시기에 정말로 큰 도움을 주었다.

파틀로흐 출판사에도 심심한 감사를 드린다. 특히 초기에 집필을 거절한 나를 특유의 완고함으로 거만하게 극복하신 베른하르트 모이저 대표에게 깊은 감사를 드린다. 그분 없이 이 책은 결코 나올 수 없었을 것이다.

나는 이 책이, 반대를 포함하여, 토론을 더 부추기기를 희망한다. 우리는 기초 토론이 필요하다, 인간을 위하여!

2008년 9월 21일 뮌헨에서
라인하르트 마르크스 박사
뮌헨과 프라이징 대교구 대주교

라인하르트 마르크스^{Reinhard Marx} 추기경 약력 및 경력

약력

1953년	9월 21일 출생
1979년	사제 서품(파더보른 교구)
1989년	신학 박사 학위(보훔 대학교)
1996~2002년	파더보른 대학교 교수(그리스도교 사회론)
1996년	파더보른 교구 보좌주교 임명
2001년	트리어 교구 주교 임명
2007년	뮌헨과 프라이징 대교구 대주교 임명
2010년	추기경 임명

기타 경력과 직위(일부)

1989~1996년	사회연구소 콤멘데Kommende 소장
1999~2008년	독일 주교회의 정의평화위원회 위원장 주교
2001년	독일 주교회의 세계교회위원회 위원장 주교
2002년	교황청 정의평화위원회 위원 임명
2002~2009년	바이츠제커Carl Friedrich von Weizsäcker 재단 이사
2004~2014년	독일 주교회의 사회적질문위원회 위원장 주교
2006년	유럽 공동체 주교회의 위원회COMECE 독일 주교회의 대표 주교
	예루살렘 성묘 기사단 부단장
2007년	독일 재단Die Deutsche Nationalstiftung 참사회원
2008년	교황청 평신도위원회 위원 임명
	삼림 보호 운동 '괴칭거 트롬멜Gotzinger Trommel' 명예 회원
2009년	발렌다르 대학 명예 박사 학위
	'사회 질서Ordo Socialis'(그리스도교 사회론을 진흥하는 학술 재단) 고문
2009~2012년	유럽 주교회의 부의장 주교
2010년	교황청 가톨릭 교육성 임명
	아이히슈태트-잉골슈타트 대학 대학장Magnus Cancellarius
2012년	교황청 동방교회성 임명
2012~2018년	유럽 공동체 주교회의 위원회 의장 주교
2013년	'9인 추기경 평의회C9' 임명
2014년	교황청 재무원 산하 재무평의회 의장
2014~2020년	독일 주교회의 의장 주교
2019년	파리 가톨릭 대학 명예 박사

차례

서
장

마르크스가 마르크스에게

서
문
을
대
신
하
여

저와 성이 같은 카를 마르크스 귀하

귀하는 한평생 결정적 무신론자이자 교회에 맞선 전사였습니다. 그러므로 귀하의 적법한 유산을 지녔다고 망상하는 많은 마르크스주의자들은 가톨릭 주교가 귀하에게 이런 편지를 보내는 것을 분명히 '불경죄'의 일종으로 받아들일 것입니다. 그런데도 저는 편지를 씁니다. 왜냐하면 귀하는 신이 없다는 귀하의 주장이 오류였음을 사후에 깨달았을 것이고, 따라서 교회의 일꾼에 대해 이제는 좀 누그러진 기분을 지니게 되었으리라고 믿기 때문입니다. 한편으로는 귀하가 죽음 직전에 이렇게 말씀하셨다고 전해지기 때문입니다. "나는 내가 '마르크스주의자'가 아니라는 것만을 안다."[1] 그러므로 우리 사이에는 대화를 두려워하는 동지들의 속 좁은 생각 따위가 설 자리가 없다고 저는 생각합니다.

그럼에도 귀하는 도대체 왜 이런 대화를 시도하는지 궁금해할 수 있습니다. 이제 제 경력을 조금 말씀드릴 차례인 것 같군요. 저는 귀하와 성만 같은 사람이 아닙니다. 저는 2001년 트리어의 주교로 임명되었습니다. 이에 대해선 하느님께서 어떤 유머를 숨겨두신 게 아닐까 하는 확신이 들기도 합니다. 트리어는 1818년 귀하께서 태어난 곳이자 유년기를 보낸 곳이고, 훗날 귀하의 부인이 될 예니^{Jenny} 여사

---

1 카를 마르크스·프리드리히 엥겔스, 『마르크스-엥겔스 전집*Marx-Engels Werke*』(이하 MEW로 약칭) 22권(베를린, 1957), 69쪽.

를 만나 사랑을 배운 곳입니다.

저는 최근 트리어를 떠났고 뮌헨과 프라이징 대교구의 대주교가 되었습니다만, 우리의 관계는 더욱 긴밀하게 결속된 듯합니다. 주교가 되기 전에 저는 이른바 그리스도교 사회론을 가르쳤습니다. 이 과목은 귀하의 사상이나 저의 사상과는 무관하게 시작하는 분야지만, 이 과목을 공부한 사람들은 '예수의 마음 마르크스주의'가 이 과목의 특징이라고 말합니다. 사실 이런 평가는 상당히 옳습니다. 가톨릭 사회교리는 귀하가 귀하의 시대에 기울인 관심을 매우 유사하게 좇고 있기 때문입니다. 귀하는 사회적 불의를 드러내어 공개적으로 비판하려고 했습니다. 귀하는 사회적으로 로비할 수 없는 가난한 사람과 착취당하는 사람의 목소리를 대변하고 싶었고, 그들의 권리를 찾는 데 도움을 주려고 했습니다.

그러나 제가 편지를 드리는 귀하가 누구십니까…. 귀하가 가장 잘 아실 테지만, 19세기 교회는 귀하나 귀하가 탄생시킨 공산주의 운동에만 사회적 질문을 내맡기지 않았습니다. 귀하가 태어나기 이전에 사회에 참여한 그리스도인으로 프란츠 폰 바더Franz von Baader, 1765~1824와 아담 하인리히 뮐러Adam Heinrich Müller, 1779~1829가 있습니다. 그들은 18세기에 등장한 자본주의를 신랄하게 비판했고, 새로운 유형의 공장에서 뼈 빠지게 일하던 노동자들의 위기를 주목했습니다.

1848년 귀하는 프리드리히 엥겔스Friedrich Engels와 『공산당 선언Manifest der Kommunistischen Partei』을 출판했습니다. 귀하는 이 책에서 공산주의 프로그램이란 "한마디로 말하면 사적 소유의 철폐로 요약할 수 있다."[2]라고 썼습니다. 같은 해 성 바오로 성당에서 열린 프랑크푸르트 국민회의 의원이었던 빌헬름 엠마누엘 폰 케텔러^{Wilhelm Emmanuel von Ketteler} 신부님은 마인츠 돔에서 열린 유명한 대림절 강론에서 당대에 지배적이던 소유권 개념을 공격했습니다. 케텔러 신부님은 가난한 사람의 위기 앞에서 수많은 소유주들의 이기심과 냉혹한 마음에 채찍을 들었습니다. 하지만 귀하와 달리 케텔러 신부님은 소유권을 폐기하지 않았습니다. 그가 이미 그 당시부터 주장했던 "소유권은 의무를 수반한다^{Eigentum verpflichtet}"라는 기본 원칙은 훗날 독일 헌법에 적용되었습니다. 소유권은 사용됨과 동시에 만인의 복리에 복무해야 합니다.

귀하뿐만 아니라 케텔러 신부님도 그 이후 역사책에 한 자리를 차지하게 되었습니다. 케텔러 신부님은 1850년에 마인츠의 주교로 임명되었습니다. '노동자의 주교'로 알려진 그는 사회적 질문과 산업 노동자의 위기를 돌보며 한평생을 바쳤습니다. 귀하는 케텔러 주교를 분명 기억하실 것입니다. 그분의 영민함과 헌신적 노력이 당시에는 귀하의 신경을 거슬렀으니 말입니다. 귀하께서는 1869년 라인란트 지방을 여행하면서 엥겔스에게 편지를 보냈습니다. 그 편지에서 귀하는 제 선배 주교의 활동에 대해 신랄하게 비난했습니다. "벨기

---

2 카를 마르크스·프리드리히 엥겔스, MEW 4권, 475쪽.

에를 지나 아헨에 머물다가 라인강을 타고 여행하는 동안, 나는 가톨릭교회가 특히 강한 지역에서 저 사이비 성직자들에게 강력히 맞서야만 하리라는 것을 확신하게 되었네. 그럴싸한 해결책을 내놓은 곳에서, 노동 문제에 개들이(이를테면 마인츠의 케텔러 주교나 뒤셀도르프 의회의 사제들이) 꼬리를 친다네."[3]

주교 같은 교회의 일꾼이 노동자 편을 드는 일이 귀하에게는 당연히 탐탁지 않았을 것입니다. 그것은 귀하의 훌륭한 이론에도 맞지 않았으니 말입니다. 귀하의 이론에 따르면 종교란 부르주아 자본주의 세계의 "위안과 정당화를 제공하는" "인민의 아편"일 뿐이며, 교회란 "인간의 자기소외의 신성한 형태"일 뿐입니다.[4] 당시 사회에 대한 귀하의 견해에 따르면 케텔러 주교는 이승의 희망 없는 사람들을 위로하는 자로서 지배 계급의 선량하고 어리석은 형리刑吏 역할을 맡을 뿐이며, 결과적으로 부르주아 자본주의 체제를 안정시킬 뿐입니다. 하지만 케텔러 주교는 그런 역할을 하지 않았습니다. 그는 그리스도교 노동자 운동을 강화했습니다. 그는 노동자를 착취하고 노동자의 존엄성을 무너뜨리는 노동 조건에 맞서 노동자를 보호할 법을 국가에 요구했습니다. 그리고 노동자들에게 스스로를 돕도록 격려했고, 노동조합을 결성하여 조직된 힘으로 공장주에 맞서 정당한 임금 조건과 노동 조건을 관철하도록 조언했습니다. 특히 후자와 관

---

3   카를 마르크스·프리드리히 엥겔스, MEW 32권, 371쪽.

4   카를 마르크스·프리드리히 엥겔스, MEW 1권, 378쪽 이하.

런하여 귀하는 불쾌할 것입니다. 노동자들이 혁명을 일으키기보다 오히려 사용자들과 개별 협상을 하며 스스로 연대하지 않는 체제가 도래했으니 말입니다.

한참 뒷세대의 눈으로 보자면 유감스럽게도 케텔러 주교와 귀하의 스코어는 2대 0입니다. 사적 소유 문제는 물론이고, 최소한 독일 등 산업 국가들에서 20세기에 진행된 노동과 자본의 갈등 또한 귀하의 제안대로 근본적 변혁을 낳지 않았습니다. 오히려 케텔러 주교의 생각대로 국가노동법, 사회보장법 그리고 노동자들이 스스로를 돕는 노동조합법이 실현되었습니다. 생존하는 독일 철학자 가운데 가장 저명한 분이자 수많은 저작을 통해 독특한 사상을 발전시킨 위르겐 하버마스Jürgen Habermas는 이 일을 두고 이렇게 표현한 적이 있습니다. "자율적 단체 협약Tarifautonomie[5]의 법제화는 개혁 정치의 근본으로 복지국가 안에서 계급 투쟁의 화해라는 결과를 낳았다."[6] 특히 독일에서 이런 과정을 통해 사회적 시장경제가 이루어졌습니다. 아직까지 귀하의 이론을 꾸준하게 추종하는 정통 마르크스주의자들은 자본주의 국가 안에서 성취된 이런 발전을 설득력 있게 설명하는 데 오늘날 어려움을 겪고 있습니다.

---

5 (옮긴이) 표票를 의미하는 'Tarif-'와 자치自治를 의미하는 '-autonomie'의 합성어로서, 노동조합과 사용자단체의 자율적(=자치) 교섭을 통해 임금과 근로 조건을 구체적으로 명시한 단체 협약 결과표를 제작하는 메커니즘을 의미한다. 일종의 사회적 자치 형태로 볼 수 있는 이 제도의 당사자에 해당하는 노동조합과 사용자단체는 '사회적 동반자'로서 사회적 책임과 역할이 크다.

6 위르겐 하버마스, 「의사소통행위이론Theorie des kommunikativen Handelns」(프랑크푸르트암마인, 1981) 2권, 510쪽.

저는 귀하가 자만의 죄와 싸워야 했는지는 알지 못합니다. 만일 그러했다면 이런 역사가 단지 서유럽과 북미에 한정된 것이고, 무엇보다 동유럽과 러시아에서는 귀하의 공산주의 '제자들'이 역사의 흐름을 결정하지 않았느냐고 이의를 제기하고 싶을 것입니다. 하지만 솔직히 말해 저는 귀하가 레닌이나 스탈린처럼 논란의 대상인 의심스러운 인물들에게서 참된 안식처를 찾으려고 했는지 의심하지 않을 수 없습니다. 뿐만 아니라 귀하의 역사철학에 의하면 러시아에서는 어떤 혁명도 일어나서는 안 된다는 것을 귀하도 잘 알고 있을 것입니다. 귀하의 견해에 따르면 자본주의는 역사 발전의 필연적 단계로서, 자본이 축적되고 노동 소외가 발생해 결국 임계점에 이르면 공산혁명이 일어난다고 보았지요. 하지만 차르가 다스리던 제정 러시아는 산업화된 나라도, 부르주아적 자본주의 나라도 아니었습니다. 오히려 볼셰비키가 귀하와 귀하의 이론을 근거로 공산주의 국가를 건설하던 당시에 러시아는 봉건적 농업 국가였습니다. 이런 면에서 러시아 혁명은 오히려 귀하의 이론을 반박하는 근거가 되었습니다.

그리고 귀하의 예측에 의하면 혁명이 가장 먼저 일어났어야 할 영국에서는 프롤레타리아트가 웨스트민스터 대성당을 접수할 날을 지금도 하릴없이 고대할 뿐입니다. 하긴 이 글을 쓰고 있는 지금, 영국 수상은 이른바 노동당의 대표입니다. 하지만 그냥 이름만 노동당일 뿐이니 속지 마시기 바랍니다.

어쨌든 오늘날 귀하에게 편지를 쓰는 이유는 제가 승리의 기쁨을 보다 확실하게 누리기 위해서가 아닙니다. 귀하가 역사에 오류를 범했고 제 마음과 영성의 선배인 케텔러 주교가 정당했음을 자랑하려고 이 편지를 쓰는 것도 아닙니다. 그런 '뒤끝'은 제 성격과 맞지 않습니다.

오히려 저는 반대 이유로 편지를 씁니다. 20세기 말 체제 경쟁에서 '자본주의적 서방'이 '공산주의적 동방'에 승리를 거두었습니다. 물론 이 승리가 너무 빨리 찾아온 것은 아닙니다. 그런데 그렇다고 해서 과연 귀하와 귀하의 경제 이론이 파탄했느냐 하는 문제에 대한 대답이 종결된 것은 아니라고 생각하기에 저는 이런 편지를 쓰는 것입니다. 지난 세기 후반기에는 실제로 귀하가 틀린 것처럼 보였습니다. 자율적 단체 협약, 사용자와 공동 결정, 사회적 권리, 노동자 권리를 통해 자본주의 산업사회는 소득시민사회^{Erwerbsbürgergesellschaft}로 변화했고, 노동자들은 시장경제에 착취된 희생자에서 그 성공을 공유하는 참여자로 변모했습니다. 만인을 위한 복지는 가능한 것처럼 보였습니다. 이런 상태에서 다시 한번 하버마스를 인용합니다. "미래에 일어날 사회 혁명의 담보자로 지명된 프롤레타리아트는, '프롤레타리아트로서' 소멸되었다."[7]

하지만 요즘 돌아보면 20세기의 통합된 소득시민사회는 역사적

---

7 위르겐 하버마스, 「이론과 실천*Theorie und Praxis*」(프랑크푸르트암마인, 1971), 229쪽.

예외가 되어 우리와 이별해야 할지도 모른다는 것을 배우게 되었습니다. 우리에게 이런 말을 해주는 사람은 귀하와 귀하의 이론을 계속 추종하는 세력이 아니라 오히려 수많은 경제 전문가와 정치인 들입니다. 그들은 이렇게 말합니다. 복지국가의 안락한 시대는 경제 세계화로 말미암아 종결될 것이고 다시 찾아오지 않을 것이라고 말입니다. 자본은 새로운 세계 시장을 향해서 가장 자유롭게 활개 칠 수 있는 나라로 간다고 합니다. 그런 나라들은 자본이 하는 일, 곧 금융에 부담을 최소화하고 절대 성가시게 굴지 않는다는군요. 이 점에서 국제적으로 경쟁 상황에 처한 나라들은 매력적인 투자처를 만들어야 한답니다. 이렇게 매력적인 투자처가 되려는 경쟁 안에서 기업의 이익과 사적 수입에 대한 세금이 낮아지고, 동시에 모든 시민이 지불해야 하는 소득세와 지방세가 상승하는 현상이 전 세계에서 관찰됩니다. 이런 발전상이 무엇보다 가난한 사람의 부담을 증가시킨다는 사실은 논쟁의 여지가 없습니다.

국제 투자 그룹에 매력적이지 않은 요소로는 단체 협약에 기반한 임금, 높은 수준의 노동자 보호법, 노사 공동 결정, 강한 사회적 국가 등입니다. 이런 요소들 때문에 최근 수십 년간 선진국 노동자들은 효율적이지만 비싼 존재로 인식되었습니다. 그래서 결국 사회복지 삭감과 규제 완화를 주장합니다. 노조는 이런 발전에 거세게 반대합니다만 점점 힘이 빠지고 있습니다. 이제 세계화된 경제에서 어떤 노조라도 국가 차원의 노동쟁의 상황에서 노동자의 이해와 자본의 이해를 대립시켜 자신의 주장을 관철하려는 전략에만 몰두할 수 없게 되었습니다. 오히려 노동자들은 자본이 쉽게 떠날 수 없도록 견제하는 일을 시도해야 합니다. 그래서 할 수 없이 노조는 이른바 '일자리를 위한 연대Bündnissen für Arbeit'를 찬성하는 것입니다. 노동자들은 자신이 일하는 기업의 본사를 외국으로 이전하겠다고 위협당하면 사용자가 동일한 임금이나 더 적은 임금을 더 오래, 더 탄력적으로 제공하는 데 합의하게 됩니다.

세계적 차원에서 정보, 물자, 다양한 서비스의 교환이 더욱 가속화되는 상황에서 노동과 자본의 오래된 갈등은 자본에게 훨씬 유리한 상황으로 변화하고 있습니다. 이 시대의 사회학자 마누엘 카스텔스Manuel Castells는 현대란 "네트워크 사회"이며, "자본의 핵심은 세계적이고, 노동은 원칙적으로 지역적이다."라고 말했습니다. 그에 따르면 투자자, 투기 자본, 금융 사기꾼 등의 영향력은 더욱 확대되는 반면에 손으로 일해서 수입을 얻어야 하는 사람들은 불리해지고 있다고 합니다. "네트워크 사회 안에서 자본은 세계적으로 협력하지만 노동은 개인화되었다. 각양각색의 자본가들과 다양한 노동 계급 간의 투쟁은 자본의 흐름이라는 노골적 논리와 인간 체험의 문화적 가치 사이의 근본적 대립이라는 상위 범주에 포함돼버렸다."[8]

서방 선진국의 복지사회를 '세계화'하겠다는 이른바 '근대화주의

---

8 마누엘 카스텔스, 「네트워크 사회의 부상Der Aufstieg der Netzwerkgesellschaft」, 폰 라인하르트 쾨슬러 옮김(오플라덴, 2001), 533~534쪽.

자^{Modernisierer}'는 어디서나 같은 말을 하고 있습니다. 우리가 근본적으로 변화하지 않는다면 새 시대에 살아남지 못한다고 말입니다. 우리 공동체의 생존이 큰 위기에 처해 있다는 뼈아픈 진리를 인식해야 한다고 말입니다. 무엇보다 우리는 사회적 계급이 없는 평균화된 중산층 사회라는 오래된 이상과 작별해야 한다고 말입니다. 세계화의 도도한 흐름과 그에 대처하는 정책으로 말미암아 유럽과 북미에서도 가난한 사람과 부자의 차이는 확대될 것이라고 합니다. 특히 선진국 노동자는 개발도상국과 경쟁하기에는 너무도 많은 임금을 받고 있기에 임금 인하를 받아들여야 한다고 합니다. 노동자들이 '요구만 하는 태도^{Anspruchsdenken}'를 버리지 않는다면, 기업은 임금이 낮은 나라로 이전하여 그곳에서 생산할 수밖에 없을 것이라고 합니다.

이뿐만이 아닙니다. 본사를 유치하려는 세계화된 경쟁과 그에 수반하는 기업 이전 경쟁 때문에, 노동자들은 평생 일할 수 있는 일자리가 점점 줄어드는 추세에도 적응해야 합니다. 노동자들은 시장의 새로운 요구를 충족시키기 위해 평생 배워야 합니다. 그래서 오늘날 '저개발된' 능력을 지닌 사람은 이 세계의 저개발 지역의 노동자와 같은 수준의 소득을 얻거나 아예 일자리를 얻지 못할 수도 있다는 사실을 배웁니다.

노동자들은 이렇게 적은 임금을 받으면서 동시에 자신의 인생에 어떤 일이 닥칠 때 국가나 사회 보험이 충분한 보호를 보장하지 못할 미래 상황에도 적응해야 합니다. 그래서 노동자들은 노화나 질병 등에 대해 스스로 대비책을 더 많이 세워놓아야 합니다. 세계적으로 각국 정부는 선거를 통해 다수의 동의를 얻어 사회보장제도를 개혁하려고 노력하고 있습니다.

그래서 이런 현상도 나타납니다. 긍정적 단어였던 '개혁'이 최근에는 인간의 머리와 가슴에 자신감과 활력을 불어넣지 못하고 오히려 근심과 공포를 불러일으키고 있습니다. 개혁 프로그램과 밀접히 연결된 진보적 사고는 세계화의 도전에 반드시 적응해야 한다는 입장에 밀려나고 있습니다. 세계화의 도전에 적응한다는 말은 원칙적으로 재정 축소와 금융 손실을 의미하기 때문입니다.

이런 도전이 지금까지 불리했던 가난한 지역의 사람들에게 복지국가 사람들과 같은 기회를 제공한다고 확신할 수 있다면, 국제 조직인 가톨릭교회의 주교로서 저는 조금이나마 안심할 수 있을 것입니다. 하지만 유감스럽게도 실상은 그렇지 않습니다. 가난한 나라와 부유한 나라의 복지는 더욱 벌어지고 있습니다. 상대적 가난은 세계적으로 증가하고 있습니다. 세계 경제의 발전과 함께 오늘날 국가들은 점점 더 두 집단으로 뚜렷이 나뉘고 있습니다. 이런 발전에 이득을 얻는 나라와 기회를 놓쳐 더욱 뒤처지는 나라. 이른바 신흥경제국Schwellenländer 등 한 나라 안에도 가난한 사람과 부자의 차이가 뚜렷해지고 있습니다.

사람들은 경제 세계화를 상업적으로 이해하며 촉진하고 있습니다. 충격은 부유한 나라에서 시작되어, 스스로 위험을 피하거나 막을 수 없는 가난한 나라를 향합니다. 물론 이런 일은 선한 권고만을 통해서 이루어지지 않습니다. 국제통화기금IMF, 세계은행WB, 세계무역기구WTO는 개발도상국들에게 자본 시장과 상품 시장을 개방하라고 엄청나게 압박합니다. 국제통화기금과 세계은행은 국제기구에서 신용으로 큰돈을 빌린 나라들에게 압력을 넣어, 그들의 경제 정책과 사회 정책을 자신들이 원하는 식으로 완전히 바꿔버렸습니다. 물론 대체로 외국 투기꾼은 기뻐했고 자국 국민들은 경악했습니다.

마르크스 선생, 저는 귀하가 이미 150년 전에 이런 현상을 예언했음을 알고 매우 놀랐습니다. 귀하는 "시장경제의 네트워크 안에 모든 민족이 얽혀버렸고, 자본의 지배는 국제적 특성을 지닌다."라고 말했습니다.[9] 이미 『공산당 선언』에서 귀하는 이렇게 썼습니다. "부르주아는 세계 시장의 착취를 통하여 모든 나라의 생산과 소비를 범세계적인 것으로 만들었다. 반동의 무리에게는 매우 비통한 일이었지만, 부르주아는 산업의 민족적 지반을 발밑에서부터 허물어버렸다. 예로부터 내려오던 민족 산업이 파멸했고 지금도 날마다 파멸하고 있다. 이제는 자국의 원료가 아니라 가장 먼 지역의 원료를 가공하여, 그 나라뿐 아니라 세계 각지에서 소비하는 공산품을 만드는 새로운 산업에 의해 낡은 민족 산업은 밀려나고 있으며, 이런 새

---

9 카를 마르크스·프리드리히 엥겔스, MEW 23권, 790쪽.

로운 사업을 도입하는 것이 모든 문명국가의 생존을 결정하는 문제가 되고 있다. 국산품으로 충족되던 낡은 수요 대신에, 아주 멀리 떨어져 있으며 풍토도 다른 나라들의 생산품만이 충족시켜줄 수 있는 새로운 수요가 등장한다. 지역 차원이나 국가 차원에서 스스로 만족하고 폐쇄적이었던 환경이 물러가고 여러 민족이 다방면으로 교류하고 다방면으로 상호 의존하는 환경이 도래했다."

그리고 이어지는 문장에서 우리는 오늘날의 국제 무역 기구나 국제 금융 기구의 정책에 대한 비판을 읽을 수 있습니다. "부르주아는 모든 생산 도구의 급속한 개선과 끊임없이 편리해지는 통신 수단을 사용하여, 가장 미개한 민족까지도 개발시켜 문명화한다. [...] 그들은 모든 민족에게 멸망하고 싶지 않거든 부르주아적 생산 양식을 습득하라고 압력을 넣는다. 그들은 이른바 문명화를 스스로 도입하라고 압력을 넣는다. 다시 말해 부르주아가 되라는 것이다. 한마디로 부르주아는 자신들 모습대로 세계를 창조한다."[10]

오늘날 세계 경제의 발전을 관찰하고 있노라면 귀하의 견해가 옳다고 보입니다. 자본은 스스로 증식하기 위해 애쓰고, 문자 그대로 그런 증식 과정에 한계는 없습니다. 그래서 자본주의 체제가 유지되는 한 경제의 세계화 추세는 고유한 것으로 보입니다. 그리고 세계화 과정이 시작될 때 유리한 입장에서 이익을 얻는 사람은 상대적

---

10 카를 마르크스·프리드리히 엥겔스, MEW 4권, 466쪽.

으로 적고, 세계화 과정을 능동적으로 함께 이뤄나갈 사람은 더 적습니다. 요한 바오로 2세 교종은 2003년 사회학자들과 나눈 대화에서 신랄하게 말했습니다. "가난한 사람의 삶의 조건을 언제나 더 어렵게 만들고, 기아와 가난 그리고 사회적 불평등을 치유하는 데 전혀 기여하지 못하며, 환경을 짓밟고 있는 세계화 과정을 보고 있노라면 경악할 뿐입니다. 세계화의 이런 측면으로 말미암아 민족주의, 종교 근본주의 그리고 테러리즘이라는 극단적인 역풍이 불어올 것입니다." 요즈음 북반구의 선진국과 몇몇 신흥경제국에서 세계화 때문에 이익을 얻는 사람들이 존재하지만, 동시에 산업화를 이루지 못한 나라의 가난은 더 심각해졌음을 간과하면 안 됩니다. 가난한 나라에서나 부유한 나라에서나 부자와 빈자의 격차는 더 벌어졌습니다.

오늘날 세계적으로 수십억의 사람이 극단적으로 가난한 삶을 살고 있습니다. 그들의 하루 수입은 1달러도 안 되는데, 이는 생존이 위협받고 있음을 의미합니다. 절대적 빈곤선을 1인당 하루 2달러로 본다면 이런 한계 이하에서 생존을 위해 투쟁해야 하는 사람은 25억 명 이상으로 추산합니다. 이렇게 많은 사람이 극단적 가난을 살지만, 동시에 반대편에는 소수의 사람이 극단적 부를 누립니다. 전 세계 부富의 절반 이상이 인류 2퍼센트의 손에 있습니다. 상위 1퍼센트 부유한 사람의 손에 전 세계 부의 40퍼센트가 속해 있습니다. 전 세계 하위 절반의 인구가 단 1퍼센트밖에 안 되는 부를 나눠 가지

는 비참한 실정입니다.[11]

　귀하는 자본의 축적과 집적 과정에 대한 이론뿐 아니라 자본의 집중에 대해서도 옳은 테제를 제시했습니다. "자본가에 의한 자본가의 수탈이며, 수많은 소자본을 소수의 대자본으로 전환하는 것이다. [...] 수많은 사람의 손에서 소실된 자본은 한 사람의 수중에서 거대한 규모로 팽창한다."[12] 세계적 차원의 경쟁 안에서 중소 규모 기업들이 거대한 글로벌 기업들에 맞서기가 실제로 점점 힘들어지고 있습니다. 유럽과 북미의 거리를 잠깐 둘러봐도 이 점을 충분히 알 수 있습니다. 작은 상점과 소규모 공방 들은 거대한 체인점 및 할인점과의 경쟁으로 위협받으며 시내에서 점점 사라지고 있습니다. 요즘에는 작은 가게들뿐 아니라 백화점들마저 공격을 받습니다. 결국 수많은 도시의 시장市長들이 도심의 황폐화 현상에 공포감을 느끼고 있습니다. 공방들뿐 아니라 중소기업들도 세계화의 압력에 점차 무릎을 꿇고 있습니다. 일찍이 68개에 달했던 독일의 전자 회사들 가운데 오늘날 독립적으로 운영하는 회사는 단 두 개 남았습니다. 이미 66개 회사가 더 큰 회사에 합병되었거나 시장에서 사라졌습니다. 대개 아시아계 외국 생산자들에 맞서 '메이드 인 저머니Made in Germany'라는 환상을 소비자들에게 주기 위해 상표만 유지하는 회사

11　제임스 B. 데이비스, 「가계 부의 세계적 분포The world distribution of household wealth」(유엔대학 세계개발경제연구소, 2006).

12　카를 마르크스·프리드리히 엥겔스, MEW 23권, 654쪽.

도 있습니다.[13] 4만여 명이 일했던 그룬딕Grundig 같은 거대한 전통 기업도 2003년에 지불 불능을 선언해야 했습니다. 이런 기업은 아시아 기업들과의 가격 경쟁에서 버텨내지 못했습니다. 독일의 경제 기적의 상징이었던 기업이 이제는 독일 경제의 현실에 대한 경고가 되어 버렸습니다.

크고 작은 기업들이 겪는 추세는 개인들의 수입에서도 관찰됩니다. 자본주의 모범국Musterland으로서 유럽의 여러 나라에 큰 영향을 준 미국에서도 빈부 격차가 점점 커져갑니다. 그렇습니다. 미국에서 빈익빈 부익부는 극심해지고 있으며 사회적으로 보장받던 두터운 중산층은 압력에 노출되어 있습니다. 미국 경제학자 레스터 서로Lester C. Thurow가 계산하길, 1973년부터 1994년까지 미국 인구 1인당 국내총생산은 33퍼센트 증가했습니다. 하지만 기업의 임원이 아닌 보통의 노동자와 사무직 노동자의 평균 주급週給은 같은 기간에 19퍼센트 하락했습니다. 1994년에 이 노동자 집단이 미국에서 받은 임금은 1950년대와 비슷한 수준으로 하락했습니다. 정규직 풀타임으로 노동을 해도 빈곤선 이하의 삶을 살아야 하는 '워킹푸어working poor'가 미국에서 급격히 증가하는 이유를 설명해줍니다.

반면 같은 기간 동안에 고위직의 수입은 수십 배로 늘었습니다. 1970년대 미국의 경영자들은 산업 노동자들보다 수입을 대략 35배

---

13 《슈피겔Der Spiegel》, 2005년(19호), 73쪽.

나 올렸습니다만, 약 30년 후에는 500배가 되었습니다. 1980년대 영국에서도 비슷한 양상을 보였습니다.

유럽의 대륙 국가들은 노동조합이 강해서 임금 축소에 맞섰고, 사회적 권리나 보장제도에 의해 해고가 어렵고 비싸지자 기업들은 노동자들을 더 적게 고용했습니다. 그래서 영미권의 실질 임금이 하락하는 경향과 병행하는 현상이 나타났는데, 바로 대규모 실업이 구조적으로 심화된 것입니다.

세계 최고의 부자들 손에 주요 자본이 집중되고 있습니다. 미국 경제지 《포브스Forbes》에 따르면 2008년에 10억 달러(약 1조 7000억 원) 이상을 소유한 억만장자는 1125명이라고 합니다. 이들은 총 4조 4000억 달러를 소유합니다. 이 돈을 환산하면 약 2.76조 유로인데, 참고로 독일의 1년 국내총생산이 2.4조 유로입니다. 이 '슈퍼 부자들'의 숫자는 매년 늘어납니다. 2007년에는 10억 달러 이상을 소유한 억만장자가 946명이었고, 2006년에는 793명이었습니다. 1980년대 중반에는 불과 140명이었다고 합니다. 저는 질투심을 자극하려고 이런 숫자를 사용하지는 않을 것입니다. 부자가 부자이기 때문에 나쁜 사람일 수 있다는 주장도 하지 않을 것입니다.

이 점에서 저는 한 개인의 삶과 행위를 윤리적으로 판단하지는 않을 것입니다. 마르크스 선생, 저는 그보다 세계 경제의 발전 과정이라는 큰 그림을 보고 싶습니다. 저는 사실 이 점에 대한 귀하의 저술을 읽으며 내심 걱정스러운 마음이 적잖게 들었습니다.

이 시대에 귀하는 사과를 받아야 하지 않을까요? 시장경제 질서를 통해 만인에게 복지를 제공한다는 꿈이 환상임을 깨달아야 할 때가 아닌가요? 귀하께서 19세기에 추측했던 대로, 자본주의는 역사에서 오래 지속된 이야기이지만 자본주의 체제 내부의 모순 때문에 언젠가는 종말을 맞이하지 않을까요?

자본주의 체제 안에 내적 모순이 존재한다는 사실은 거의 논쟁의 여지가 없습니다. 현재 독일 연방 대통령인 호르스트 쾰러Horst Köhler 씨는 국제통화기금 총재 시절에 이렇게 말했습니다. "복지 수입 분배의 극단적인 불공정성은 정치사회적 안정을 점점 더 위협하고 있습니다." 이 문장 때문에 열렬한 자본가들을 의심할 필요는 없을 것입니다.

하지만 이런 질문이 떠오릅니다. 서양의 자유 사회는 어떻게 생존해야 할까요? 정치적으로는 만인에게 정치적 평등을 제공한다고 선전하는 민주주의를 운용하면서, 경제적으로는 물질적 재화와 삶의 기회가 점점 더 불평등하게 분배되는 체제가 다가오고 있으니 말입니다. 마르크스 선생, 귀하는 이 점에 대해 이미 말씀하신 적이 있습니다. 부르주아 자본주의 사회는 오직 형식적 자유를 보장할 뿐이며 진정한 인간 자유를 처벌하고 경멸한다고 말입니다. 그리고 인간은 자신에게 거부된 것을 언젠가 취할 것이라고 귀하는 예언했습니다.

물론 아직 그렇게 되지는 않았습니다. 귀하가 예언했던 프롤레타리아트 혁명은 더 기다려야 합니다. 그보다도 오늘날 자본주의는 스스로의 정당성을 증명해야 한다는 압력을 받고 있습니다. 지난 100년

서장

간 이토록 강한 압력을 받았던 적이 없었습니다. 지난 세기말에 소비에트 공산주의라는 이데올로기의 적수를 무찌르고 승리했을 때, 20년 후에 이런 일이 벌어지리라고는 전혀 생각하지 못했습니다.

반세계화 운동은 전 세계를 아우르는 정치적 운동으로 성장했습니다. 지리적으로나 사회적으로 완전히 다른 사람들이 국제 자본의 통치에 저항하며 하나가 되었습니다. 노동자와 지식인, 사회주의자와 그리스도인, 청년과 은퇴자, 학생과 농부가 손을 맞잡았습니다.

풀뿌리 민중뿐 아니라 국가수반들도 가만히 있지 않습니다. 남미는 역사에 일찍이 없었던 좌파의 압력을 받고 있습니다. 베네수엘라 대통령 우고 차베스Hugo Rafael Chávez Frías는 마치 라틴아메리카의 '좌파 메시아'처럼 행세하며 '볼리바르 사회주의'에 기초하여 국제 경제 체제에 저항하고, 대륙을 규합하여 막강한 미국에 맞서고 있습니다. 그는 베네수엘라의 석유 산업을 국유화했고, 미국과 유럽의 대기업의 소유권을 일부 박탈하고 추방했습니다. 그는 외국 기업의 토지 소유는 인정했지만 은행 부문의 국유화를 위협했고 국제통화 기금과 세계은행에서 탈퇴한다고 협박했습니다.

물론 그동안 라틴아메리카 나라들은 어느 정도 좌파 정부를 가지고 있었습니다. 그러나 그들 가운데 다수는 차베스와 그의 개혁 프로그램에 충분한 거리를 두고 있습니다. 그들은 사회주의적인 '위로부터의 혁명'을 추구하지 않습니다. 그들은 미국과도 거리를 두고 있습니다. 수십 년간 남미는 북미의 큰 이웃과 긴밀한 경제 협력을 이

어왔고, 그 결과 불신과 적대감을 낳았습니다. 그들은 미국을 자본주의적 '신제국주의'의 주역으로 봅니다. 그러나 미국에서는 중요한 이웃 나라들과의 관계가 이렇게 진행되는 현상을 매우 걱정하는, 이성적인 사람들이 있습니다.

개발도상국과 신흥경제국 안에도 이른바 세계화가 요구하는 것을 결단코 거부하는 사람들이 늘어나고 있으며, 선진국에도 그런 사람들이 증가하고 있습니다. 세계화의 진행에 맞춰 경제 정책과 사회 정책을 개혁하는 데 매우 열성적인 정부들이 선거를 통해 수없이 교체되고 있습니다.

이 밖에도 최근 몇 년 동안 일어난 일들은 사람들에게 세계화에 대한 우려를 불러일으키고 시장경제에 대한 신뢰를 흔들고 있습니다. 기업은 수십억 달러의 흑자를 기록하면서 동시에 일자리를 없앱니다. 경영자들은 수백만 달러를 벌면서 노동자들의 '내로남불식 특권 의식Besitzstandsdenken'을 비판합니다. 그리고 국제 금융 시장의 위기는 오늘날 익명의 자본이 우리의 운명을 얼마나 강하게 결정하는지 보여줍니다. 은행과 펀드는 배당금으로 지불해야 할 수십억 달러를 투기로 잃어버렸습니다. 수년 동안 다양한 국가가 시장에 간섭하고 여러 가지 방식으로 참견했는데, 이제 납세자들은 투기로 인한 손실을 보전해야만 합니다. 프랑크푸르트에 본사를 둔 독일 정부 소유의 '독일 재건 은행Kreditanstalt für Wiederaufbau, KfW'과 연방 정부는 뒤셀도르프의 민영 은행인 IKB에 90억 유로(약 11조 2000억 원) 이상

서장

의 손실을 보전해주었습니다. 한 신문에 따르면, 미국 금융 투자자를 거의 모든 위험에서 실질적으로 해방시켜주려고 독일 납세자가 1인당 125유로(약 16만 원)를 한 민영 은행에 강제적으로 지불한 것입니다.[14]

이는 독일만의 특수한 사례가 아닙니다. 영국 정부는 부동산 은행인 노던 록Northern Rock에 유동성 자금을 지원함으로써 파국에서 구제해주었습니다. 또한 미국 정부는 투자은행인 베어 스턴스Bear Stearns의 몰락을 막아주었는데, 300억 달러(33조 원 이상)를 화폐 발행 기관이 짊어졌습니다. 미국 정부 지원 기관이자 가장 큰 주택은행인 F&FFannie Mae und Freddie Mac도 국가의 보호를 받았는데, 미국 납세자들은 역시 수십억 달러를 지불해야 했습니다. 그리고 거대 보험사인 AIG는 무려 850억 달러(94조 원 이상)에 이르는 신용 기금을 지원받았습니다.

이들은 모두 민영 기업입니다. 이 기업에서 수년간 안정적으로 높은 보수를 받았던 경영자들은 불투명하고 과감한 영업을 지속했고, 소비자들의 욕망을 부추기는 금융 상품을 개발해왔습니다. 이 사람들은 그런 식의 영업을 지속하면 큰 위기가 닥칠 수 있다는 사실을 잘 알고 있었습니다. 하지만 그 위기는 그들의 위기가 아니라 그 기업 소비자들의 위기였습니다. 현대 경제는 날이 갈수록 서로 촘촘

---

14 《프랑크푸르터 알게마이네 차이퉁Frankfurter Allgemeine Zeitung》, 2008년 8월 22일.

히 연결되고 있고, 금융 시장은 분명히 전체 시스템의 심장에 해당합니다. 하지만 이 수상한 사업 방식에 정말 아무것도 할 수 없는 사회의 모든 구성원, 평범한 남녀 시민들이 이 기업의 손실을 세금으로 보전해줘야 했습니다. 이익은 사유화되고 손실은 사회화된 것입니다. 이 말은 이미 널리 알려졌고 설득력이 있습니다. 베르텔스만 재단이 사회적 시장경제 도입 60주년을 맞아 실시한 연구에 따르면, 독일인 가운데 73퍼센트가 이런 경제적 태도에 대해 정의롭지 않다고 생각한다고 합니다.

마르크스 선생, 이제 역사의 진전이 종말에 이르러야 정당하다고 보십니까? 자본주의는 결국 스스로 멸망할까요? 저는 그렇게 되지 않기를 바란다고 귀하에게 공개적으로 말씀드리겠습니다. 그 이유는 여러 가지가 있습니다. 우선 저는 시장경제가 아닌 다른 체제에서 오늘날 전 세계 인류가 필수적으로 요구하는 엄청난 양의 재화와 서비스가 제공될 수 있다고 보지 않습니다. 소비에트 공산주의에서 대안으로 제시되었던 중앙 관리 경제는 역사에서 완전히 사라졌습니다. 레오 13세 교종은 1917년 러시아 10월 혁명이 일어나기 30년 전에 이미 이를 예언했습니다.[15]

저는 귀하가 아니라 귀하의 '제자들'인 볼셰비키가 이 경제 체제를 고안하고 실현했다고 확신합니다. 생산 수단을 사회화하려는 귀

---

15 레오 13세, 「새로운 사태 *Rerum Novarum* 」(1981), 3항.

하의 제안을 역사에서 실현하고자 했던 모든 시도는 결국 국유화로 귀결되었습니다. 이 점은 귀하에게 생각할 거리를 던져줍니다. 그리고 소수 지배 무리의 손에 시장의 권력을 고도로 집중시키는 일은 언제나 정치적 독재로 귀결되었고, 이따금 전체주의적 독재자가 탄생했습니다. 분명히 귀하는 소비에트 공산주의 성립을 의도하지 않았을 것입니다. 하지만 귀하의 이름으로 그런 체제를 '만들 수 있었으니', 귀하와 귀하의 저술에 아무런 책임이 없는 것은 아닙니다.

귀하의 사상이 끼친 영향은 엄청납니다. 동유럽 국가 등 '현실에 존재했던' 사회주의에 대해 훗날 베네딕토 16세 교종이 되신 요제프 라칭거Joseph Aloisius Ratzinger 추기경은 2000년에 이렇게 말했습니다. "파괴된 유산과 파괴된 영혼이라는 비극적 유산"을 남겼다고 말입니다.[16] 저는 여기서 분명히 알 수 있다고 믿습니다. 인간에 대한 완전히 틀린 견해가 정치적 기획으로 전환되어 인간을 극도로 거슬러 끔찍한 결과를 낳았습니다. 베네딕토 16세 교종은 2007년에 반포한 회칙『희망으로 구원된 우리Spe Salvi』에서 이런 근본적 오류를 정확히 지적했습니다. "인간이 언제나 인간으로 존재함을 망각한 것이다. 그는 인간을 망각했고 인간의 자유를 망각했다."[17]

저는 귀하의 날카로운 관찰과 사상을 존경하지만, 이런 의미로 결국 귀하의 이론에 반대합니다. 저는 제 믿음의 형제인 케텔러 주교님

---

16 요제프 라칭거,『그리스도교 입문Einführung in das Christentum』(뮌헨, 2000), 9쪽.

17 베네딕토 16세,『희망으로 구원된 우리Spe Salvi』(2007), 21항.

의 전통을 지키겠습니다. 케텔러 주교님은 귀하처럼 원시적이고 무한정한 자본주의를 반대하셨지만 시장경제 체제를 허물기보다는 사회적으로 더욱 발전시키려고 하셨습니다. 이미 1869년에 주교님은 명백하게 "개별적인 악한 결과에 대응하는 구체적인 해결책을 추구하고, 체제에 좋고 체제를 축복하는 일에 가능한 한 노동자를 참여시킬 것"[18]을 요구하셨습니다.

20세기 초기 산업화 국가들에서 이런 요구가 실제로 구현되었습니다. 하지만 그 나라들이 절대적 자유 시장의 '왕도王道'에서 일탈한 것은 아닙니다. 이 '왕도'는 당시에 작은 골목길처럼 보였습니다. 사실 오늘날에도 그렇게 보입니다. 자본주의를 '길들이고', 정치적 규범을 통해서 틀을 만든 다음, 사회적 시장경제로 발전시키는 것이야말로 유일하게 바른 길입니다. 이 길은 이성을 통해서만 이룰 수 있는 대안입니다. 이 길은 그리스도교 사회윤리의 허황한 꿈이 아닙니다. 이 길을 위해 저명한 자유주의 경제학자인 루트비히 에르하르트Ludwig Erhard, 발터 오이켄Walter Eucken, 프란츠 뵘Franz Böhm, 알렉산더 뤼스토프Alexander Rüstow, 빌헬름 뢰프케Wilhelm Röpke, 알프레트 뮐러아르마크Alfred Müller-Armack 등이 연구했습니다. 이들의 연구에 따르면, 인간성이 완전히 파괴된 나치나 2차 세계대전 등의 사례를 볼 때 시장경제는 경제 체제일 뿐만 아니라 마르크시즘에 대항하는 결정적

18 빌헬름 엠마누엘 폰 케텔러, 「케텔러 전집과 서신Sämtliche Werke und Briefe」 I, 2권, 에르빈 이제를로 엮음(마인츠, 1977), 438쪽.

으로 윤리적인 대안입니다.

　이런 근거로 저는 사회적 시장경제와 멈출 줄 모르는 자본주의 간의 차이를 분명히 보려고 합니다. 저는 무엇보다 우리 세상의 사회적 관계를 통해 효율성뿐 아니라 정의도 이뤄야 한다는 깊은 확신을 가지고 있습니다. 뤼스토프가 잘 지적했듯이 경제는 자체로 목적이 아니라 "인간성에 봉사하는 시녀"입니다. 저는 많은 사람들이 이렇게 느끼고 생각한다고 희망하고, 그렇다고 믿습니다. 하지만 이런 윤리적 확신을 나누지 못하는 분들은 이런 점을 한번 깊이 생각해보라고 말씀드리고 싶습니다. 최소한 신중하게 고려해본다면 브레이크 없는 자본주의보다 사회적 시장경제를 선호하지 않을까요? 인간성을 거스르는 '원시적 자본주의'는 결국 받아들일 수 없지 않습니까? 요한 바오로 2세 교종은 이 점을 분명히 말씀하셨습니다. "마르크스주의의 해결은 실패로 돌아갔으나 주변화와 착취의 현실들(특히 제3세계) 그리고 인간 소외의 현실들(특히 선진국들)은 세계에 남아있다. 이러한 것들을 반대하여 교회는 강력하게 소리 높여 외친다. 무수히 많은 사람들이 아직도 물질적이고 정신적인 빈곤에서 살고 있다. 마르크스주의가 몰락하여, 확실히 여러 나라에서 이런 문제들을 실질적이고 현실적으로 막고 있는 장애물이 제거되었다. 하지만 문제들을 해결하기 위해서는 충분하지 못하다. 과격한 자본주의적 이데올로기가 확산되어 이런 문제들을 생각해보는 것조차 거절할 위험도 존재한다. 시장이 지닌 자유경쟁의 힘을 경솔히 믿고 문제

해결을 내맡기자는 편견 때문에, 이런 문제를 깊이 분석해보지도 않고, 미리 실패할 것이라는 선입견을 지닐 수도 있다."[19]

저와 성이 같으신 마르크스 선생, 오늘날 귀하의 이론을 보존할 수 있는 사람들은 마르크스주의자뿐 아니라 자본주의자이기도 하다는 사실은 역사의 아이러니입니다. 왜냐하면 귀하가 이미 정치와 경제의 운영 방식은 다르고, 노동자를 해고하듯 시민과 유권자를 해고할 수 없다는 사실을 잊지 말라고 경고했기 때문입니다. 저는 귀하와 같이 트리어에서 태어난 오스발트 폰 넬브로이닝Oswald von Nell-Breuning을 인용하며 귀하께 올리는 편지를 마무리하고자 합니다. 이분은 20세기 가톨릭 사회학을 대표하는 분이기도 합니다.

가톨릭 사회교리는 마르크스 안에서 큰 적을 발견하지만, 그를 존경함을 증언한다.[20]

이런 의미로 귀하께 안부를 전합니다.

뮌헨과 프라이징 대교구 대주교
라인하르트 마르크스

---

19 요한 바오로 2세, 「백주년Centesimus Annus」, 42항.

20 오스발트 폰 넬브로이닝, 「가톨릭교회와 마르크스의 자본주의 비판Katholische Kirche und Marxsche Kapitalismuskritik」, 「시대의 소리Stimmen der Zeit」 180호(1976), 374쪽.

1장

참된 자유에 대하여

마르크스주의, 자유주의, 그리스도교

자유를 잃어버린 사람들

나는 주교로서 사회적 배경과 위치가 매우 다양한 사람들을 만난다. 이것이 주교직에서 가장 아름다운 면이라고도 할 수 있다. 많은 사람들이 내게 근심과 걱정을 털어놓는다. 몇 가지 예를 들어보겠다. 독일 가톨릭 기업가 연합Bund Katholischer Unternehmer의 대표자들은 대개 가족이 운영하는 중소기업을 소유하고 있다. 그들은 자신들의 사업체에 대한 걱정이 매우 많다. 하지만 절대 자기 자신만 생각하지 않는다. 건강한 회사를 물려줄 자녀들을 생각하면서, 동시에 직원들과 그들의 가족도 생각한다. 이런 가족 기업체는 반세기 또는 그 이상을 한 가족이 소유한 회사였을 뿐 아니라 서너 세대를 거치며 한 지역의 주민들이 노동자로 일하고 있는 곳이다.

이런 기업가는 직원을 단순한 생산 요소나 생존 경쟁을 위해 써먹는 하인으로 보지 않을 것이다. 이런 기업은 대개 주주 소유가 아니므로 주가 변동에 따라 흔들리지도 않는다. 오히려 미래 세대가 계속 혜택을 누릴 수 있는 지속 가능한 성공을 고민하며, 이를 위한 기업 정책 및 비즈니스 관행을 수립하려고 노력한다. 하지만 이런 기업가도 걱정하는 이유가 있다. 그들은 무거운 세금과 경직된 관료주의에 신음하고, 복잡한 상속법 때문에 미래의 사업이 위험해질까 봐 두려워한다. 은행에서 꼭 필요한 투자금을 대출받기가 점점 어려워지고 있다고 그들은 말한다. 또한 임금 규정이 점점 대기업에 맞춰

지고 있으며, 현장의 필요에 부합하지 않으면서 동시에 너무 엄격해진다고 고충을 토로한다.

나는 가톨릭 노동 운동Katholische Arbeitsnehmerbewegung 활동가들도 만나는데, 그들도 걱정하고 있다. 일자리를 걱정하는 이는 바로 노동자다. 노동조합원들은 미래에 회원들의 이익을 어떻게 보호할지 서로 묻고 답한다. 나는 일자리를 잃은 사람들, 수년간 새로운 일자리를 찾았으나 결과적으로 헛수고한 사람들, 그리고 이제는 단념하고 손을 놓으려는 사람들을 만났다. 그들은 지금까지 누려온 소박한 삶을 어떻게 유지해야 할지 알지 못한다. 여기서 말하는 삶이란 물질적 기준뿐 아니라 총체적인 삶 자체를 뜻한다. 곧 하느님과 세상을 향한 믿음이나 자신의 힘과 가능성으로 자신의 삶을 형성할 수 있다는 자신감 말이다. 내 자신이 이 사회의 당당한 구성원이며 내 힘으로 사회에 기여할 수 있다는 느낌 같은 것 말이다.

이 부유한 나라에서 불행하게도 점점 더 극심해지는 가난과 마주친다. 나는 트리어의 노숙자 쉼터, 헌옷 나눔 센터, 기차역 선교 단체 등을 방문해야 했다. 부유한 뮌헨에서도 오늘날에는 이런 곳을 방문해야 한다. 내 관할 교구 소속 성당을 임의로 하나 정해서 방문해도 이를 알기에 충분하다. 바이에른주의 수도뿐 아니라 지역 어느 곳을 방문해도 그렇다. 가난은 더 이상 우리 사회의 주변부 현상이 아니다. 특히 가난한 어린이가 증가하는 현상은 대단히 무섭게 느껴진다. 뮌헨과 프라이징 대교구에 부임한 뒤 2008년 초엽에 처음으로 교구청 직원 총회를 열었다. 그때 카리타스[1] 직원들은 이 나라에서 '어린이 가난'이 그동안 얼마나 증가했는지를 보고했다. 나는 정말 깊은 충격에 빠졌다.

카리타스 대표이사인 토마스 슈타인포르트^{Thomas Steinforth} 씨는 "하젠베르글 출신의 많은 어린이가 마리아 광장을 본 적이 없다."라고 말했다. 하젠베르글 지구는 대도시형 사회 분규가 폭발할 가능성이 높은 곳으로 불린다. 이 지구에 사는 가정은 대부분 사회복지에 기대어 생활한다. 우리 사회는 임시 주택^{Notunterkünften}이나 장기 공공 임대 주택^{Sozialwohnungen} 등에서 자라는 어린이들이 미래의 꿈을 품을 수 있도록 충분히 도와주지 못한다. 그들은 어린 나이부터 물질적 가난을 실존적으로 마주한다. 그들 가운데 일부는 이미 몇 세대를 거치며 국가가 제공하는 사회복지에 의존하여 살고 있다. 교육의 기회는 부족하고, 유감스럽게도 폭력과 자주 직면한다. 그래서 이런 어린이들은 가난과 사회적 의존의 악순환에 빠져서 헤어 나오지 못하거나 심지어 중독과 범죄로 빠질 위험이 크다.

뮌헨과 프라이징 대교구의 가톨릭 청소년 사목 조직 안에 설치된 '하젠베르글의 희망^{Lichtblick Hasenbergl}'이라는 단체는 다양한 사회 교육 프로젝트를 통해 사회 불이익의 악순환을 깨고 어린이들이 스스로 설 수 있도록 시도하고 있다. 새로 시작된 직업 훈련 프로젝트는

---

1 (옮긴이) 가톨릭교회의 대표적 자선 단체 가운데 하나.

이미 10세 이상 어린이들을 돌보고 있다. 다행히도 뮌헨의 크고 작은 기업체와 관대한 개인 기부자가 이 프로젝트를 지원한다. 나는 그분들 모두에게 "하느님께서 갚아주실 것입니다$^{Vergelt's Gott}$."2라고 진심으로 말씀드린다. 이런 일은 고삐를 늦추면 안 된다. 오히려 우리는 이런 프로젝트를 더 많은 사람들과 함께해야 한다.

그렇다고 이곳에 가난과 사회적 위기만 있는 것은 아니다. 상당히 '정상적인' 시골 성당에서 일하시는 신부님과 평신도 대표자들의 이야기를 들어보면, 단순히 비용을 감당할 수 없어서 자녀를 복사단 여름 캠프 등에 보내지 않는 가정이 있다고 한다. 물론 시골 성당은 이런 가정을 지원한다. 나도 이런 가정에 특별히 관심을 두고 있다. 이 세상에서 기능하는 사회적 배제의 메커니즘이 교회 내부로 연장되면 안 된다. 그리스도인으로서 우리는 모두 공동 책임을 지고 있다.

이 점에서도 우리는 여전히 가난과 관련해 할 일이 있다. 우리가 직시하는 가난이란 어떤 사람이 어떤 구체적 사정에 처하는 것을 의미한다. 우리가 충분히 도움을 주지 않으면 그들은 더 이상 사회 활동에 참여할 수 없을 것이다.

지금까지 말했듯 가족 기업가와 노동자 들은 저마다의 방식으로 진지하게 걱정하고 있으며, 사회복지 수급자와 그들의 어린 자녀들

2　(옮긴이) 이 말은 독일 남부 사투리로, 자선을 베푼 사람에게 고마운 마음을 담아 하는 말이다.

은 상황이 심각하다. 이 글을 쓰는 동안 이 점이 내게 가장 깊게 다가왔다. 이들은 모두 자유를 잃었다. 기업가들은 경제적 자유를 잃어버렸다고 느낀다. 노동조합과 노동자들은 기본적이고 고유한 노동 조건을 형성할 자유^{Gestaltungsfreiheit}를 잃어버렸다고 느낀다. 새 직장을 찾지 못한 실직자는 스스로를 자유롭지 못하다고 느낀다. 직업과 관련된 자신의 미래를 스스로 결정할 수 없기 때문이다. 가난한 사람들은 자유롭지 못하다. 삶을 살아가는 데 필요한 물질적 자원을 소유하지 못했고, 그런 사람들이 많이 보이는 환경에서 살고 있기 때문이다. 저마다 모두 걱정하는 타당한 이유가 있다. 우리는 과거에 비해 가장 자유로운 사회에 산다고 믿지만, 사실은 이토록 다양한 위험이 자유를 위협하는 모습을 체험하고 있다. 어떻게 이런 일이 일어날 수 있을까?

근대적 자유의 등장과 가톨릭교회

사실상 정치사·사상사는 물론이고 사회사·경제사 등에서도 근대의 가장 큰 특징은 자유의 시대라는 점이다. 자유에 대한 근대적 사고는 17세기에 등장하여 18세기에 발흥한 정치적 자유주의에 근원을 두고 있으며 계몽주의 철학과 밀접한 관련이 있다. 잘 알려진 대로 임마누엘 칸트$^{Immanuel Kant, 1724~1804}$의 정의에 따르면, 계몽이란

"인간이 스스로 초래한 미숙함에서 벗어나는 것"이다. 물론 이런 정의는 새로운 사고가 발전하는 방향을 제시하는 첫 단서일 뿐이다. 계몽주의와 그로 인한 사회 변화는 영국, 프랑스, 독일 그리고 미국 등 다양한 나라에서 서로 다른 결과를 낳았다. 하지만 사상사 면에서 근본적인 공통점이 있다. 그것은 계몽을 신기원의 표징이자 근대의 전제로 말한다는 점이다. 구체적으로는 자율성, 자유, 주체를 향한 열망, 해방, 인간의 자기결정권 등을 말한다. 이런 것들은 새 시대의 계몽 철학과 계몽 운동에 힘입어 퍼져나갔다.

개인적 자유를 긍정한 것은 정치적 해방의 역사에서 획기적이었다고 평가받는다. 그것은 1776년 미국의 「버지니아 권리 장전Virginia Bill of Rights」과 1789년 프랑스의 「인간과 시민의 권리 선언Déclaration des droits de l'Homme et du citoyen」에서 처음으로 다뤄졌다. 인권은 유럽과 북미에서 자라난 구체적인 역사의 유산이라고 할 수 있다. 인권은 유효한 법률로 제정되기 위해서 무엇보다 고통으로 가득 찬 과정을 뚫고 나가야 했고, 결국 쟁취되어야만 했다. 그리고 바로 그 이유로 인권은 우리 공동의 역사와 밀접한 관련을 맺게 되었다.

나는 솔직해지고 싶다. 그래서 유감스럽지만 이렇게 고백해야 하겠다. 유럽에서는 인권 사상이 무엇보다 교회를 거슬러 관철되어야 했다. 인권이 입법화되는 초기 단계부터 교회는 그것을 공격적으로 거부했다. 당시 교회는 신의 지위에 급격히 올라서려는 "인간의 자기 권력화" 또는 "신을 거스르는 인간의 반란" 등을 논거로 들었다.

그리스도교 고유의 윤리뿐 아니라 자연법에서 일탈했다는 "고삐 풀린 자유론"도 있었다(사회에 대한 교회의 질문을 발전시켰다고 평가받는 레오 13세 교종조차 1885년 발표한 『불멸의 하느님*Immortale Dei*』에서 이렇게 말했다).

이것이 사실이다. 하지만 당시 교회가 왜 그토록 결사적으로 거부했는지 그 깊은 원인을 물어야 할 것이다. 인권과 계몽주의 특유의 자유를 향한 열정을 교회가 적대시했던 이유는 유럽에서 전개된 역사적 맥락으로 어느 정도 설명할 수 있다. 프랑스 혁명은 성직자에게 반기를 들었을 뿐만 아니라 세속적 표현이 강했다. 이를테면 혁명의 폭력적 측면, 당시 프랑스 교회에 대한 공격 그리고 혁명의 난리 중에 거친 언어로 정치적 자유권을 표현하는 행위 등을 들 수 있다. 그래서 교회는 혁명과 관련된 모든 것을 뒤섞고 뭉뚱그려버린 다음 그 전체를 간단히 거부해버린 것이다. 그러면서 쉽게 잊힌 사실도 있다. 바로 혁명의 초기부터 하위 성직자들은 더 많은 자유를 쟁취하는 투쟁을 결정적으로 지지했다는 점이다. 유명한 헌법학자인데 후대의 평가는 다소 논란 중인 카를 슈미트*Carl Schmitt*가 옳게 지적한 바가 있다. 그에 따르면 혁명 이후의 대표적 사상가인 알렉시스 드 토크빌*Alexis de Tocqueville, 1805~1859*이나 샤를 드 몽탈렘베르*Charles de Montalembert, 1810~1870* 등은 이렇게 주장했다. "이미 다른 동료 신자들은 자유주의를 따르는 가톨릭 신자들을 그리스도의 적, 또는 최소한 그리스도의 적 앞잡이쯤으로 본다."[3]

교회가 민주주의와 인권에 대해 교회 자신을 공격하는 무기요,

교회의 고유한 세계관과 인간론을 무너뜨리려는 시도로 보지 않기까지는 분명 시간이 걸렸다. 현재 교회는 민주주의와 인권 안에서 교회의 고유한 사명을 표현하는 합법적이고 정치적인 언어를 발견했고, 복음의 기본적 선택을 표현한다. 이런 인식은 그동안 서서히 일어났다. 1963년 반포된 『지상의 평화Pacem in Terris』가 근대적 인간 존엄성에 대한 교회의 인식을 세운 이정표라고 여겨진다. 이 회칙을 반포한 요한 23세는 가톨릭교회 공식 문서에서 어떤 조건도 달지 않고, 국가와 민족이 서로 평화롭게 공존하기 위한 기초로서 인권의 획기적인 의미를 처음으로 인정한 교종이다.

참고로 요한 23세 교종은 파리에서 교황청 대사로 일하던 1948년에 유엔이 「세계 인권 선언Universal Declaration of Human Rights, UDHR」을 준비하자 프랑스 대표단의 심의에 참여했다. 프랑스 대표단을 이끌던 르네 카생René Cassin은 특별히 인권이란 인간의 존엄성에 의존하며, 교황 대사가 인격적인 방법으로 사려 깊게 격려해주었다고 공개적으로 밝혔다.

이 회칙 외에도 제2차 바티칸 공의회는(1962~1965) 교회의 인권 이해에 결정적인 이정표를 세웠다. 공의회는 현대 세계의 사목 헌장인 『기쁨과 희망Gaudium et Spes』에서 특히 인간의 존엄성과 그에 근거하여 생겨난 자유를 강조했다. 『종교 자유에 관한 선언Dignitatis Humanae』에

---

3 카를 슈미트, 「로마 가톨릭과 정치 형태Römischer Katholizismus und politische Form」(슈투트가르트, 2002), 7쪽.

서는 인간이 종교를 선택할 자유는 인격의 존엄성을 표현하는 근본적 수단이며, 교회가 인권을 수용하는 시금석이 될 수 있다고 표현했다.

2005년에 우리 곁을 떠난 요한 바오로 2세는 마지막 저서에서 자유에 대한 사상이 교종의 사회적 선포를 이루는 핵심 요소라고 밝혔다. 특히 그의 위대한 사회 회칙 세 가지, 곧 『노동하는 인간*Laborem Exercens*』(1981), 『사회적 관심*Sollicitudo Rei Socialis*』(1987), 『백주년』(1991)에 이런 사상이 들어 있다. 그분의 글을 문자 그대로 옮기면 이렇다. "교도권에 관한 모든 문서의 뿌리에는 인간의 자유라는 주제가 닿아 있다고 말할 수 있습니다."[4]

자유와 복음의 밀접한 관계는 내게도 매우 중요하다. 나는 주교로 임명되고 나서 사목 표어[5]를 정할 때 "주님의 영이 계신 곳에는 자유가 있습니다*Ubi spiritus Domini, ibi libertas*"를 골랐다. 이 말씀은 바오로 사도의 「코린토 신자들에게 보낸 둘째 서간」에서 인용한 것이다 (3,17). 물론 인간의 자유는 그리스도교만의 배타적 목표도 아니고 가톨릭의 사회적 가르침만이 주장하는 것도 아니다. 자유주의도 당연히 이 목표를 추구한다. 만일 카를 마르크스가 자유의 실현에 관

---

4   요한 바오로 2세, 『기억과 정체성*Erinnerung und Identität*』(아우크스부르크, 2005), 61쪽

5   (옮긴이) 현재 가톨릭교회의 모든 주교는 임명될 때 자신의 사목 방향과 신앙을 잘 드러내는 사목 표어를 정해서 사용한다. 이를테면 프란치스코 교종의 사목 표어는 "자비로이 부르시니*miserando atque eligendo*"이고, 고 김수환 추기경의 사목 표어는 "너희와 모든 이를 위하여*pro vobis et pro multis*"이다. 사목 표어는 해당 주교나 추기경의 영적 지향이나 신학 등을 드러내는 표시로 이해된다.

심을 두었는지를 놓고 논쟁한다면 우리는 마르크스를 올바로 다루는 것이 아니다. 마르크스는 계몽 철학의 기초 위에 서 있는 전형적인 근대 사상가다. 마르크스는 근대의 자유 프로젝트를 폐지하려고 하지 않았다. 오히려 완성하기를 원했다.

마르크스가 원했던 자유

마르크스는 18세기부터 19세기까지 부르주아 사회가 형성될 때, 헌법에 자유권을 명문화하여 인간 해방이라는 계몽주의적 목표를 달성하자는 사상에 결정적으로 반대의 목소리를 높였다. 당시 마르크스는 이런 도전적인 질문을 던진 것이다. '사람이 노동의 대가로 적절한 임금을 받아서 빵을 살 수 없다면 부르주아적 자유의 권리가 무슨 소용이 있는가?'

　자유주의 입장에서 마르크스는 그저 치욕과 웃음거리일 뿐이다. 그는 『자본론*Das Kapital*』 첫 장에서 "자본의 첫째가는 인권이란 노동력의 착취와 같다."라고 썼다. 마르크스에게 당시의 자유주의적 헌법이란 노동력을 착취하는 자본의 자유만을 보장하는 것이었다. 그는 당대의 노동 시장만이 "실제로 천부인권의 진정한 에덴동산"이라고 썼다. 참된 노동력의 판매자와 구매자는 "오직 그들의 자유의지에 따라 규정된다. 그들은 자유롭고 합법적으로 동등한 인격으로 계약한다. 계약은 그들의 의지가 공동으로 관철되는 법적 표현의 최종 결과다." 물론 모두가 계약 결과에 만족해야 하지만 실상은 다르다. "과거의 전주錢主들은 이제 자본가로 앞서가고, 노동력을 보유한 자들은 그의 노동자로 뒤따른다. 전자는 의미가 충만하고 웃음을 띠며 사업적 열의에 차 있지만, 후자는 겁에 질려 주춤하고 있다. 마치 자신의 맨몸을 시장에 내어주고 이제는 고통스러운 무두질을 손수 감내해야 하는 처지처럼 말이다."[6]

마르크스에게 정치적 자유주의로 획득한 자유권은 오직 형식적 자유를 보장할 뿐이었다. 그것은 "추상적 국가 시민abstrakten Staatsbürger"의 권리일 뿐 실제로 인간 삶의 조건, 특히 산업 노동과 완전히 분리되었다. 물론 마르크스가 이 점에서 그다지 틀린 것은 아니었다. 당시에는 부모가 자녀들과 먹을 것이 없어 아침 식사를 굶어야 할 때 국가가 그들을 도와주지 못했다. 그들이 지닌 것을 그들이 원하는 대로 처분할 수 있는 권리를 국가가 보장해주지 못한 것이다. 그리고 경제고가 더 심해져서 결국 자녀를 학교가 아닌 공장으로 보내야 하는 부모들은, 자녀의 교육을 스스로 결정할 수 있는 권리를 헌법이 보장한다는 말을 듣고 어떤 냉소적 느낌을 충분히 지닐 수 있었다.

마르크스는 창백하고 형식적인 자유보다는 인간의 자유가 실제

---

6 카를 마르크스·프리드리히 엥겔스, MEW 23권, 191쪽.

로 실현되는 모습을 보려고 했다. 그러려면 새 시대의 정치적 자유주의가 관철한 이원주의, 곧 국가와 사회를 분리하는 이원주의를 시급히 폐지해야 한다고 생각했다. "무엇보다 우선 현실적이고 개인적인 인간이 자신 안에서 추상적 국가 시민을 소환할 때, 개별적 인간이 자신의 경험적 삶 안에서, 자신의 개인적 노동 안에서, 자신의 개인적 관계 안에서 유적 존재가 되었을 때, 무엇보다 우선 인간이 자신의 '고유한 힘forces propres'을 사회적 힘으로 인식하고 조직했을 때, 그리하여 그런 사회적 힘과 정치 세력의 형태가 절대 분리되지 않을 때, 그때 비로소 인간 해방이 완성된다."[7]

마르크스의 정치적 프로그램의 배후에는 어떤 특정한 인간론이 있다. 그는 초기 저술에서 노동 안에서 실현되는 인간의 "자기생산Selbsterzeugung"을 말했다. 이는 개인의 능동적 자기실현이라는 개인주의적 개념을 의미하지 않고, "노동자 계급의 삶werktätigen Gattungsleben" 안에서 실현되는 인간의 "구체적 존재gegenständlichen Wesen"를 말한다. 이런 인간론이야말로 마르크스가 철학이란 머리로 하는 것이 아니라 발로 하는 것이라고 직접 말했던 이유다. 마르크스가 보는 사람은 개인이 아니다. 오히려 유적類的 존재, 집단적 존재다. 이성, 정신 또는 영혼이 아니라 생산관계의 지배를 받는 노동이 인간의 본질을 구성한다.

---

7 카를 마르크스·프리드리히 엥겔스, MEW 1권, 370쪽.

그리스도교 윤리와 마르크스주의 사이에 놓인 화해할 수 없는 대립은 마르크스의 경제 분석이 아니라 마르크스주의의 기초를 이루는 이 인간론에서 유래한 것이다. 오스발트 폰 넬브로이닝은 이렇게 말한 적이 있다. "마르크스가 '사회적 노동'이라는 그의 개념에 경제적이고 사회적인 의미를 어떻게 부여하고 해석하든지 간에, 그리스도교 신자와 모든 유신론자들의 세계관은 마르크스와 결정적으로 다르다. 그리스도교의 창조론을 신봉하고 인간이 하느님의 피조물이라는 사실을 수용하는 모든 유신론자들의 믿음은, 자연적으로 이해된 '사회적 노동'의 분석을 통해 인간이 스스로의 창조자라고 주장하는 마르크스의 주장과 양립할 수 없다."[8]

마르크스의 인간론에서 경제적으로 긴밀하게 관련된 '상부 구조와 토대' 개념이 나온다. 마르크스는 하나의 논점으로 세계를 이해하고 설명하고 치유하려고 했다. 그의 이론에 따르면 이 사회를 지배하는 소유와 생산관계만이 인간의 운명을 결정한다. 이런 경제적 '토대'에 기초하여 다른 모든 문화적 현상인 '상부 구조', 곧 종교, 국가, 가정, 정치, 윤리, 예술, 문학 등을 설명하려고 했다.

이제 솔직히 고백해야 할 때다. 나는 마르크스가 고대 노예제 사회의 생산관계로 그리스도교 탄생이나 호메로스 서사시를 나름대

---

8 오스발트 폰 넬브로이닝, 「스콜라 신학의 노동가치론Die Arbeitswertlehre in der scholastischen Theologie」, 테오도르 스트롬 엮음, 「새로운 과제 앞에 놓인 그리스도교 사업 윤리Christliche Wirtschaftsethik vor neuen Aufgaben」(취리히, 1980), 69쪽.

참된 자유에 대하여

69

로 해석하고, 이젠하임에 있는 마티아스 그뤼네발트$^{Matthias\ Grünewald}$의 제단 성화를 봉건제로 설명하면서 늘 대담하게 확신하던 것에 완전히 동의하지는 못하겠다. 나는 그가 국가와 부르주아 민주주의를 자본주의로 설명할 수 있다고 믿었다는 것에 주목하지 않는다. 오히려 그가 생산 수단의 사적 소유를 철폐하는 공산혁명으로 국가와 정치도 철폐하려고 했다는 사실이 흥미롭다. 그가 상상하는 공산주의 사회에서는 정치가 이성적 행정, 곧 노동자 자치로 대체될 것이다. 공산주의 사회에서는 국가와 사회를 분리하는 근대의 이원주의가 중단되어야 한다. 이런 면에서 마르크스의 동시대인들이 그를 '국가의 적'으로 본 것은 타당했다. 그러나 그전에 볼 수 없었던 강력한 전체주의 국가가 20세기에 그의 이름으로 건설되고 인간을 학대한 것이 그의 이론과 깊이 관련되어 있다는 사실은 역사의 쓰라린 아이러니다.

가톨릭 사회론의 특성

특히 가톨릭교회 입장에서는 그리스도교 사회윤리가 자유주의적 개인주의와 사회주의적 집단주의 사이에 '제3의 길'을 형성한다고 자주 말한다. 가톨릭 사회학자들은 이 '제3의 길'에 대해서 독특한 개념을 하나 개발했는데, 바로 연대주의^{Solidarismus}이다. 이 용어는 개

인주의와 선을 긋는 한편, 인간은 애초 서로 기댄다고 보고 공동선共
同善을 강조한다. 또한 집단주의와도 선을 긋는데, 역시 공동선과 관
련된 한계 안에서 개인의 자유와 소유권을 강조한다.

그동안 연대주의는 유행에서 사라졌지만 '제3의 길'은 절대 그렇
지 않다. 이 용어는 대중에게 그전보다 훨씬 큰 인기를 누리고 있고
그리스도교 사회학자만 사용하지도 않는다.

그래서 그리스도교 사회윤리에서 '제3의 길'이라고 말할 때 우리
가 어떤 의미로 사용하는지에 대해 설명하는 편이 더 의미 있을 것
이다. 우선 이 용어 때문에 교회의 사회적 가르침이 자유주의적 개
인주의와 사회주의적 집단주의의 한가운데에 위치한 것처럼 이해
되어서는 안 된다. 물론 우리는 두 극단주의 중 어느 한 입장을 취하
고, 대략 개인주의에 '살짝 기울어진' 입장이라고 할 수 있다. 이것은
교회가 근대성을 사후에 긍정한 역사와는 관련이 없다. 오히려 그리
스도교의 깊은 뿌리와 관련이 있다. 나는 그래서 그리스도교적 뿌
리 없는 근대와 계몽주의라는 새 철학, 자발적 주체라는 사고 등
이 절대 가능하지 않다고 주장하고 싶다.

공동체와 개인의 자유

고대⁹ 이교도 전승에 따르면 국가란 선을 대표하는 공동체라고 할

수 있다. 인간은 국가 없이, 질서 잡힌 공동체 없이 선으로 가는 충만
한 발전을 이룰 수 없다. 고대 그리스와 로마 세계에서는 인간을 공
동체에서 분리해내는 것을 상상할 수 없었고, 국가 없이 성공하는
삶도 생각할 수 없었다. 국가는 선한 삶을 대표했고, 오직 국가와 공
동체 안에 선한 삶, 성공한 삶, 행복이 가능했다. 그래서 소크라테스
는 자신의 공동체를 떠나기보다 독배를 선택했던 것이다.

 역사적 경험으로서 개인과 공동체를 처음으로 분리한 주체는
그리스도교다. 한 인간이 작고 억압받는 소수자라면 그는 스스로
를 국가와 동일시할 수 없다. 교부 아우구스티누스Aurelius Augustinus,
354~430는 인류의 정신사에 처음으로 이원주의의 맹아를 틔운 인물
로, 이런 분리를 제기하고 강화했다. 그에 따르면 인간은 우선 하느
님 앞에 홀로 서야 하며, 그다음에야 공동체 또는 국가가 나온다. 이
는 어떤 면에서 국가의 신성함을 벗겨버리는 일이고entsakralisiert, 이런
사고방식은 이미 신약성경에 잘 드러나 있다. 국가의 의미는 원점으
로 돌아가고, 이제 개인이 부상한다. 그 결과 국가, 곧 공동체와 개인
사이에 흥미로운 긴장감이 남는다. 그래서 이런 생각을 가지면 정치
와 종교가 하나로 뭉쳐지지 않는다.

 이 점에서 그리스도교는 정치적인 것의 해방, 하느님 앞에서 스스
로 고유한 책임을 지는 인격의 해방에 결정적으로 기여했다. 아우구

---

9 (옮긴이) 그리스, 로마 등을 가리킨다.

1장

스티누스는 『고백록Confessiones』에서 이렇게 강조했다. "나는 하느님과 영혼을 알고 싶다." 그는 계속해서 이성의 모습에 대해 말하며 이렇게 질문한다. "그것이 정말 전부인가?" 그리고 스스로 답한다. "그것이 전부다."[10] 여기에 그리스도교가 기초한 매우 강력한 개인주의 특성이 자리 잡고 있다. 그것은 폴리스에 대한 고전적 개념, 곧 개인과 공동체가 일치한다는 개념과는 다른 특성이다. 내가 보기에는 이런 문화사적 특성이야말로 자유, 인권, 민주주의 그리고 시장경제 개념이 자라난 새 시대의 근본 원인이다.

물론 아우구스티누스부터 칸트까지는 먼 길이었다. 이 길은 단순히 쭉 뻗은 길이 아니지만, 내가 보기에는 일관성 있는 길이었다. 고대 철학에 영향받은 중세의 유기체적 국가관이야말로 자유를 책임지는 성경의 인간관과 결국 너무도 큰 긴장 관계를 형성한다. 그래서 이런 중세의 국가관이 과연 지속되어도 괜찮은지, 지속될 수 있었는지는 모를 일이었다.

이런 중세적 사고의 팽팽한 긴장은 계몽주의 철학의 자유와 자율권을 향한 열정을 통해 폭발했다. 나는 여기서 반드시 그래야만 했다고 그 필연성을 강조하고 싶다. 그리고 진리, 종교, 관습 등에서 국가의 책임을 면제해주고, 그렇기에 주체의 자유라는 공간을 더욱 넓혀주는 '근대화 추진'이 이어졌다. 과거의 '중세적 통합주의

---

10 아우렐리우스 아우구스티누스, 「하느님과 영혼의 불멸성에 대한 독백Selbstgespräche über Gott und die Unsterblichkeit der Seele」(취리히, 1954), 60쪽 이하.

Integralismus'를 갈망하는 마음은 현재와 미래의 문화를 비관하는 일종의 염세적 태도로서 도움이 되지 않는다. 반대로 자유의 역사에서 어떤 역사적 오류도 부정하려는 태도 또한 부적절하다. 물론 나는 그렇게 할 수도 없고 그렇게 하지도 않으려 한다.

누군가 근대의 자유사상이 낳은 사회적 결과에 대해 질문하면 현대인은 흔히 이렇게 답할 것이다. 선하고 성공한 인생이란 사적인 것이고, 법이나 인간이 함께 사는 질서에 대한 질문만이 공적 영역에 속할 뿐이다. 우리는 계몽주의로 말미암아 공적 영역과 사적 영역을 처음으로 분리해야 했다. 국가는 선한 삶을 대표하지 않으며 오히려 공동체의 질서를 바로 세우는 규칙만을 규정해야 한다고 생각했다. 선한 삶과 성공한 인생에 대한 목표는 개인이 자유롭게 선택할 수 있는 영역이 되었다. 종교에 귀의하든, 타인과 자신의 삶을 나누길 원하든, 어떤 직업을 선택하든, 자신에게 중요한 것을 하는 것이다.

물론 이것으로 모든 질문에 대답할 수는 없다. 무엇보다 법, 곧 인간의 공존을 규정하는 국가적 질서가 어떻게 이뤄져야 하는지, 법과 윤리가 어떻게 상호 연관되어 있는지는 여전히 열린 문제로 남아 있었다. 여기서 국가철학의 기초를 정하는 두 가지 노선이 나온다. 바로 토머스 홉스Thomas Hobbes, 1588~1679와 장자크 루소Jean-Jacques Rousseau, 1712~1778이다.

홉스는 염세적일 뿐만 아니라 결정적으로 아리스토텔레스Aristoteles와 반대되는 인간론과 사회론을 지녔다. 당시는 교파 간 투쟁이 극심했기에, 그는 동료 시민의 공격과 교파 간 투쟁의 혼란 속에서 개인을 지켜줄 강력한 국가가 필요하다고 생각했다. 이 새로운 사고에서 유명한 이미지가 묘사된다. 바로 홉스의 저서 제목이기도 한『리바이어던*Leviathan*』인데, 이는 성경에 등장하는 거대한 괴수 레비아탄이다. 이 괴수는 한 손에는 왕홀王笏을, 다른 한 손에는 주교 지팡이를 든 임금의 모습으로 지평선 위로 떠오르고 있다. 그리고 이 거대한 괴수 안에는 수많은 작은 사람들이 묘사되어 있다. 국가 존재를 상징하는 레비아탄은 만인의 집합체인 것이다. 이처럼 토머스 홉스의 국가는 권력을 지니고 통치한다.『리바이어던』에서 유명한 구절은 이것이다. "진리가 아니라 권위가 법을 만든다." 그러므로 진리의 문제는 제외된다.

인간에 대한 어두운 불신을 가진 홉스는 결국 절대국가 형태를 선동하고 말지만 루소는 고귀한 시민정신을 중시했다. 그는 국가란 백성의 일반의지*volonté générale*를 대표해야 한다고 보았다. 여기서 개인과 국가는 자유주의의 징조를 풍기며 다시 밀접히 접근한다. 그러나 프랑스 혁명에서 일반의지라는 이념은 자코뱅당의 공포정치를 정당화하는 데 봉사했다. 당시 루소가 의미한 일반의지는 민주적으로 선출된 다수파의 의지가 절대 아니었고, 오히려 객관적인 공통의 이해 내지는 어떤 국민의 의지라는 '느낌'과 비슷했다.

인류는 수백 년간 고통을 체험하며 홉스 모델이나 루소 모델이나 위험한 함정을 가지고 있음을 알게 되었다. 그러므로 후대에 태어난 사람들은 그들 이론의 기본적인 논점을 지키면서도 약점을 보완하는 시도를 해왔다. 존 로크John Locke, 1632~1704는 국가로부터 시민을 보호하기 위해, 국가를 통해 시민이 서로를 보호한다는 내용을 조금 보완했다. 그리고 헤겔Georg Wilhelm Friedrich Hegel, 1770~1831은 관습적 일치를 이룬 이성적 국가 안에서 루소의 일반의지라는 이름으로 사분오열되는 현상을 제거하고, 사적 자기결정권 영역을 보존하길 원했다.

궁극적으로 오늘날에도 정치철학 내부의 논쟁은 결국 이 두 노선으로 귀결된다. 이 두 노선에서 나온 다양한 정치적 견해가 유럽과 북미의 국가 현실에 다양한 방법으로 영향을 주었는데, 결국 홉스와 로크의 앵글로색슨 전통이 더욱 강력해졌다. 그 결과 선과 진리에 대한 개념과 담론은 언제나 사적 영역으로 밀려났다. 스스로 가속화되는 근대의 길은 개인적 자유를 더욱 크게 갈망하는 결과를 초래했고, 개인적 자유란 점차 정치, 종교, 관습, 경제, 문화 등 삶의 모든 영역을 포괄하게 되었다.

도구적 합리성과 그 결과

이렇게 극단적으로 주체를 지향하자 도구적 합리성도 동시에 중요해졌다. 현실에 대한 인식은 실현 가능하고 사용 가능한 것에 대한 질문으로 축소된다. 나는 학창 시절에 막스 호르크하이머^{Max Horkheimer}와 테오도르 아도르노^{Theodor W. Adorno}의 『계몽의 변증법^{Dialektik der Aufklärung}』을 읽고 매우 감명받았으며 오래 씨름했고 지금도 영향을 받는다. 1940년부터 1944년까지 쓰인 이 책의 제목은 자체로 의미가 깊다. 두 철학자는 계몽된 문명이 어떻게 파시즘과 나치즘이라는 야만으로 추락할 수 있는지를 묻는다. 그들의 주장은 경악할 정도다. 인간을 업신여기는 전체주의는 계몽된 사회의 외부에서 침입하여 감염시키는 바이러스 같은 것이 아니다. 오히려 계몽 자체의 프로그램과 열정 안에 자기파괴의 싹이 움트고 있다. 그러므로 호르크하이머와 아도르노의 관심은 계몽된 사상의 내재적 위험성을 알리고 성찰하며, 이를 통해 계몽을 '구원하는 비판'을 하는 것이었다. 『계몽의 변증법』의 모든 사상과 결론을 나누지는 않겠다. 다만 젊은 날 나는 그들 프로젝트에 빠져들었고, 호르크하이머와 아도르노의 출발점과 기본 사상은 아직도 나를 움직이고 있다. 주체가 무제한 해방되는 곳에서 자유는 새로운 강제를 받으며 종말을 맞는다. 요한 바오로 2세 교종은 이런 사상을 인상적인 방법으로 표현했다. "진리가 없는 세상에서 자유는 그 중요성을 상실한다. 그리고 인간은 고통의 폭력에 노출되고 공개되거나 은폐된 조작에도 노출된다."[11]

---

11 요한 바오로 2세, 「백주년」, 46항.

나는 이 지점에서 이렇게 말하고 싶다. 일반적인 윤리적 확신을 지향해야 한다는 의무감이 낮을수록 저 가능성은 언젠가 현실이 된다고 말이다. 도구적 이성은 오늘날 유전공학이나 생명공학이 보여주는 야망에서 잘 드러나고 있으며, 삶의 모든 면을 경제화하려는 의욕과도 가깝다. 이런 사상은 진화론적 세계관에 뿌리를 두고 발전하고 있다. 진화론은 자유, 가능성, 이성을 창조주의 선물로 보지 않는다. 자유와 가능성과 이성을 통해 책임져야 할 어떤 숨겨진 차원이 인간에게 있다는 것도 부인한다. 오히려 자유와 가능성과 이성이란 앞으로 전진하는 과정에서 드러난다고 생각한다. 제한하거나 감속할 수 있는 범주는 없고, 인간은 진화의 최종 결론을 이룬다. 게다가 진화란 언제나 거대한 탄력성과 적응성에 열려 있다. 그러므로 기술적 정언명령der technologische Imperativ("기술적으로 가능한 것은 무엇이든 실행되어야 한다")은 경제적 정언명령der ökonomische Imperativ("경제적 이익을 주는 것은 무엇이든 방해되어서는 안 된다")과 일치하게 된다.

최근의 다양한 예

내가 의미하는 바를 명확하게 하기 위해서 예를 들어보겠다. 자연과학 분야에서 유전자 연구는 최근에 놀라운 성과를 이루었다. 인간 게놈을 해독함으로써 의료인들은 암 유전에 대한 지식을 얻고자 했고, 환자들은 실효적인 치료법과 완치를 기대했다. 그러나 여기서 최근까지는 가능하지 않았던 어떤 윤리적 한계를 넘어서고 있다. 과학자들은 인간 배아를 소비하는 연구가 헌법이 보장하는 연구의 자유에 해당한다고 주장한다. 또한 치료적 복제를 통해 영생과 건강의 가능성이 기대되므로 대중적 지지를 받는다고도 말한다.

만일 누군가가 인간 배아가 죽었음을, 곧 인간의 생명이 낯선 목적에 예속되어 파괴되었음을 인정하기만 해도, 진보를 적대시하는 도덕주의자라는 비난이 가해질 것이다. 이 비난의 요점은, 언젠가 새 치료법을 개발할 잠재적 가능성이 존재하기에, 그런 가능성을 사용해야 한다는 것이다. 만일 성공한다면 큰돈을 벌 기회가 그에게 (그런데 과연 모두에게?) 주어진다. 기술적 정언명령과 경제적 정언명령이 함께 보여주는 무서운 길은 올더스 헉슬리^Aldous Huxley의 『멋진 신세계^Brave New World』에서 잘 드러난다.

이익만을 추구하는 고삐 풀린 욕망 때문에 윤리적으로나 법적으로나 한계를 넘는 일이 경제 영역에서도 증가하고 있다. 나는 영세한 골목 상인들의 눈속임이나 사업 관행이 아니라 거대 기업을 말하고 있다. 시장의 한 분야를 선도하는 기업으로서 몇 년 전만 해도 주식 시장의 영웅으로 추앙받던 기업들도 마찬가지다. 유명한 예가 에너지 대기업 엔론^Enron이다. 미국에서 일곱 번째로 큰 기업인 엔론은 2001년에 파산했다. 그 잔해 속에서 볼 수 있는 것은 거짓, 사기, 무자비함, 오만 그리고 멍청함의 놀라운 조합이었다. 회사 경영진은 엄청난 회계 조작으로 투자자와 직원을 속였다. 거대 기업 내부에 다양한 음모가 창궐하여 결국 파산해버리자 수천 명이 일자리를 잃었고 동시에 노후 자금도 상실했다. 미국에서는 흔한 일인데 상당수의 직원이 상당한 노후 자금을 자사 주식으로 소유했기 때문이다. 총 8억 달러의 노후 자금이 파기되었다. 그러나 회사 경영진은 파산 직전에 엄청난 보너스를 지불했으며, 수억 달러 이상을 자기 계좌로 인출했다.

엔론의 책임자들은 엄청나게 비윤리적인 행동을 했을 뿐만 아니라 범죄적이었다. 그들은 미국 법정에서 책임을 져야 했으며 일부에게는 엄격한 징역형이 선고되었다. 엔론의 CEO였던 제프리 스킬링 Jeffrey K. Skilling은 24년형을 선고받았다. 그래서, 유감스럽긴 하지만 그래도 시스템이 작동하는 것은 맞지 않느냐고 반론할 사람이 있을지도 모르겠다.

정말로 시스템이 작동한 것일까? 나는 어떤 시스템이라도 모든 것을 완벽히 영구적으로 통제할 수 없고, 윤리 곧 시스템 내에서 행동하는 인간의 태도를 포기할 수 없다고 믿는다. 매우 복잡한 경제 시스템에서도 마찬가지다. 우리는 위 예에서 모든 우발적 상황에 물샐틈없이 대처하려는 규칙을 찾을 수 없었다. 정직한 상인의 윤리성이 없다면 우리가 탄 비행기는 항로를 벗어나 추락할 것이다. 엔론의 경우 기업의 최고 경영진만이 직업 윤리를 위반한 것이 아니다. 공인회계사와 감사 기구가 무시하고, 간과하고, 심지어 승인하지 않았다면 엔론의 경영진은 그런 사기 시스템을 구축할 수도, 유지할 수도 없었을 것이다. 당시 유명 회계법인이었던 아서 앤더슨$^{Arthur Andersen LLP}$의 예를 보면 명확히 알 수 있다. 당시 연 매출 90억 달러를 올리며 업계 5대 거인 중 하나였던 이 회사는 스캔들에 연루된 것으로 밝혀졌다. 이 회사 직원들은 엔론의 허위 재무제표를 승인했을 뿐 아니라 나중에는 법무부의 손길을 피하려고 서류를 파기했다. 90년이 넘는 역사를 자랑하는 아서 앤더슨 기업의 몰락은 잘 알려져 있다. 남은 것은 대중의 경악이었다. 공인회계사라는 직업을 신뢰했고, 그들이 검증한 연말 결산 재무제표를 기업의 경제 상황에 대한 중요한 정보의 원천으로 인정했는데 말이다.

유감스럽게도 이토록 심한 경우는 엔론만이 아니었다. 미국의 대중이 엔론 사태의 충격에서 간신히 벗어난 2002년 중반에, 미국에서 두 번째로 큰 전화 회사인 월드컴$^{MCI Worldcom}$의 훨씬 뻔뻔한 회계 사기가 미국을 강타했다. 미국 증권거래위원회에 따르면 이 회사는 11억 달러 이상의 회계 부정을 저질렀다. 역시 수천 명의 사람들이 일자리와 노후 자금을 잃었다. 이 회사도 책임을 맡은 사람들이 스스로만 챙기는 비양심적 행위가 지배했다. 이 거대 기업의 재무 상황이 하루하루 실질적으로 급격히 악화되는 가운데 월드컴 이사회는 버나드 에버스$^{Bernard Ebbers}$ 사장에게 회삿돈 3억 7500만 달러를 저리로 대부해주었다.

유명하지는 않지만 이와 비슷한 구조를 지닌 사례는 수없이 들 수 있다. 2002년 들어 더 많은 기업이 회계 부정을 고백해야 했을 때, 유행병처럼 퍼지는 이런 기업들을 '엔론과 비슷한 기업들'이라는 의미에서 '엔로니티스Enronitis'라고 이름 붙였다. 이런 고약한 질병에 미국 기업만 감염되지는 않았다. 1998년과 2002년 사이에 터진 닷컴 버블 사태도 그렇다. 미국 나스닥NASDAQ을 본떠 독일에도 노이어 마르크트Neuer Markt가 설치되자 많은 사람들이 큰돈을 빨리 벌 목적으로 몰려들었는데, 역시 비슷한 일이 벌어졌다. 노이어 마르크트 지수는 추락했고, 결과도 비슷했다. 업계 스캔들을 겪은 투자자들의 신뢰를 잃고 돈을 회수당한 것이다.

전문가들에 따르면 2차 세계대전 이후 가장 심각했던 2008년 글로벌 경제 위기도 마찬가지다. 이 위기는 익명의 자동화된 세계화 시스템 때문이 아니라, 특권 의식과 헤지펀드의 한없는 탐욕 때문에 일어났다. 그들은 수년간 지속적으로 꿈의 수익률을 좇아 엄청난 재정을 쏟아부었다. 그리고 책임자들이 푼돈으로 엄청난 이윤을 쓸어 담은 다음에야 거품이 터졌다. 밤새 퍼마신 결과, 모두가 머리 아프고 속이 쓰린 아침을 맞았다.

자유의 조건

내 생각에 이런 사례들에서 선명히 볼 수 있는 것은 다음과 같다. 누구나 국가로부터 간섭을 받지 않고 자신의 고유한 이익을 추구할 수 있다면 개인의 복지와 공동체의 복지가 충분히 제공된다는, 저속한 자유주의적 견해는 완전히 틀렸다. 자유를 기술주의나 경제주의로 협소화해서는 그 풍부한 의미를 온전히 파악할 수 없다. 연구의 자유나 경제적 자유를 빼앗아야 한다고 주장하는 것이 아니다. 하지만 이 두 자유도 한계가 없지는 않다. 그런 한계는 무엇보다 인간의 존엄성과 공동선에 의해 규정되어야 한다. 자유 자체를 위해서 한계가 있어야 한다. 공동선을 지향하는 것이 모든 행위자의 윤리적 기본 전제Grundwasserspiegel로 수립되어야 한다. 덧붙이자면 정말로 위대한 20세기 자유주의 경제학자들은 이 점을 잘 알고 있었다.

자유가 임의성과 혼동되는 곳에서, 개인주의가 이기주의로 퇴화하는 곳에서 그리고 자유주의가 단순한 쾌락주의로 타락하는 곳에서, 앞에서 언급한 그리스도교 사회윤리의 '제3의 길'은 처음으로 구체적이고 기초적인 내용을 충만히 채울 수 있다. 나는 앞에서도 언급한, 요한 바오로 2세 교종의 마지막 책을 다시 한번 인용하고 싶다. 교종은 생전에 교회의 사회적 가르침을 이루는 중심에 인간의 자유가 있다고 말했다. 교종의 말씀을 인용하면 이렇다. "자유는 창조주가 인간에게 준 선물이자 임무입니다. 말하자면 인간은 자유를 사용하여 선善에 관한 진리를 수용하고 실현하도록 부름 받았습니다. 그럼으로써 인간은 개인적 삶에서나, 가정 안에서나, 경제적이고 정치적인 영역에서나, 국가적이고 국제적인 차원에서나 참된 진리를 선택하고 실제로 실천에 옮깁니다. 이렇게 인간은 진리 안에서 자신의 고유한 자유를 실현합니다."

선종하신 교종은 자유란 진리와 선과 하나로 묶인 것이라고 보았다. 그는 이렇게 강조했다. "자유는 선善에 관한 진리를 실천하는 범위에서 참된 자유가 됩니다. 그렇다면 그것은 자체로 선한 것입니다. 하나로 묶인 자유와 진리가 풀어질 때, 자유는 자유 자체에만 의존하게 되고, 그 결과 윤리적으로 해롭고 예측할 수도 없는 결과를 초래할 조건을 형성합니다."[12] 나는 여기에 하나를 덧붙이고 싶다. 그러면 인간의 새로운 의존성을 초래하고 인간을 다시 노예로 만들 조건을 형성한다.

독일 신문의 경제면을 보면 종종 '탐욕의 찬가'가 울려 퍼지는데, 이런 것이야말로 자유에 대한 왜곡된 이해의 예라고 하겠다. 그리스도교인은 바로 그런 곳에서 결정적으로 항의의 목소리를 높여야 한다. 우리는 그러면 안 된다고 일어나 외쳐야 한다. 우리는 죄가 칭송받는 상황을 용인할 수 없다. 또한 죄가 자유의 탈을 뒤집어쓴 상황 또한 용인할 수 없다.

이런 주장을 들으면 슬프게도 많은 이들이 근대 이전의 자유와 진리 모델에 애착을 지니고 있는 것 같다. 하지만 이 점에서 자유주의 창시자들과 20세기 위대한 자유주의자들이 내가 말한 참된 자유와

---

12 요한 바오로 2세, 『기억과 정체성*Erinnerung und Identität*』(아우크스부르크, 2005), 61쪽 이하.

비슷한 개념, 곧 이교도적 자유에 대한 이해를 결정적으로 거부한 자유의 개념을 주장했음을 잊지 말아야 한다.

지난 세기 자유주의 사상가 가운데 가장 중요한 한 사람이자 노벨 경제학상 수상자인 프리드리히 폰 하이에크Friedrich August von Hayek, 1899~1992는 한평생 자유와 임의성을 혼동하는 '거짓 개인주의'를 경고했다. 명저 『자유의 헌법The Constitution of Liberty』에서 그는 이렇게 썼다. "자유의 위대한 선구자들은, 도덕적 확신이 깊이 뿌리내리지 않은 곳에서 자유가 존립한 적이 없고, 개인이 특정한 기본 규칙을 자발적으로 따를 것이라고 기대되는 곳에서 강제력이 최소한으로 부과되어야 한다는 점을 강조하는 데 지치지 않았다는 사실은 분명하다."[13]

스스로 무신론자임을 고백했지만 교회를 떠난 적이 없고 결국 교회에서 장례를 치르도록 허락받은 하이에크는, 종교적 믿음이란 이런 도덕적 확신을 전달하는 신뢰할 만한 방법이라고 보았다. 그에게 그리스도교의 업적 가운데 가장 의미 있는 하나는 로마의 법사상에 기반하여 인간의 공존을 위한 보편적 규칙을 제정한 것이었다. 그는 오늘날 지배적인 데카르트René Descartes, 1596~1650 전통의 이성적 진리 개념을 심히 불신하고 그에 맞서 믿음의 이성을 강조했다. 그의 관점에 따르면 "우리 문명 전체는, 우리가 데카르트적 의미에서 진

---

13 프리드리히 폰 하이에크, 「자유의 헌법Die Verfassung der Freiheit」(튀빙겐, 2008), 83쪽.

리인지 '알 수' 없는 많은 것을 '믿고 있다'는 것에 근거하고, 그런 것에 근거해야만 한다."[14]

　물론 하이에크가 종교적 근본주의를 말한 것은 아니다. 그는 믿음과 이성이 서로 대척하는 관계라는, 오늘날 널리 퍼진 인식에 반대했다. 믿음과 지식, 믿음과 이성은 서로 관련되어 있다. 베네딕토 16세가 교종이 되기 전에, 그러니까 요제프 라칭거 추기경으로 불리던 시절에 프랑스의 세속주의 전통의 장소라 할 수 있는 소르본을 방문하여 의미 있는 연설을 한 적이 있다. 그곳에서 그는 그리스도교란 '이성이 주도하는 계몽'으로서 스스로를 이해하고, 특히 고대 세계에는 그렇게 이해되었다는 점을 설득력 있게 드러냈다. 기원후 2세기에 살았던 철학자이자 순교자인 유스티누스Justinus는 그리스도교를 철학, 사상, 진리 추구의 완성으로 이해한다. 그럼으로써 인간은 진리를 찾을 가능성을 갖는다. 만일 진리가 더 이상 존재하지 않는다면, 진리를 찾는 공동의 노력이 없다면, 대신에 진리에 대한 여러 의견만 제출될 뿐이라면, 진리의 궁극적 기초나 인간의 최종 지향점이나 '인간이란 무엇인가'라는 질문에 대한 소통은 불가능하다. 그러나 인간과 인간론에 대한 질문은 언제나 핵심적인 질문이다.

　칸트는 『논리학Logik』에서 철학의 영역은 네 가지 질문으로 압축할

14　프리드리히 폰 하이에크, 「법, 입법 그리고 자유Recht, Gesetzgebung und Freiheit」 1권, 마르틴 주어 옮김(란츠 베르크암레히, 1981), 27쪽.

수 있다고 썼다. 나는 무엇을 알 수 있는가? 나는 무엇을 해야 하는가? 나는 무엇을 희망해도 되는가? 인간이란 무엇인가? 그리고 각 영역에 대한 대답으로 첫번째 질문은 형이상학, 두번째 질문은 윤리학, 세번째 질문은 종교, 네번째 질문은 인간학이라고 이름 붙였다. 칸트는 여기서 끝나지 않고 앞의 세 영역이 마지막의 중심 질문을 향한다고 썼다. "앞의 세 가지 질문은 마지막 질문과 관련되기 때문에, 기본적으로 이 모든 질문이 인간학이라고 간주될 수 있다."[15] 그러므로 칸트에게는 종교, 자연과학, 정치, 경제 등 모든 것이 인간, 곧 인간의 가능성과 한계와 운명에 관한 것이다.

자유를 성찰하다

이런 지평에서 나는 이 책을 통해 자유에 대해 성찰해보려 한다. 특히 카를 마르크스가 비판했던 자본주의에서 자유에 대한 이해가 어떻게 작동하는지 생각해보려 한다. 이 책 도입부에서 나와 성이 같은 카를 마르크스에게 보낸 가상의 편지에서도 밝혔듯이, 19세기에 시작된 오늘날의 자본주의도 여러 가지 불안한 현상에 직면하고 있다. 따라서 '시장의 자유 원칙'과 '사회적 평등'이 지켜지는 시장경

---

15 임마누엘 칸트, 「칸트 전집*Gesammelte Schriften*」 9권, 왕립 프로이센 과학 아카데미 엮음(베를린, 1902), 25쪽.

제가 오늘날 여전히 가능한지 묻고 싶다. 또 나는 이 장 서두에서 언급한, 다양한 인간의 걱정과 기회를 동등하게 고려할 가능성이 있는지도 묻고 싶다. 바로 기업가와 노동자와 실업자와 그들 가족의 걱정을 동등하게 다룰 가능성 말이다.

나는 진정 그리스도교적 전망이야말로 오늘날 그리스도인뿐 아니라 무수히 많은 사람이 직면한 문제의 해답을 찾는 데 확실히 기여할 것이라고 확신한다. 여기서 그리스도교 입장을 취한다고 해서 하느님의 존재를 증명하려는 것은 아니다. 다만 자연과학이나 경제적 패러다임에만 충실한 논리로는 인간에 대해 그리고 진정한 자유에 대해 포괄적인 해답을 줄 수 없다고 생각한다. 그래서 그 결과는 무엇인가? 그것이 잘 기능하나? 경험적으로 재현할 수 있나? 그것이 이익이 되나? 등의 논리만으로는 부족하다.

이렇게 해서는 인간의 자유에 대한 질문에 철저히 대답할 수 없다. 이는 내가 매우 중요하게 기여하고 싶은 점이다. 이는 계몽주의 이전 상황으로 돌아가는 것과는 아무 관련이 없고 오히려 인간과 인간의 희망, 인간의 가능성에 대한 시각을 더 확장하는 것이다.

이렇게 시각을 확장하면서 '세속화된 근대'에 '그리스도교라는 이물질'을 들여오려는 것도 아니다. 사람들이 흔히 생각하듯 근대 세계는 그다지 세속화되지 않았다. 표면적으로는 그렇게 보여서 교회와의 관련성을 제거하고 싶겠지만, 사실 이 사회의 피하 조직에 묻혀 있는 혈관에는 그리스도교라는 혈액이 흐른다. 하노버에서 가르치는 철학자 데틀레프 호르슈터$^{Detlef Horster}$는 이렇게 말했다. "우리의 근본적 가치는 모두 그리스도교에서 비롯되었다."[16]

인간은 인격적 존재이자 양도할 수 없는 존엄성을 지닌 존재라는, 아주 기본적인 개념을 예로 들어보자. 이 생각의 뿌리는 고대 후기의 그리스도교 철학자들과 신학자들이 성찰한 그리스도론과 삼위일체론으로 거슬러 올라간다. 나는 공부할 때 삼위일체 개념에 매혹되었고 상당한 관심을 가졌다. 사람들은 흔히 묻는다. "삼위일체가 내 믿음과 무슨 관련이 있나? 그것은 신학 전문가들의 주제일 뿐이야. 성부, 성자, 성령이라는 세 가지 인격이 하나의 신이라니, 완전히 미친 거지!" 하지만 삼위일체야말로 그리스도교 믿음의 중심이다. 신은 하나지만 하나로서의 관계, 대화를 향하는 존재다. 그래서 우리는 '하느님은 사랑입니다'라고 말할 수 있다. 하느님은 사랑이므로 그분이 창조한 이 세상의 건설 원칙은 자유다. 삼위일체라는 중심 개념에 지적으로나 개념적으로 접근하지 않으면 그리스도교 신학이라 말할 수 없을 것이다.

삼위일체를 성찰할 때 요점은 그것이 인격 개념과 직결되어 있고, 자립^{Selbststand}과 관계^{Relation}를 연결한다는 것이다. 하느님이 자체로 성부, 성자, 성령의 관계라면 하나의 관계는 자체로 자립이며, 이는 그리스도교 인간론과 인격 개념의 출발점이다. 성경은 이를 '하느

---

16 《쥐트도이체 차이퉁 $Süddeutsche Zeitung$》, 2004년 6월 1일(124호), 15면.

님의 모상^{imago Dei}'이라고 한다. 인간은 관계 안에서 자립한다. 이것이 신학적 인격 개념의 기본 공식이다. 자립은 불가침의 존엄성을 의미한다. 누구도 타인을 멋대로 다룰 수 없다. 칸트가 말한 대로 인간은 자체로 목적이며, 타인의 목적을 위해 쓰이는 단순한 수단이 아니다. 하지만 칸트에게도 인간은 관계 안에서 사는 존재다. 인간은 스스로 무리 짓는 경향이 있다. 자립과 관계야말로 서양의 인격 개념을 요약한다. '나'와 '너'와 '우리'는 근본적으로 서로 연관되어 있고, 서로가 없다면 이해할 수 없다. 이는 우리가 모두 경험하는 아주 기본적인 체험이다. 두 인간이 무엇보다 사랑으로 '우리'가 되고 부모가 되어 우리의 삶, 우리의 '나'를 주었다. 그리고 이를 통하여 부모는 우리를 '너'로 부르고, 우리의 '나'가 발전할 수 있다는 의식을 갖는다. 이렇게 사랑을 수용함으로써 우리는 자의식을 지닌 인격으로 성숙해간다. 게다가 나는 창조주 하느님께서 '너는 살아야 한다'고 부르셨기에, 이렇게 존재한다.

자유를 논하기 위해서

인간과 자유에 대한 이런 기본 개념에 동의한다면, 이제 어떤 방향에서 무엇을 더 성찰해야 할까? 나는 세 가지로 요약하고 싶다. 첫째, 낡은 세계로 돌아갈 수 없다는 점이다! 향수에 젖어 이해하는 과거로 돌아가기란 불가능하다. 우리는 근대와 계몽이 가져온 '이익'과 인식과 확장과 가능성을 직면해야 한다. 나는 근대란 전진이라고 본다. 일부 교회 공동체에 널리 펴져 있는 생각들, 곧 문화적 염세주의와 문화비판적 방법으로 근대 세계를 봐야 한다는 견해에 동의하지 않는다. 내 생각에 그런 견해는 지나칠 뿐만 아니라 과장되었고, 때로 진실이 아니다. 근대는 인류 역사에서 전진이고, 자유를 획득한 것이야말로 진보다. 이는 되돌릴 수 없다.

둘째, 계몽은 자유를 향한 열정Freiheitspathos에 응답하는 것이 아니라 계몽 자체가 자유의 내용이 되어야 한다. 그러므로 근대의 자유는 공허한 주장으로 남을 수도 있다. 그래서 자유는 최종적으로 구속력 있는 규범에 연결되거나 새롭게 다시 연결되어야 한다. 이렇게 다시 연결되지 않으면 자유는 자의성에 무작정 개방되어, 미래에는 이해관계와 권력의 게임이 되어버릴 뿐이다. 어떤 면에서 계몽된 사상은 스스로 계몽을 필요로 하고, 나아가 계몽의 변증법적 프로젝트인 '계몽된 계몽'을 요구한다.

셋째, '계몽된 계몽' 프로젝트의 중심에는 인간과 존엄성이 있다. 인간 존엄성은 불가침의 것이고 다수의 의견으로 간단하게 재해석할 수 있는 것이 아니라는 데 동의하지 못한다면, 우리가 획득한 자유는 인간을 거슬러 사용될 수 있다. 이런 추세는 경제생활에서 이미 선명하게 인식할 수 있다. 우리는 이런 위험에 정직하게 대답해야 할 것이다. 나는 이미 완전히 그렇게 되었노라고는 말하지 않겠다.

하지만 상당히 경계할 만한 일들이 이미 이루어지고 있다. 교회는 바로 이 점을 직시하고 있으며, 모든 그리스도인들은 깨어 있으면서 목소리를 높일 의무가 있다.

그래서 오늘날 현대 사회에도 교회의 역할은 중요하다. 교회는 정치나 공적 영역에서 마땅히 요구되는 '윤리의 생산자' 역할만 하지는 않는다. 물론 그 역할도 매우 중요하다. 사람들은 교회를 향해 수없이 비판하면서도 사회의 다른 기관에 결핍된 '도덕적 무장'의 역할을 교회에 기대한다. 그래서 마치 빵을 만들어 팔 듯 윤리를 만들어 공급해야 한다고 말한다. 또는 그리스도교의 본질이 윤리이며, 예수님이 우리의 공적 사회에 윤리라는 접착제를 제공하는 일을 가장 우선시했던 사상가라고 말하기도 한다. 그러나 그것이 예수님의 주된 관심사였는지는 복음서에서 발견하기가 어렵다. 예수님의 주된 관심사, 궁극의 동기는 다른 것이었다. 바로 하느님께로 가는 길을 인간에게 열어 보여주는 것이었다. 그것은 인간보다 훨씬 크고, 인간이 수용하는 이 실제 세계 안에서 해방을 체험하는 것이었다. 그것이 궁극적인 시발점이고, 거기에서 새로운 생활 방식, 새 윤리가 나온다. 첫째와 둘째를 혼동하면 종교는 그저 윤리와 동일한 것이라는 견해에 이른다. 하지만 그렇게 말해서는 안 된다. 많은 사람이 종교 안에서 윤리만을 이해한다는 것, 그것이 오늘날 우리가 겪고 있는 그리스도교 위기의 원인 가운데 하나다. 이는 엄청난 오해다. 그것은 종교의 핵심이 아니다. 그것은 그리스도교가 낳은 결과이지,

그리스도교의 핵심이 아니다.

그러므로 교회란 '윤리적 제도'로서 공적 역할을 하는 곳만은 아니라고 생각한다. 독일 개신교회EKD 의장이자 베를린 브란덴부르크의 개신교 감독인 볼프강 후버Wolfgang Huber 목사도 교회란 '공적 교회 öffentliche Kirche'가 되어야 한다고 표현했다. 종교를 사적 영역에 가두는 것(사유화Privatisierung)은 그리스도교의 믿음을 부족하게 인지하는 것이다. 물론 신앙의 결단을 내리는 일은 사적인 것이다. 하지만 그것은 동시에 가족과 관련된 결정이자 도덕적 삶의 방식을 결단하는 것이기도 해서 최대의 공적 중요성도 지닌다.

물론 국가가 손에 성경을 들고 다스릴 필요는 없다. 그러나 하느님을 믿는 사람들이 존재한다는 사실에 무관심해서는 안 된다. 공개적으로 하느님에 대해 말할 수 있는지, 스스로를 창조하지 못한 인간이 존엄성을 지닌다고 믿는지, 인간의 한계를 벗어나는 미래를 믿는지 등은 국가와 사회에도 사소한 문제가 아니다. 이런 내용을 선포하고 믿는 일은 절대 하찮지 않다. 이런 의미로 신에 대한 질문이 살아 있도록 유지하는 일이 사회정치적으로 매우 중요하고 숭고한 과제다. 그래서 독일의 공립학교에는 종교 과목이 있고, 국가와 교회가 이해하고 협력하는 역사가 존재한다. 물론 국가교회는 존재하면 안 된다. 그러나 교회와 종교는 공적으로 드러난 채 존재해야 하며, 이 점이 우리에게 중요하다.

오늘날 열린 사회는 교회를 통해 이득을 얻는다. 교회가 신에 대한 의문을 공공연히 말하고, '인간 존재의 충만'이라는 주제로 더 포괄적인 맥락에서 인간에 대해 말하기 때문이다. 신학자 요한 밥티스트 메츠Johann Baptist Metz는 "종교의 가장 짧막한 정의는 멈추기"라고 표현했다.[17] 내가 보기에 이 멈추기Unterbrechung라는 말은 퍽 의미 있는 것을 표현한다. 멈추기는 타인을 유용성이나 경제성의 연장선에서만 보지 않고 타인을 자체로 허용하고 이해할 가능성을 의미한다. 인간은 스스로를 넘어서는 것을 지향하기에, '인간만의 고유한 법칙들Eigengesetzlichkeiten'과 인간의 한계는 깨진다. 우리는 이것을 '초월'이라고 부른다. 개인의 고유한 지평선을 확대하지 않으면 우리는 어느새 실용성과 경제성이라는 사상을 개인주의적 시각으로만 바라보며 길을 잃을 것이다. 그렇다면 결국 '기술적으로 가능하다면 해야 한다'는 기술적 명령이나 '이익이 발생한다면 회피할 수 없다'는 경제적 명령만 남는다. 그리고 이 모든 것은 '차악次惡, minus malum'을 선택하는 윤리와 결합한다. 이렇게 자유를 좁게 사고하면 우리 사회는 위험에 빠지고 지속 가능하지 않게 된다.

물론 나는 주교이기 때문에 종교와 교회의 사회적 의미에 대해 말할 때면 '팔이 안으로 굽는다pro domo'는 의심을 떨치기 위해 노력한다. 그래서 20세기 자유시장경제의 가장 저명한 학자인 빌헬름 뢰프케를 인용하며 이 장을 마치고자 한다. 위대한 경제학자 뢰프케는

---

[17] 요한 밥티스트 메츠, 「역사와 사회 안의 신앙Glaube in Geschichte und Gesellschaft」(마인츠, 1977), 150쪽.

인간의 공존Zusammenleben을 경제학적 계산으로 환원하려는 경제학을 전 생애에 걸쳐 반대했다. 다음 인용문은 제목이 훌륭한 그의 저서 『수요와 공급을 넘어서*Jenseits von Angebot und Nachfrage*』에서 따왔다. 뢰프케는 말한다. "나는 종교적 확신을 시장에 실현하기를 주저하는 사람들에 속해 있음을 말하는 것이 언제나 부끄러웠다. 하지만 이 기회를 빌려 분명히 말하려고 한다. 우리 문화가 겪는 질병의 가장 깊은 원인은 영적이고 종교적인 위기다. 이 위기는 모든 개인이 겪고 있고, 각자 개별적 영혼 안에서 극복할 수 있다. 인간은 종교적 인간 Homo religiosus이지만, 지난 100여 년간 절망적인 시도들이 줄곧 이어졌다. 사람들은 신 없이 살아가려 했고, 인간과 인간의 지식, 문화, 기술과 국가를 신에게서 떼어놓았으며, 신 없이 신의 자리에서 스스로 다스리려고 했다. 언젠가 우리 모두에게 거친 폭풍이 들이닥칠 것이며, 이미 조금 시작되었다는 느낌이 확산되고 있다. 이런 절망적인 시도들은 이제 인간이 영적이고 윤리적인 존재로 존재할 수 없는 상황을 만들어냈다. 인간은 텔레비전, 고속도로, 해외 관광 그리고 아파트를 누리지만, 인간 자체가 존재할 수 없는 상황이다. 만일 신의 존재 증명을 새롭게 한다면 이 점을 확고히 추가해야 한다. 신이 없는 세상을 받아들인 실천적 결과야말로 신의 존재를 증명하는 간접 증거가 될 것이다."[18]

---

18 빌헬름 뢰프케, 『수요와 공급을 넘어서*Jenseits von Angebot und Nachfrage*』(베른/슈트트가르트, 1979), 25쪽.

2장

인간을 위한 경제

시장경제와 윤리

경제 때문에 빼앗긴 자유

"내가 열 살쯤이었을 때, 방글라데시의 수도 다카에 위치한 우리 집 정원에서 놀고 있던 어느 오후였다. 갑자기 대문이 열리고 한 남자가 귀를 찢을 듯한 비명을 지르며 쓰러졌다. 등에는 칼이 꽂혀 있었고 선혈이 낭자했다. 당시에는 힌두교도와 무슬림이 서로를 죽이는 민중 폭동의 시대였다. 결국 인도와 파키스탄이 저마다 독립하면서 그 시대는 막을 내렸다. 쓰러진 남자의 이름은 카데르 미아$^{Kader Mia}$였다. 그는 무슬림 일용직 노동자로 이웃집에서 일을 하고 노임 몇 푼을 받아 집으로 가던 길에, 힌두인들이 주로 사는 지역을 지나다가 변을 당했다. 나는 그에게 물을 가져다주었고, 집안의 어른들은 도움을 청했다. 아버지가 그를 급히 병원으로 데려갈 때, 카데르 미아는 간신히 말했다. 이렇게 불안한 시대에 그런 지역으로는 다니지 말라고 아내가 신신당부했다고. 하지만 카데르 미아에게는 선택의 여지가 없었다. 그의 가족은 아무것도 먹지 못했기 때문에 그는 일거리를 찾아야 했다. 경제적 자유를 뺏긴 대가로 그는 목숨을 내놓아야 했다. 그는 병원에서 죽었다."[1]

유년기에 겪은 이런 충격적인 경험을 묘사한 사람은 다름 아닌 세계적 경제학자 아마르티아 센$^{Amartya Kumar Sen}$이다. 이 장의 제목은 그

---

1   아마르티아 센, 『인간을 위한 경제$^{Ökonomie für den Menschen}$』, 크리스티아나 골트만 옮김(뮌헨, 2005), 18쪽 이하.

의 저서 『인간을 위한 경제*Ökonomie für den Menschen*』에서 유래했다. 이 책은 1996년 센이 워싱턴의 세계은행에서 행했던 시리즈 강연의 일부 내용을 묶어 독일어로 번역한 것이다.

1998년 노벨 경제학상을 수상한 센은 독창적이고 선도적인 경제학자다. 이 점은 그의 책 서문에서 이미 알 수 있다. 그는 서문에서 세계은행을 특별히 중요한 기관으로 평가한 적이 없다고 밝혔다. 경제학에서 그는 늘 이방인이었다. 사람들은 대부분 그가 경제학자라는 사실을 알면 자산을 늘릴 투자 정보를 알려달라고 요구한다고 한다. 그는 이들을 실망시켜야 하기에 유감이라고 말했다. 센은 그런 질문에는 관심이 없는 경제학자다. 오히려 돈이 없는 사람들의 문제를 해결하는 방법을 모색하는 사람이다.

센처럼 경제와 윤리를 연결하려는 경제학자는 오늘날 매우 드문 존재가 되어버렸다. 센의 주요 관심사는 복지경제와 개발이론인데, 그 기원은 그의 배경과 깊은 관련이 있다. 그는 1933년 인도 동부의 샨티니케탄에서 태어났다. 그는 유복하게 자랐지만 이웃들의 실존적 어려움과 빈곤을 직접 대면했다. 어린 시절에 고향에 대기근이 들어 수백만 명이 목숨을 잃는 것을 보았고, 힌두교도와 무슬림의 피비린내 나는 종교 분쟁도 체험했다. 이 와중에 열 살 무렵 카데르 미아의 죽음을 경험한 것이다. 이런 충격적 체험을 바탕으로 그는 가난에 맞서 싸우고 인간의 자유를 얻기 위해 평생 헌신의 길을 걷게 된다.

그의 저서 『인간을 위한 경제』는 개발이론 문제도 다룬다. 오히려 이 책의 영어 원제인 『자유로서의 발전Development as Freedom』이 이 주제를 더 잘 드러낸다. 경제적 발전이란 인간을 위한 더 나은 물질적 지원뿐 아니라 참된 자유의 확대를 다루는 것이다.

빈곤이 물질적 문제를 일으킬 뿐 아니라 다양한 방법으로 인간의 자유를 위협한다는 사실은 카데르 미아의 운명이 극적으로 생생하게 보여준다. 센은 이 체험을 바탕으로 경제적 예속이 인간을 희생양으로 만들고 타인의 자유를 침해할 수 있음을 드러냈다. "저 끔찍한 시대를 살았던 카데르 미아는 몇 푼 벌기 위해 저 위험한 지역에 들어서지 않을 수 없었고, 그의 가족은 그렇게 생존할 수밖에 없었다. 경제적 예속은 사회적 예속의 온상이 될 수 있고, 그렇게 사회적 또는 정치적 예속은 경제적 예속을 촉진할 수 있다."[2]

센은 다양한 측면을 고려하면서도 인간의 자유에 초점을 맞추고, 동시에 가난한 사람의 처지에 특별히 눈길을 주고 있어 공감이 간다. 나는 이미 자유의 문제가 무엇보다 가장 중요하며, 교회의 사회적 선포의 중심에 이 문제가 있다고 말한 바 있다. 또한 그리스도교 사회론은 가난한 사람을 우선 선택하라고 말한다. 예수 그리스도께서 가난하고 차별받는 사람들을 보살피셨듯이, 그분을 따르는 교회는

---

2   아마르티아 센, 『인간을 위한 경제』, 19쪽.

가난하고 차별받는 사람들을 위해 특별히 노력하고 그들 삶의 가능성과 자유의 전망을 개선해야 한다.

가톨릭 사회교리의 인격과 자유

앞 장에서 나는 이미 그리스도교 사회윤리가 인간의 참되고 포괄적인 자유를 추구하며, 특정한 인간상에서 기원하고 있음을 상세히 밝혔다. 독립적 자아를 다루든 타인과의 관계를 다루든, 인간이란 인격이며 전체적으로 봐야 한다.

교회의 사회적 가르침의 핵심에는 이런 인간상이 있다(물론 인격성이라는 원칙도 그만큼 중요하다). 자유와 인격성은 서로 밀접한 관련이 있기에, 오직 인격들만이 진정 자유로워질 수 있다. 이 인격성의 원칙은 인간들의 올바르고 정의로운 관계를 추구하는 그리스도교 사회윤리의 출발점이다. 교회의 사회적 가르침은 단순히 그리스도교적 인간상에서 특정한 규범을 끌어내지 않는다. 사람에게 어울리는 것이 무엇이고 인간에게 요구되는 것이 무엇인지를 물으며 결국 참된 자유로 인도한다.

20세기의 여러 세속 철학과 달리 교회는 포괄적인 사회론을 한 번도 제시하지 않았다. 오히려 교회는 인류 역사에서 사회적 선포를 수행하며, 인간 존엄성이 구조적으로 무시당하면 비판적인 동시대인들과 함께 공개적으로 비판했고, 자유가 침해당하면 탄원했고, 인간을 위한 정의를 촉구했다. 우선 19세기에는 노동자의 권리 실현이 사회교리의 주제였다. 20세기 초반에는 파시즘, 국가사회주의(나치즘), 공산주의 등 전체주의 이데올로기와 투쟁했다. 2차 세계대전 한가운데에서 인간성의 파국을 목도하고 나서는 평화라는 주제가 전면에 등장했다. 세계 교회라는 가톨릭교회의 고유한 전망으로 말미암아 매우 이른 시기에 제3세계, 가난, 개발 등의 주제로 시각을 확장했다. 이미 정치적이고 사회적인 정의의 세계화가 교회의 의제가 되었을 때, 당시 대부분의 정치인은 이런 주제를 듣지도 보지도 못했고 발언할 생각도 없었다.

교회와 교회의 사회적 가르침은 모든 인류가 이 세계 안에서 겪는 근심과 위기와 밀접히 결합되어 있다. 이 사실은 1965년 반포된 제2차 바티칸 공의회의 사목 헌장 서문에 잘 드러난다. 『기쁨과 희망』이라는 이 문헌의 제목 자체가 이런 면을 깊이 고려하여 탄생한 것이기도 하다. "기쁨과 희망, 슬픔과 고뇌, 현대인들 특히 가난하고 고통받는 사람들의 그것은 바로 그리스도 제자들의 기쁨과 희망이며 슬픔과 고뇌이다."[3]

또한 교회의 사회적 가르침은 순수한 이론 과목이 아니고, 교종과 공의회의 교도권적 문헌 이상을 포함한다. 오히려 교도권적 선포,

---

3   제2차 바티칸 공의회, 『기쁨과 희망 Gaudium et Spes』(1965), 1항.

학문적 성찰 그리고 신앙인의 사회적 운동이라는 세 가지 요소를 조화시키는 중요하고도 필수적인 '화음' 같은 것이다. 그리스도교 사회론을 가르치는 대부분의 신학교와 연구 기관에서 학자들은 복음의 사회적 차원을 오늘날 사회학적 담론 수준에서 명확히 표현하려고 시도한다. 교도권적 선포는 이런 학문적 논쟁을 수용하고 동시에 새로운 강조점과 목표를 설정한다.

교회 내부의 교도권과 사회적 운동 사이에도 이와 비슷한 피드백이 있다. 참여하는 신앙인은 정치, 경제, 사회에서 교도권적 선포와 사회윤리를 삶으로 완성하며, 그런 신앙인이 없다면 교회의 복음은 실효적일 수 없다. 이렇게 참여하는 그리스도인들은 사회적 문제를 새롭게 발견하고, 그에 따라 교도권은 그전에는 볼 수 없었던 새로운 문제를 인식하게 된다.

교회의 사회적 가르침에는 기준이 되는 개념이 있다. 모든 개인은 인격성, 유일성, 대체 불가능성을 지닌다는 개념이 으뜸이다. 이런 개념을 바탕으로, 인간을 위한 완벽한 질서를 세운다는 주장을 하지 않은 채로, 교회는 각각의 역사적 실재를 대면한다. 교회는 더욱 정의로운 사회를 향한 사회 구조의 지속적 개선에 관심을 지닌다.

이는 '열린 문장 구조Gefüge von offenen Sätzen'로 표현할 수 있다. 다시 말해 교회는 금방 데워 먹을 수 있는 인스턴트 음식을 제공하기보다 깊은 국물 맛을 내려면 무엇을 어떻게 넣고 끓여야 하는지를 알려주는 곳이라고 할 수 있다. 교회는 어떤 체계적 이념을 제시하지 않고,

인간의 인격과 폭넓게 이해된 자유를 증진한다.

교회는 정치적이고 경제적인 자유주의에 대해 일찌감치 비판했지만, 그럼에도 사회적 집단주의를 가능한 대안으로 생각하지 않았다. 교회의 사회적 가르침에서 가장 중요하게 취급하는 것, 곧 자유로운 인간적 인격이라는 개념은 실제로 '인민 공동체' 또는 '노동 계급'이라는 집단주의 내부에서 폄하되었고, 최악의 경우에는 희생돼왔다.

행동하는 인간은 공동체에 속하고 공동체성을 띤다는 점은 그리스도교 사회윤리의 핵심이다. 또한 경제와 사회의 모든 조직 형태는 인간의 존엄성과 자유에 봉사하는지 또는 침해하는지를 고려해야만 한다. 이렇게 인간 존엄성에 주의를 기울이는 태도는 흔들리지 않는 그리스도교적 확신이며 모든 인간에게 실현되어야 한다. 특히 경제 생활에 참여하지 못하거나, 아직 참여하지 못했거나, 더 이상 참여할 수 없는 사람들에 대해서도 그러하다. 인간이 국민총생산의 한 요소로 묘사되고 경제적 유용성 여부로 취급된다면, 그것은 인간이 아니다.

시장경제의 윤리적 정당성에 대한 문제는 앞 장에서 논의한 근대성의 근본 문제와 '계몽된 계몽'에 대한 논의에 속한다. 경제 해방, 봉건제 종식, 길드 폐지 및 산업혁명은 계몽주의 철학이 없었다면 상상할 수 없었을 것이다. 계몽의 징후Signum는 인간 해방이고, 경제 해방은 인간 해방 프로그램의 일부로 보아야 한다.

경제는 근대 사회의 일부로 사회의 다른 모든 영역과 사회적 관계에 점점 더 큰 영향을 끼치고 자욱을 남긴다. 경제의 이런 영향력은 아직 자체로 비판받을 필요는 없다. 왜냐하면 인간의 모든 삶은 부족한 자원을 서로 아끼면서 이뤄지기 마련이라서 경제와 관련될 수밖에 없기 때문이다. 종교도 가정도 문화도 경제와 관련되어 있다. 그럼에도 교회의 사회적 가르침은 시초부터 어떤 위험성이 있음을 지적해왔다.

물론 자유는 물질적 토대를 필요로 하기에 이미 중세 스콜라 신학에서도 사유재산을 자유의 기초로 보았다. 그렇다 하여 이것이 내가 '소유할 때' 자유가 존재한다는 것을 의미하지는 않는다. 만일 그렇다면 이 세상에서 백만장자와 요트를 소유한 사람만이 자유로울 것이다. 우리가 모두 알고 있듯이 자유의 문제는 그리 단순하지 않다.

자유를 이렇게 '물질화'하면 결과적으로 자유는 공허해진다. 그렇게 하면 자유의 목적이 오직 재화와 연결되어야 하기 때문이다. 자유의 목적은 인생의 순수한 물질적 측면과 동일시할 수 없다. 자유의 이런 지향은 개인과 공동체는 물론이요, 경제 부문에도 유효하다. 공동체란 다양한 이해를 느슨하게 연결할 뿐 아니라 모든 이의 선, 곧 공동선을 지향한다는 목적을 지니고 있기 때문이다.

자유를 파괴한 '보이지 않는 손'

자유주의 경제 이론의 위대한 조상인 애덤 스미스^{Adam Smith, 1723~}는 이 점을 꿰뚫어 보았다. 스미스가 전 세계에 널리 알려진『국부론^{The Wealth of Nations}』의 저자이면서 동시에『도덕 감정론^{The Theory of Moral Sentiments}』을 저술한 윤리철학자였다는 점은 더 이상 놀라운 일이 아니다. 윤리철학자로서 그는 거대한 익명의 근대 사회라는 조건에서 서양의 전통적 연대성의 윤리를 어떻게 실현할지를 질문했다. 비참하고 극적인 가난의 시대에 그는 보편적 복지를 향상할 경제 체제를 추구했다. 특히 수많은 빈곤층의 상황을 개선시키려 했다. 그는 '근대 경제'라는 조건하에서 효율적이면서 동시에 윤리적으로 책임 있는 경제를 원했다. 그리고 비효율적인 경제가 윤리적 측면에서 선하다고 평가될 수도 있다는 주장을 부인했다.

스미스는 사회 문제를 해결하려면 자선에 의존해서는 안 되고, 인간의 자기 이익이나 이윤 추구를 이용해야 한다고 말했다. 그는 당시에 만연하던 위기와 재화 부족에 대처하고자 자비로운 자선 활동보다는 개인의 이윤 추구에 바탕한 경제 체제를 건설하자고 권고했다. 꼭 필요하지만 늘 부족한 재화와 서비스를 생산하고 분배하는 일은 시장 또는 시장에 참가하는 개인이 결정해야 하며, 다른 누구도 참견해서는 안 된다는 것이다.

이 모델에서 자기 이익은 경제 활동의 실제적 동기이자 윤리적 관점에서 충분한 동기가 된다. 다른 동기들, 이를테면 타인을 도와야 한다는 확신 등은 아무런 역할을 하지 못한다. 이런 사상은 『국부론』에서 흔히 인용되는 다음의 구절에서 잘 드러난다. "우리는 푸줏간 주인, 양조장 주인 그리고 빵집 주인의 자비심이 아니라 그들의 자기 이익에 대한 고려에 우리의 식탁을 기대해야 한다. 우리는 그들의 인류 사랑이 아니라 그들의 자기 사랑에 도움을 청해야 하고, 우리의 필요가 아니라 그들의 이익에 대해 말해야 한다."[4]

언뜻 보면 윤리철학자가 상당히 비윤리적인 주장을 펴는 것 같다. 어떻게 경제적 삶에서 자선보다 개인의 이윤 추구를, 이타주의보다 이기주의를 우위에 놓을 수 있을까? 흔히 이 질문에 대한 답으로 그 악명 높은 '보이지 않는 손Invisible Hand'이 제시된다. 애덤 스미스의 이론을 쉽게 설명하는 곳에서 다음과 같은 형이상학적 논리가 자주 쓰인다. 시장에서 각자의 이익을 일관되게 따르는 사람들은 의도하지 않아도 만인의 복지를 위해 일하는 셈인데, 이는 모두 '보이지 않는 손'이 보살핀 결과라는 것이다. '이성의 책략List der Vernunft'을 통해 각자가 자신의 유익만을 생각하는 '경제적 인간Homo Oeconomicus'만이 근대 경제 사회에서 과부와 고아의 구원자이자 공동선의 봉사자다. 말하자면 이런 경제적 인간이 일종의 '빌런 같은 히어로'라는 것이다.

---

4 애덤 스미스, 「국부론Untersuchung über Wesen und Ursachen des Reichtums der Völker」 2권, 모니카 스트라이슬러 옮김, 에리히 W. 스트라이슬러 엮음(뒤셀도르프, 1999), 98쪽

애덤 스미스를 비판하는 사람들은 '보이지 않는 손'이라는 이 개념에 엄청난 비판과 조롱을 쏟아부었다. 카를 마르크스 역시 우리가 앞에서 본 대로 이 개념을 풍자했다. 마르크스는 이렇게 썼다. 저마다 "단지 자신을 위해 행한다. 그들을 서로 모으고 하나로 관계 맺게 하는 유일한 힘은 그들의 이기심, 그들의 특혜, 그들의 사적 이익뿐이다. 이미 예정된 사물의 조화에 따라 또는 삼라만상을 주재하는 섭리에 따라, 이렇게 저마다 자신만을 돌보고 아무도 타인에게 관심이 없다는 이유만으로 만인은 그들 상호 간의 이익, 공익 그리고 공동의 이해를 달성한다."[5]

그러나 '보이지 않는 손'이 실제로 우리에게 한 일은 무엇인가? 실제 국민 경제의 작동 과정을 묘사할 수 있는 유용한 개념인가, 아니면 카를 마르크스가 말한 대로 그저 난센스일 뿐인가? 신학자로서 나는 나와 성이 같은 카를보다는 당연히 형이상학적 추론에 개방적이다. 또한 오늘날 150년 이상 된 시장경제 역사를 목도한 다음에 이 문제를 분석하고 있다.

사실 애덤 스미스의 저작에서 '보이지 않는 손'은 드물게 보이고, 그가 펼치는 이론의 대전제로 쓰이지 않았다는 것이 보다 정확하고 공정한 관찰이다. 그는 이 개념을 『국부론』과 『도덕 감정론』에서 단

---

5   카를 마르크스·프리드리히 엥겔스, MEW 23권, 190쪽.

한 번씩, 총 두 번 언급할 뿐이다. 게다가 그는 이 개념으로 형이상학적 구조를 만들지 않았다. 오히려 이 개념은 그의 윤리적 기본 개념을 은유한다. 근대적 경제 사회의 이른바 시장 상황에서 행위자의 개인적 동기와 이 동기가 유발하는 사회적 결과는 인간의 평범한 예상을 훨씬 벗어날 때가 의외로 많다. 윤리철학자 애덤 스미스는 그의 사회윤리학에서 이런 시장 고유의 논리를 정복하려 했을 뿐이다. 그 이상도 이하도 아니다.

인간은 자유의 잠재력을 사용하고, 그럼으로써 그 잠재력을 도덕적으로 해방하고, 결국에는 만인을 위한 복지를 달성한다는 논리가 매혹적이라는 점을 누구도 진지하게 부인하지 않을 것이다.

하지만 실제로 덜 계몽된 애덤 스미스의 아류는 이 윤리적 논리를 후대에 일종의 사회적 형이상학으로, 거의 종교적 이론으로 만들어버렸다. 그런 후대의 아류는 애덤 스미스를 잘못 이해했고, 스미스만큼 학습 능력이 출중하지 않았다. 그래서 스미스의 본래 이론이 수정되고 보완되어야 한다는 점이 명백해졌는데도 오직 사적 이익과 '보이지 않는 손'에 모든 것을 맡겨버렸다.

오늘날에도 자신의 이익만을 추구하는 개인의 배타적 태도는 공동선에 절대 이바지할 수 없고 오히려 공동체를 해치는데, 이는 엔론이나 월드컴 사례에서 인상적으로 볼 수 있다. 그러므로 우리는, 이렇게 사회를 해치는 태도를 최대한 방지하거나 최소한 사후 처벌을 가능하게 만들려면 '보이지 않는 손'이 아니라 법에 의지할 수밖에 없다.

하지만 시장의 행위가 법을 준수하더라도 언제나 자동으로 공동선에 도움이 되는 것은 아니었다. 실제 이 점에서 애덤 스미스는 지나치게 낙관적이었다. 여기서 잠시 카를 마르크스가 자유주의 경제이론을 신랄하게 비판한 배경인 19세기 노동 문제를 잠시 들여다보자. 초기 산업화 상황은 오늘날 많은 사람들이 재현하기를 원하는 상황이었다. 국가 규제라는 족쇄가 전혀 없이 오직 '보이지 않는 손'이 지배하는, 규제가 전혀 없는 완전히 자유로운 노동 시장이었다. 하지만 축복으로 가득 찬 노동이 만개하고 온 사회에 풍요가 흘러넘치기는커녕 '보이지 않는 손'에 의한 새로운 경제 방식과 생산 방식으로 말미암아 모든 이익이 공장주의 주머니에 담겼고, 노동자 대중은 고통과 근심 속에 살게 되었다.

산업화가 시작되자 노동자는 하루 열여섯 시간, 많은 경우 일주일 내내 일해야 했다. 산업 안전, 건강 보호 또는 해고자 보호는 존재하지도 않았다. 한 노동자가 질병에 걸려도, 설사 그가 직장에서 일하다가 부상을 입어 넘어져도 질병 수당이란 없었다. 임금은 대개 너무도 낮아서, 한 가정이 한 집에 모여 살며 의식주를 함께 해결하려면 여성과 아이도 공장에 나가 일해야 했다. 여섯 살 정도의 소년과 소녀도 성인에 버금가는 작업량을 채워야 했다. 상황은 말할 수 없이 비참했지만 모든 것이 합법적이었고 시장의 규칙을 준수했다. 노동자들은 원칙적으로 적법한 고용 계약을 맺었고, 공장주와 상호 합의하여 합당하지 않은 임금 조건과 노동 조건에 합의했다. 따라서 노동 조건을 개선하려는 파업은 계약 위반이기에 금지되었다.

자유의 질서를 확립한 '국가의 강한 팔'

인간 존엄성을 해치고 공동선에 도움을 주지 못하는 이런 상황은 점차 정부에도 심각한 영향을 끼치기 시작했다. 특이하게도 노동 입법을 위해 최초로 행동한 주체는 다름 아닌 군대였다. 프로이센의 하인리히 폰 호른Heinrich von Horn 육군 중장은 왕에게 탄원을 올렸다. 그는 산업화된 라인란트 지역의 아동 노동 때문에 젊은 남성의 건강이 피해를 입어서, 군 복무에 적합한 신병 인력이 충분하지 않다고 주장했다.

그 결과 1839년 3월 9일 프로이센에 「공장에서 젊은 노동자의 고용에 관한 규정Regulativ über die Beschäftigung jugendlicher Arbeiter in den Fabriken」이 반포되었다. 오늘날 관점에서 보면 이 법은 조금 한심하다. 이 법은 오직 아홉 살 미만의 아동이 공장에서 규칙적으로 일하는 것을 금지할 뿐이다. 그 이상의 아이는 여전히 하루 열 시간까지 일하는 것을 허용했다. 그럼에도 이 법은 하나의 시작이었다. 아동 노동 금지는 프로이센에서 다른 지역으로 퍼져나갔고, 국가개입주의가 시작되었다. 공동선이라는 최상위 가치에 관심을 두고, 시장에서 일어나는 일을 국가가 직접 개입했다.

애덤 스미스는 이런 국가 개입의 필요성을 전혀 몰랐다. 그에게 국가란 국방과 교통 인프라 같은 특정 공공재의 자금 조달, 부르주아-자유주의 법체계의 보장, 특히 시장 메커니즘의 토대인 자유 계약 보장을 책임지기만 하면 되는 존재였다. 초기 자유주의의 대표 주자들도 이런 '최소 국가' 이상을 원하지 않았다. 그 밖의 경우에는 국가를 전혀 신뢰하지 않았다. 그들에게 국가란 몰록[6] 같은 혐오스러운 우상이어서, 자본가들의 주머니에서 돈을 빼앗아 온갖 잡다하고 사사로운 일에 끼어드는 존재였다. 한마디로 고전적 자유주의는 국가란 자유를 끊임없이 잠재적으로 위협하는 존재라고 보았다.

나는 상대방을 서로 올바르게 이해하기 위해서 고전적 자유주의가 국가에 가진 불신을 완전히 내버리지는 않을 것이다. 사실 시민의 자유권은 언제나 국가로부터 보호받아야 한다. 19세기 자유주의자들은 권위주의적으로 행사되는 공권력에 맞서 스스로를 거듭 방어해야 했기에 이 점을 잘 알고 있었고, 그래서 그들의 입장은 충분히 이해할 수 있다.

교회도 긴 역사 속에서 국가의 공격과 개입으로 매우 괴로워했던 고유한 경험과 사례를 충분히 모아서 제시할 수 있다. 그래서 교회의 사회적 가르침은, 특히 전통적으로 독일의 가톨릭 정치인과

---

6 (옮긴이) 고대 셈족이 섬기던 신으로 구약성경 「1열왕 11,7」, 「2열왕 23,10」 등에 등장한다.

정치 단체들은, 모든 것을 일일이 규정하려 드는 국가에 맞서 '건강한 불신'을 가슴에 품고 있다. 국가를 자체의 한계에 가두어두는 '보조성의 원리'는 1931년 비오 11세 교종의 사회적 회칙 『사십주년 *Quadragesimo Anno*』에서 처음으로 명백하게 정식화되었다. 오늘날 우리가 알고 있듯이 이 회칙의 다음과 같은 정식은 독일 예수회 회원이자 가톨릭 사회윤리학자인 구스타프 군트라흐 Gustav Gundlach로 거슬러 올라간다. "따라서 한층 더 작은 하위 조직체가 수행할 수 있는 기능과 역할을 더 큰 상위 집단으로 옮기는 것은 불의이고 중대한 해악이며, 올바른 질서를 교란하는 것이다. 모든 사회 활동은 본질적으로 사회 구성체의 성원을 도와야 하므로 그 성원들을 파괴하거나 흡수해서는 안 된다."[7]

이런 전통으로부터 나는 가톨릭 주교이자 과도한 국가 활동을 선호하지 않는 일종의 자유주의적 사회윤리학자로서 고전적 경제자유주의가 미처 보지 못한 점이 있었고, 오늘날에도 다시 심각히 간과되는 점이 있다고 말하지 않을 수 없다. 그것은 바로 국가란 자유를 잠재적으로 위협하는 존재가 될 수도 있지만, 동시에 국가의 권위가 시장의 자유를 포함한 자유 자체를 보장할 수도 있다는 사실이다.

바로 앞에서 언급한 19세기 노동 계약을 예로 들어보자. 그 계약은 형식적으로 자유 계약이었지만 실제로는 경제적 속박의 문서였

---

7 비오 11세, 「사십주년*Quadragesimo Anno*」(1931), 79항. 한국어 번역본에서는 35항이다(옮긴이).

고, 그렇기에 사회적 속박의 문서였다. 개별 노동자들은 공장주에 비해 열세였기 때문에 스스로 임금 조건이나 노동 조건을 제시할 수 없었다. 노동보호법이 제정되고, 노동조합이 생겨나고, 자율적 단체 협약과 단체 교섭권 등이 합법화된 다음에야 노동자들은 고용자와 동등한 눈높이에서 협상할 수 있게 되었다.

이렇게 함으로써 노동 시장의 자유가 사라지지 않고 오히려 처음으로 확립되었다. 더 정확히 말하면 순수하게 형식적이었던 자유 노동 시장이 드디어 실제로 구현된 자유 노동 시장으로 바뀌었다. 실질적 계약의 자유란 양측의 자기 결정 가능성이 순전히 추상적이지 않고 실질적일 때만 가능하다. 고용자와 개별 노동자들의 경제적 힘이 평등하지 않을 때 노동 계약의 이런 전제는 일반적으로 충족되지 않았다.

독일에서 실질적 노동 계약의 자유는 자율적 단체 협약이 법적으로 인정되고 보장될 때에야 달성되었다. 노동 계약 당사자들 간의 불평등은 오늘날에도 존재하기 때문에 자율적 단체 협약은 여전히 필요하다. 하지만 자율적 단체 협약이 오늘날 모든 경제 분야에서 내가 원하는 만큼 제대로 작동하지는 않는 것으로 보인다. 현재 최저임금에 대한 사회적 논의를 보면 문제가 있음이 드러난다. 독일에서는 지난 수십 년간 최저임금에 대한 논의가 없었는데, 그 이유는 강한 노동조합과 강한 고용자 단체가 강한 노동 협약을 맺었기 때문이다. 사적 자치 도구이자 시장경제에 합당한 수단인 결사의 자유를 통해서 자율적 단체 협약이 이루어져왔는데, 그것은 좋았다. 국가가 임금을 확정했다면 시장경제의 본질이 쇠약해졌을 것이다. 현재 최소한 일부 산업 분야에서는 그렇게 되어가는 것 같다.

선한 관습을 침해할 정도로 낮은 수준의 임금이 지불되는 곳에는 국가가 개입해야 한다. 임금을 제대로 지불하는 상대 경쟁자에 맞서 임금을 형편없이 후려치는 방법으로 시장에서 승리하는 방식을 과거에는 '더러운 경쟁'이라고 불렀다. 이런 더러운 방법으로 경쟁자를 위협하는 사업가가 존재한다면 국가는 수수방관해서는 안 된다. 하지만 현실적일 필요가 있고 균형 감각을 잃으면 안 된다. 무엇보다 목욕물을 버리다가 아기까지 내버려서는 안 된다. 곧 자율적 단체 협약 자체를 훼손해서는 안 된다. 일자리란 생산적일 때에만 생성되고 유지된다는 점을 놓쳐서는 안 된다. 노동이 벌어다 준 이윤보다 인건비가 비싸서는 안 된다. 법적 최저임금이 단순하고 보조적인 지원책으로 고려되지 않는다면 일자리는 파괴되고, 결국 무엇보다 오늘날 노동 시장에서 가장 큰 어려움을 겪는 사람들, 곧 저숙련자들이 곧바로 타격을 입는다. 그리고 노동 시장의 더 개선된 통합을 이루겠다는 목표에 위배된다. 결국 사회적으로 고려된 정책이 매우 비사회적인 결과를 낳게 될 것이다.

수요와 공급 간의 상당한 힘의 불균형은 노동 시장뿐 아니라 다른 분야 시장에도 존재한다. 그런 곳에서 계약의 자유와 시장의 자유를 성취하려면 '보이지 않는 손'보다는 국가의 강한 팔이 필요하다. 국가가 고용법, 임대법, 소비자보호법의 계약 당사자 가운데 약자를 보호한다면 자유를 제한하지 않고 오히려 자유의 공간을 열어주는 것이다.

시장경제와 신자유주의

이런 모든 것을 애덤 스미스와 초기 자유주의는 깨닫지 못했다. 이런 의미에서 그들은 당대의 사회적 질문에 충분한 해답을 제공하지 못했다. 그렇지만 산업화 초기 사회의 어려움과 빈곤을 오직 시장경제 탓으로 돌린다면 이 또한 오류다. 초기 자본주의는 큰 고통을 초래했지만 19세기에는 산업화되거나 자본주의화되지 않은 지역에서 더욱 극심한 가난과 고통이 존재했다. 길게 보자면 시장경제는 역사상 보지 못했던 부의 기초를 창출하여 광범위한 인구에 혜택을 주었다. 이 점에서 애덤 스미스의 공이 분명하고, 그가 '국가의 부'를 약속한 것은 올바르다는 점이 증명되었다.

나는 위 문단에서 '기초'라는 낱말을 강조하고 싶다. 시장의 보이지 않은 힘이 이런 막대한 부를 자동으로 창출한 것은 아니다. 오히려 시장경제의 경제적 과실의 일부를 노동자들에게 열어준 정치적 수단이야말로 그런 부에 기여했다. 그리고 그리스도교 사회 운동은 그런 정치적 수단을 얻기 위해 함께 싸웠던 것이다.

사실 이 세상에 국가가 전혀 개입하지 않고 규제하지 않는 순수 자유시장경제가 과연 가난한 사람들에게 유익함을 증명하는 역사적 사례가 단 하나라도 있었던가? 나는 알지 못한다. 시장은 우리의 풍요로운 사회를 가능하게 한 물질적 기초임이 분명하지만, 오직 시장 스스로 그런 부를 창출하지는 못한다.

시장경제의 대항 모델, 곧 공산주의적 중앙 행정 경제도 '만인을 위한 부'를 약속했다. 하지만 그것은 완전히 비효율적이었고, 부를 창출하겠다는 약속을 완수하기에는 전혀 적합하지 않음이 증명되었다. 소련과 동유럽 위성 국가들의 역사를 보자. 각국 정부는 중앙에서 계획하고 조직하여 국가의 경제적 성공을 도모했지만, 그때마다 정부는 상당히 절망적으로 버거워했음을 잘 보여주었다. 프리드리히 폰 하이에크가 정확하게 말했듯이 계획경제는 '지식의 교만 Anmaßung von Wissen' 때문에 실패한다. 상당한 권한이 집중된 중앙집권적 경제 계획 부서는 한 사회의 수많은 사람들이 서로 다른 요구를 얼마나 많이 하는지, 어떤 수단으로 그들을 가장 효율적으로 만족시킬 수 있는지 절대 알지 못한다. 결국 자유는 파괴되고 인간의 존엄성도 무너진다.

여기에 시장경제의 결정적 이점이 있다. 모든 물질적 요구와 사용 가능한 모든 자원은 시장에 합류하고 조정된다. 그러므로 하나의 정부나 경제 계획 부서가 지닐 수 있는 지식보다 훨씬 많은 양의 지식이 시장에 흘러들어온다. 하이에크는 이런 시장경제의 성공 비밀을

'깨달음의 과정으로서 경쟁'이라고 잘 설명했다. 곧 시장 경쟁을 통해 늘 부족한 자원을 더 잘 활용하는 새로운 아이디어가 제공된다는 것이다.

이런 시장경제의 내적 작동 원리는 애덤 스미스가 최초로 인식하고 체계적으로 기술했다. 이 점은 부정할 수 없는 그의 위대한 공로다. 경제적 자유주의는 근대의 자유 프로젝트 전체와 비교할 수 있을 정도의 진보였다. 하지만 여기서 교회는 오랫동안 경제적 자유주의에 대해 명백히 유보적인 태도를 취해왔음을 분명히 해야 한다. 정치적 자유주의보다 더 오래 유보적 태도를 취했다.

이 점을 조금 분명히 해둬야겠다. 교회는 경제 조직 가운데 시장경제가 가장 효율적 체제임을, 곧 재화와 용역의 가장 광범위하고 공정한 분배를 점차적으로 달성하는 체제임을 기본적으로 부인하지 않았다. 시장경제의 고유하고 올바른 아이디어는 이것이다. 곧 서로다른 경제적 이해관계를 지닌 개인이 다양한 힘과 자원을 시장에 풀어놓지만, 시장에서 발생하는 일의 결과는 (공통의 질서에 결합함으로써) 개별 참여자뿐 아니라 전체에게 이익을 가져다준다는 것이다. 그러므로 교회는 경쟁을 거부한 적이 없지만, 경쟁이 만인에게 복리를 가져다주는 도구로 행사되어야 한다는 점을 늘 지적했다. 경쟁은 인간의 인격을 위험에 빠뜨릴 수 있는 규율 원칙이 되어서는 안 된다.

여기서 1931년에 비오 11세 교종이 반포한 유명한 회칙 『사십주년』을 보자. 이 회칙은 이미 '개인주의 학파의 모든 오류들'을 지적했다. "이 학파는 경제 활동의 사회적·도덕적 측면을 망각하거나 무시하고서, 경제 활동이란 공권력의 간섭으로부터 완전히 자유로워야 한다고 생각했다. 왜냐하면 경제 활동은 시장과 통제되지 않는 경쟁 안에서 어떤 인간의 간섭보다 더욱 적합한 자기 지도 원리를 갖게 되기 때문이란 것이다. 그러나 자유 경쟁은, 비록 일정한 한계 안에서는 정당하고 매우 유익하기는 하지만, 경제 문제의 적합한 지도 원리일 수는 없다."[8]

비오 11세 교종은 시장경제 자체가 목적이 아니라는 점을 말하려고 한 것이다. 인격적 존엄성을 지닌 인간 자체야말로 목적이며, 시장은 인간에게 봉사하는 도구일 뿐이다. 시장경제와 자유주의를 혁신한 20세기 선구자들도 바로 이 점을 정확히 보았다. 1938년에 파리에서 열린 '월터 리프만 콜로키움Walter Lippmann Colloquium, WLC'에서 '신자유주의'라는 용어를 처음 고안한 알렉산더 뤼스토프Alexander Rüstow는 경제란 '인간성에 봉사하는 시녀'라고 규정한 적이 있다.

덧붙여서 본래 '신자유주의'는 오늘날 정치적 논쟁에서 통상적으로 사용되는 의미와는 완전히 달랐다. '신新자유주의Neoliberalismus'는 옛날의 경제자유주의, 곧 '구舊자유주의Altliberalismus'나 '고古자유주의Paläoliberalismus'와 단절되는 용어였고, 경제의 사회적 책임이나 공동선, 정치의 우위성을 공언했다. 오늘날 널리 퍼진 시장근본주의적

---

8   비오 11세, 「사십주년」, 88항. 한국어 번역본에서는 37항이다(옮긴이).

자본주의 사상을 신자유주의라는 개념으로 비판하다니, 참으로 아이러니하다. 사실 신자유주의는 그런 시장근본주의적인 태도와 줄기차게 투쟁해서 탄생한 개념이기 때문이다.

고삐 풀린 경제의 해악

경제는 자체로 목적이 아니라 인간에게 봉사하는 도구여야 한다. 그런데 경제가 인간에게 봉사하기는커녕 오히려 인간을 해친다면 국가는 모든 경제 분야에서 시장의 작동 기제를 규제할 수 있고, 규제해야만 한다. 하지만 경쟁이 규율 원칙으로 충분하다고 보는 사람들은 이 점을 부정한다. 나는 여기서 왜 그러한지 예를 들고자 한다. 카리타스는 뮌헨 및 다른 도시에서 채무 상담을 제공하는데, 그곳에서 일하는 직원들은 근래에 훨씬 더 많은 사람들이 방문하고 있다고 보고한다. 채무를 통제하지 못하는 사람들이 점점 더 늘어나고 있고, 그로 인한 심리적·사회적 결과가 뒤따르고 있다.

현재 추정치에 따르면 오늘날 독일에서 300만 가구 이상이 과잉 채무를 지고 있다. 원인은 다양하다. 때로는 실직, 질병, 이혼이 삶의 위기를 촉발하는 방아쇠가 된다. 때로는 주택 마련이나 현명하지 못한 투자 때문에 특정한 재정 프로젝트를 떠안기도 한다. 때로는 소비 사회의 유혹을 이기지 못하고 자신의 수입에 비해 적정한 살림을 꾸려나가지 못하기 때문이기도 하다.

　시장의 규율 원리를 무제한으로 믿는 사람이라면, 불쌍하긴 해도 어쩔 수 없는 경우라고 할 것이다. 채무란 감기처럼 우연히 찾아오는 것이 아니고, 채무를 진 사람은 잘못된 결정을 내린 것이니 만큼 자신이 엎지른 국물을 제발 스스로 깨끗이 치워야 한다고 말할 것이다. 하지만 이것은 그렇게 간단한 문제가 아니다. 특히 교회 관점에서 볼 때 더욱 심각하다.

　근대가 시작될 때까지도 교회의 윤리적 가르침에 따르면 이자를 받는 일은 금지되었다. 가톨릭교회뿐 아니라 개혁주의 개신교도 마찬가지였다. 특히 루터와 츠빙글리는 이자 수취를 매섭게 비판했고, 칼뱅은 엄격한 조건에서만 허용했다. 이들 모두는 상업적 이자 수취, 곧 은행 업무를 부인했다.

　교회가 이자를 금지하는 행위의 기원은 한편으로는 구약성경의 구절로, 다른 한편으로는 아리스토텔레스로 거슬러 올라간다. 구약성경에 따르면 "이방인에게는 이자를 받고 꾸어 주어도 되지만, 너희 동족에게는 이자를 받고 꾸어 주어서는 안 된다."(신명 23,20). 물론 이런 이자 금지의 의미는 동료 인간의 위기를 악용하는 행위를 막기 위함이었다. 중세까지 지배적이었던 정적靜的 경제에서는 흉작이 들거나 해서 존재가 위협당하면 가난한 사람들은 돈이나 식량을 빌려야만 했다. 이때 이자 금지는 채무자들이 빚의 노예로 전락하는 것을 막는 장치였다.

물론 근대에 이르러 교회는 이자 금지를 포기했다. 우리처럼 동적動的 경제에서 신용과 그에 따르는 이자는 사업하는 데 꼭 필요한 전제이기 때문이다. 그리고 이자 금지의 주요 근거도 함께 제거되었다. 이제는 실존적 위기 상황이 오면 복지국가가 돕는다. 빚의 노예나 채무 구류 등도 문명국에서는 역시 철폐되었다.

이런 발전은 좋지만, 아쉽게도 이렇게 되지 못한 곳이 있다. 아직도 이 세계의 특정 지역에서는 빚 때문에 노예가 되어야 하는 끔찍한 상황이 존재한다.

우리 주위에도 비참한 상황이 크게 증가하는 모습을 관찰할 수 있다. 소비자 보호 단체의 주장에 따르면, 채무의 덫에 걸린 가계가 증가하는 실제 원인은 건실한 대형 은행들이 수년 전에는 금기시한 사업 영역에 착수하기 때문이라고 한다. 바로 채무 불이행 위험이 높은 소비자 신용을 시작한 것이다. 독일에서 실제로 일어났듯이, 누군가 100유로짜리 지폐 한 장만으로 전자 금융의(!) 할인 혜택을 거듭하여 어떤 은행에서 소비자 신용으로 결국 1,500유로를 얻을 수 있었다. 이런 사업은 도덕적으로 흠잡을 데 없는 진지한 업무라고 절대 말하기 어렵다.

유럽 사법재판소의 예도 들어보자. 1990년대에는 유명한 일반은행과 주택은행이 상당히 의심스러운 부동산 회사와 결합하여, 자기 자본이 없는 저소득층으로 하여금 부동산을 구입하도록 체계적으로 설득했다. 심지어 신용 대출을 100퍼센트 승인하는 일도 드물지 않았다. 이런 경험이 없는 고객들에게 부동산 구매를 설득하는 논거로 감세와 임대료 수입을 들었다. 이런 사업이 갖는 높은 위험성을 설명하는 일은 없었다. 이렇게 나온 부동산은 흔히 수백 킬로미터 떨어진 곳에 있었고, 자신이 구입하는 부동산을 찾아보지도 않고 구매 계약과 신용 계약에 서명하는 당사자들도 있었다. 그들은 나중에야 '깡통 부동산Schrottimmobilien', 곧 너무 고평가되었거나 완전히 개조해야 하거나 텅 비어 있는 곳을 구매하도록 강요당했다는 사실을 깨달았다. 임대 수익은 발생하지 않는데 대출 이자는 꼬박꼬박 지불해야 하고 때로는 개조 비용을 감당해야 했기에 많은 사람들이 파멸, 곧 실존적으로 출구 없는 상황에 몰리게 되었다.

물론 부동산 실물을 한 번도 보지 않고 사는 행위는 상당히 경솔하다고 할 수 있다. 그러나 이 당사자들은 신용을 제공하는 유명 금융 기관의 이름을 믿었던 것이다. 그리고 관련된 일반은행, 주택은행 그리고 부동산 업자는 이런 신뢰를 주저하지 않고 악용했다. 그들은 고객에 비해 막대한 정보 우위성을 지녔다. 하지만 그런 정보 우위성에 대한 책임 조항을 가차 없이 삭제해버리는 수를 썼다.

과연 무슨 말을 할 수 있을까? 슬프고 수치스럽다고? 누가 그러한가? 원래 비즈니스란 그런 것이라고? 과연 삶이란 본래 그런 것이라고? 하지만 질서 있는 공동체에서는 이런 일이 일어날 수 없다. 더욱이 그리스도교적 관점에서 말하면 오히려 삶이란 그렇게 되어서는 안 되고, 비즈니스도 그렇게 되어서는 안 된다. 실제로 나는 건실한

은행이 고객들에게 '위험을 무릅쓰고 계약하라'고 설득하기보다는 투자와 신용 설정에 대해 이성적으로 조언해주기를 바란다. 이는 수 세대에 걸쳐 은행가의 명예였다. 만일 이런 명예와 근본 원칙을 무시해도 된다는 은행가들이 존재한다면, 국가가 그들을 처벌하고 국민을 보호하길 바란다. 그동안 법원은 '깡통 부동산'과 관련해 그런 판결을 많이 내렸고, 내가 보기에 입법자들도 소비자 신용에 관한 공격적인 광고를 규제할 법안을 만들었다.

이것은 소비자 보호 측면만이 아니라 어떤 의미에서는 국가 경제의 전체적인 균형과도 관련된 일이다. 첫 충격은 2000년에 불어닥친 IT 버블의 붕괴였다. 유명한 은행들은 고객들에게 IT 주식 매수의 욕망을 사전에 한껏 자극했다.

그러자 어처구니없는 일들이 벌어졌다. 몇몇 사람들은 이름도 제대로 들어본 적 없는 회사의 주식을 사들였다. 그런 곳에는 은행의 고객 상담원이 개입되어 있었다. 그러자 금융 시장에 새로운 위기가 찾아왔다. 그 위기 속에서 은행과 고객은 탐욕 때문에 더욱 심각한 오류를 저지른 일에 대해 아무것도 배우지 않았음이 드러났다.

나는 은행 대표들 앞에서 조금 도발적으로 연설한 적이 있다. "은행은 한때 지속 가능성의 기관이었고, 장기적으로 사고하는 기관이었으며, 신뢰 위에 구축된 기관이었습니다. 그런데 오늘날에는 어떠하다고 생각합니까?" 당시 나는 청중의 아픈 점을 정확히 짚었다고 느꼈다. 그런데 일부 청중은 분명 내가 옳다고 말하려 했지만 어떤 압력을 받아서 그렇게 말하지 못한다는 느낌도 받았다. 이것은 치명적인 상황이다. 그리고 그 청중에게만 국한되는 문제도 아니다. 지속가능성과 신뢰는 물론 윤리적인 가치다. 우리가 만일 불신의 문화에 빠지고 단기적 이윤 극대화만 노린다면 그 결과는 괴멸적일 것이다. 이런 이기주의를 도덕적으로 비난하는 일도 의미가 크지만, 이런 일을 일으킨 주체도 심각한 경제적 결과를 맞이할 것이기 때문이다.

다시 한번 말하지만 시장은 자체가 목적이 아니라 목적을 달성하는 수단이다. 가톨릭 사회교리는 이 점에서 전통적으로 '경제의 실질 목적Sachziel der Wirtschaft'을 말한다. 요제프 회프너Joseph Höffner, 1906~1987가 경제의 근본 목적에 대해 내린 고전적 정의는 "개인과 사회 구성원이 인간의 존엄성을 펼칠 수 있게 만들어주는 모든 물질적 조건들의 장기적이고 확실한 창조"이다.[9]

그러나 시장의 자유를 이용해 타인을 속이고 파멸시킬 수 있다고 생각하는 사람이 있다면 국가는 그것을 저지할 권리를 가져야만 한다. 그렇지 않다면 이런 사람들은 전체 시스템의 신용을 해치고 종국에는 무너뜨릴 것이다. '정치적' 자유를 남용하는 사람들을 막기 위해 방어적 민주주의를 갖춰야 하듯이, '경제적' 자유를 남용하는 사람들을 막기 위해 우리는 분명 '방어적 사회시장경제'를 갖춰야 한다.

---

9 요제프 회프너, 『그리스도교 사회학Christliche Gesellschaftslehre』, 로타어 로어스 엮음(케벨레어, 1997), 186쪽.

요제프 회프너 추기경

요제프 회프너[10]는 기타 다양한 측면에서도 주목할 만한 인물이지만, 위 맥락에서 그의 주장을 조금 더 들여다봐야 할 필요가 있다고 느낀다. 베스터발트에서 평범한 유년 시절을 보낸 회프너는 독일 통일 이전에 독일 가톨릭 신자들의 교회적 삶에서 가장 의미 있는 인물이 되었다. 1962년 뮌스터의 주교로 임명된 그는 1969년에는 쾰른 대교구를 책임지는 추기경으로 일했고, 1976년부터 1987년 선종하기까지는 독일 주교회의 의장으로 일했다.

사후에 그는 예루살렘에 있는 야드 바셈Yad Vashem 홀로코스트 기념관으로부터 '백성들의 의인'이라는 칭호를 받았다. 1943년 라인란트팔츠주의 카일(오늘날 이름은 코헴첼)에서 젊은 신부로 일하던 회프너는 당시 일곱 살이었던 유다인 여자아이를 사제관에 숨겨주었다. 이 일이 있은 직후 그는 트리어로 발령을 받아 그 아이를 한 신자 가정에 입양시켰다. 자신 외에는 아이의 정체성을 누구도 알 수 없도록 주의 깊게 처리했기에, 만일 발각되면 모든 책임을 자신이 질 수밖에 없었다. 회프너의 누이인 헬레네Helene도 한 유다인 부부를 부모님 댁에 숨겨주었다.

회프너는 사목자일 뿐만 아니라 학자이기도 했다. 1945년부터

---

10 (옮긴이) 그리스도교 사회학의 거두인 요제프 회프너는 고 김수환 추기경의 스승이기도 하다.

1962년까지 교수로 일했다. 트리어에서 시작해 1951년 이후에는 뮌스터로 옮겼는데, 그곳에 '그리스도교 사회과학 연구소'를 설립했다. 1962년 처음 발행한 『그리스도교 사회론*Christliche Gesellschaftslehre*』은 오늘날에도 국제적인 인기를 누리고 있으며, 가톨릭 사회론을 요약한 교재로 가장 성공한 책이다. 이 책이 현학적이지 않고 쉽고 평이한 말로 쓰여 있어서 신학자나 사회학자뿐 아니라 정치, 경제, 사회의 '실천가들'이 읽을 만하다는 점도 감사한 일이다. 2002년 발족한 '요제프 회프너 회*Joseph-Höffner-Gesellschaft*'는 주교이자 학자였던 회프너라는 훌륭한 인물을 기억하고, 사후 30여 년이 지난 오늘날에도 여전히 현재적인 그의 사상과 저작을 연구하는 모임이다.

회프너는 학문을 그저 상아탑에서 벌어지는 '학문을 위한 학문'으로 이해하지 않았다. 그는 윤리적으로 옳고 공정한 것을 연구할 뿐만 아니라 자신의 연구 결과를 정치적 행위로 실현하려고 노력했다. 주교가 되기 전에 그는 독일 주교회의의 조언자였을 뿐 아니라 라인란트팔츠주 정부, 노르트라인베스트팔렌주 정부 그리고 다양한 연방 정부 장관들에게도 조언했다. 그는 교회와 정치 영역뿐 아니라 경제 영역에서도 활약했다. 독일 '전국 가톨릭 사업가회'가 1949년 창립된 이래 그는 주교품에 오를 때까지 단체의 영적 지원 신부[11]를 맡았다.

---

[11] (옮긴이) 한국 가톨릭은 과거에 평신도 단체에 '지도 신부'를 두었고, 요즘은 '담당 신부'라고 일컫는다. 독일은 2차 세계대전 이전에 이미 '영적 조언자*geistlicher Berater*'라는 호칭을 사용했다.

회프너는 학창 시절에 박사 학위를 네 개나 취득했다. 흥미롭게도 교회의 사회적 가르침과 자유시장경제의 관계를 다루는 우리의 질문이 그의 네 번째 박사 학위 논문의 주제였다. 당시 트리어의 주교였던 프란츠 보르네바서Franz R. Bornewasser는 회프너를 프라이부르크 대학으로 보내서 교수 자격 취득 논문을 쓰도록 했다. 회프너는 신학 논문을 쓰면서 다른 분야도 공부했다. 그는 국민경제학 Volkswirtschaftslehre 공부를 병행하여 1939년에는 경제학 석사(디플롬) 학위를, 1940년에는 국민경제학 논문으로 정치학 박사 학위를 취득했다. 학위 논문 제목은 「15~16세기 경제 윤리와 독점Wirtschaftsethik und Monopole im 15. und 16. Jahrhundert」이었다. 그는 논문에서 이미 중세 신학, 특히 후기 스콜라 신학에서 시장이 자유롭게 가격을 결정한다는 이론, 곧 훗날 경제자유주의자들 이론의 결정적 요소를 옹호했음을 밝혔다.

회프너가 경제학 학위를 추가했다는 단순한 사실보다 더 흥미로운 것은 그의 지도 교수가 누구냐 하는 것이다. 바로 발터 오이켄으로 독일의 신자유주의 경제 이론의 정신적 지주인 이른바 '프라이부르크 학파'의 창시자다. 이미 언급했지만 본래 의미에서 신자유주의는 애덤 스미스 전통의 고전적 경제자유주의를 결정적으로 발전시킨 것이다. 애덤 스미스와 초기 자유주의자들은 시장이 일하도록 내버려두면 모든 것이 최선으로 결정된다고 믿었다면, 신자유주의자들은 우선 기능하는 시장경제가 확립되고 유지되어야만 한다는 생각에 도달했다. 그래서 국가가 다시 등장하게 되었다.

신자유주의를 가장 대표하는 인물인 빌헬름 뢰프케는 이렇게 기술한 적이 있다. 그에 따르면 시장경제란 "예술적 구성물이자 문명의 인공물로서, 우리가 애써 추구해야 할 것이 특별히 어렵고 전제할 것이 많다는 점에서 정치적 민주주의와도 공통점이 있다. 그래서 인상적인 의제 목록과 매우 적극적인 경제 정책을 통한 종합적인 프로그램을 낳는다."[12]

독일에서 시작된 신자유주의의 모습

신자유주의의 사상적 뿌리가 독일에 있다는 사실은 우연이 아니다. 발터 오이켄, 빌헬름 뢰프케, 프란츠 뵘, 알렉산더 뤼스토프와 그들의 사상적 동지들은 바이마르 공화국의 몰락을 경험한 뒤 그 원인을 경제 정책의 실수 탓으로 돌렸다. 바이마르 공화국은 정치적으로 파괴적인 세력에 약했을 뿐 아니라 경제적으로 파괴적인 세력에도 약했다. 국가의 주요 경제 분야를 지배했던 카르텔과 강력한 이익단체들은 유감스럽게도 독일 최초 민주공화국이 몰락하는 데 크게 기여했다. 그들은 국가가 보증하는 안정적인 질서의 틀이 존재할 때에만,

---

12 빌헬름 뢰프케, 「수요와 공급을 넘어서」, 75쪽 이하.

그리고 행동하는 사람들의 도덕성이 온전할 때에만 시장이 공동선에 기여할 수 있다는 매우 안타까운 증거를 제공했다. 신자유주의자들은 이런 질서와 그에 상응하는 규제 정책의 중요성을 강조했기 때문에 당시에 '질서자유주의자Ordoliberale'라고도 불렸다.

하지만 질서자유주의자들은 시장과 시장 참여자들의 경제적 자기결정권을 옹호하는 애덤 스미스의 기본 주장 또한 유지했다. 강한 국가란 질서자유주의의 의미와 배치되지 않고 시장법 방향에서 행동하는 것에 속한다. 이것이 젊은 사제였던 요제프 회프너가 프라이부르크에서 배운 경제학이다. 오이켄과 그를 따르는 그룹은 회프너가 프라이부르크를 떠난 뒤에도 계속 연락을 취했다.

회프너가 가톨릭 사회론과 자유주의적 경제 이론의 관계를 발전시키는 데 적극적으로 기여한 이유는 아마도 이런 학문적 성장 배경 때문일 것이다. 가톨릭 사회론의 다른 저명한 대표자들과 대조적으로 그는 일찍이 신자유주의에서 경제적 자유주의의 긍정적 발전을 보고 있었다.

나는 최근 회프너가 1959년에 행한 연설을 다시 들여다보고 새삼 눈이 뜨이는 경험을 했다. 강연 제목은 「신자유주의와 그리스도교 사회론Neoliberalismus und christliche Soziallehre」이었다. 연설문에서 회프너는 '낡은 자유주의'와 그가 오이켄에게 배운 질서자유주의, 곧 신자유주의를 선명하게 구별한다. 회프너의 결론은 이렇다. "신자유주의 이론은 의심 없이 낡은 자유주의를 넘는 진보를 의미한다."[13]

그럼에도 회프너에게 질문은 남아 있다. 자유와 자기책임은 경제 및 사회의 성과와 발을 맞춰야 한다고 그는 늘 강조했다. 그래서 시장경제를 높이 평가하면서도 다음과 같이 말했다. "시장에 부합하지 않는 경제 정책 수단을 모두 철폐하는 것은 절대적 가치가 아니다. 정치경제적으로 어떤 수단이 필요한지는 공동선에 따라 결정되어야 하고, 공동선은 미래에 경제 과정에서 시장에 부합하지 않는 개입을 요구할 수 있고 요구할 것이다." 그리고 이렇게 덧붙였다. "이런 경제를 우리는 '사회적 시장경제'라고 옳게 부른다."[14]

하지만 시장경제에서 '사회적'인 것을 어떻게 보느냐에 따라 신자유주의자 사이에서 입장이 크게 엇갈린다. 예를 들어 루트비히 에르하르트와 발터 오이켄은 시장이란 자체로 사회적이고, 국가의 개입은 전후戰後 사회적 주택의 건설 등 특정 시점에만 이루어져야 한다고 크게 확신하고 있었다. 다른 한편에서 빌헬름 뢰프케나 알프레트 뮐러아르마크는 국가가 간섭하는 합법적 범위를 보다 크게 보았다. 회프너는 1985년 독일 주교회의에서 발표할 때 단순히 시장에 맡겨서는 안 되는, 곧 국가가 의무를 지닌 분야를 거론했다. 부의 광범위한 분배, 경기 하락으로 중단되면 안 되는 지속적인 경제 성장, 실업 극복, 환경 보호 등이었다.

---

13 요제프 회프너, 「신자유주의와 그리스도교 사회론Neoliberalismus und christliche Soziallehre」(1959), 카를 가브리엘·헤르만요제프 그로세 크라호트 엮음, 「요제프 회프너(1906~1987)Joseph Höffner(1906~1987)」(파더보른, 2006), 191쪽.

14 요제프 회프너, 「신자유주의와 그리스도교 사회론」, 193쪽.

요한 바오로 2세 교종이 1991년 반포한 회칙 『백주년』은 어떤 의미에서는 가톨릭 사회론과 경제자유주의의 논의를 종결짓는다. 소련과 동유럽의 공산주의 속국들이 무너지는 시대적 변화가 지나가는 중에 교종은 이렇게 묻는다. "공산주의가 몰락한 뒤 자본주의가 승리를 거두는 사회 체제인가, 또 자본주의를 경제와 사회를 재건하기 위하여 노력하는 나라들의 목표로 삼아야 하는가? 이것이 실제 정치경제적 발전의 길을 찾고 있는 제3세계 국가들에게 제안되어야 할 모형인가?"

교종은 이런 질문에 대한 해답이 복합적이라며 이렇게 나눠서 표현한다. "만일 '자본주의'가 기업, 시장, 사유재산과 여기에 따르는 생산 수단의 책임, 경제 분야에서 인간이 자유롭게 펼치는 창의력의 기본적이고 긍정적인 역할을 인정하는 경제 체제를 의미한다면, 대답은 분명히 긍정적이다. 이 경우에 '기업경제', '시장경제' 또는 단순히 '자유경제'라고 칭해야 더 적합할 것이다. 그러나 '자본주의'가 경제적 자유가 어떤 제한된 질서에 매이지 않은 체제를 의미한다면, 경제적 자유가 인간적 자유의 완전한 실현에 봉사하지 않고 윤리와 종교의 핵심인 이 자유의 특수한 차원을 보지 못하는 체제라면, 대답은 부정적이다."[15]

여기서 만일 시장경제가 인간 존엄성과 공동선을 지향하고, 그런

---

15 요한 바오로2세, 「백주년」, 42항. 문맥에 맞춰 조금 윤문했다(옮긴이).

지향이 강한 틀과 질서로 보장된다면 교회가 시장경제를 긍정한다는 점이 분명해진다. 그런데 21세기 초엽에 시장경제는 어떤 모습이었는가? 이에 대해서는 더욱 논의해야만 한다. 지난 수십 년간 경제와 사회의 좌표가 의심할 여지 없이 심각하게 변했기 때문이다. 특히 경제의 글로벌화와 그 질서에 대해 이야기해야 한다. 그리고 그것의 배경이 된 기업가의 책임, 자본보다 노동의 우위성, 정의로운 세금 체계와 사회 조직 등에 대해 새롭게 이야기해야 한다.

이는 문제에 대한 매우 구체적인 해결책을 찾는 일이다. 동시에 실제로 사회적이고 경제적인 모든 행위에서 인간을 중심에 두는지를 묻는 근본적인 질문에 대한 것이기도 하다. 교회의 사회적 가르침은 이 질문에 명확하게 대답한다. 우선 '인격성의 원리'를 가장 근본적인 기초로 이해해야 한다. 그리고 '연대성의 원리'와 '보조성의 원리'라는 두 가지 원리도 포기할 수 없다. 가톨릭 사회론은 강한 국가의 필요성을 지지한다. 그것은 모든 이의 이해를 보장해야 한다는 '연대성의 원리'에 부합한다. 특히 약자들, 곧 시장에서 일어나는 일과 노동 과정에 참여하지 않거나, 아직 참여하지 않았거나, 더 이상 참여하지 않는 참가자들을 위한 것이다. 어느 누구도 연대성의 공동체에서 배제되어서는 안 된다. 노인도, 병자도, 실직자도, 어린이도, 가정도 그리고 다가올 세대도 그렇다.

동시에 국가는 '보조성의 원리'에 따라 개인과 사회의 집단과 조직에게 커다란 자유의 공간을 열어주어야 한다. 그래서 그들의 자기

결정권을 제한하지 않아야 하고 자기책임을 요구하지 말아야 한다. 국가와 사회의 이런 '이원화된' 개념은 교회의 사회론에 일관되게 속하는 것이다.

경제와 사회에 관한 이런 사상은 그리스도교적 인간론에 기반을 두고 있다. 그리스도교적 인간론은 인간을 스스로 책임지는 도덕적 주체로 보지, 원자화된 개인이나 개별적 이해에 고정된 '경제적 인간'으로 보지 않는다. 그래서 교회의 사회론은 사회가 높은 경제 성장률을 목표로 삼기를 원하지 않는다. 경제와 사회는 효율적일 뿐만 아니라 정의로워야 한다. 그리고 양자는 모순되는 관계가 아니어야 한다.

2차 세계대전 이후 독일에서 대개 그리스도교적 확신을 바탕으로 사회적 시장경제를 확립했던 사람들은 이런 목표 설정에서 교회와 일치했다. 뮐러아르마크가 말했듯이 그들은 "시장의 자유라는 원칙과 사회적 평등이라는 원칙을 결합시키려고" 했다. 이런 분위기에서 2차 세계대전 이후 교회와 경제적 자유주의는 아직 조금 거리가 있지만 그래도 천천히 서로를 향해 다가서고 있다. 그래서 요한 바오로 2세 교종이 회칙 『백주년』을 반포하자, 교종은 질서자유주의자가 아니냐고 질문을 받을 정도였다. 어쩌면 그럴 수도 있겠다. 어쨌든 기본 노선에서는 충분히 가깝게 인식될 수 있다.

하지만 그 이후 교회와 경제 사이의 골은 확실히 더 깊어졌다. 질서자유주의에서 일탈하고 경제 질서에서 정의로운 사회적 평등의 요소를 다시 제거하려는 사람들이 성공하고 있기 때문이다. 이는 낡은 자본주의로 회귀하는 것이다.

3장

…그들을 쫓아내라!

복지사회 한복판의 가난

타펠, 독일의 푸드뱅크

"우리 나라에 가난한 사람은 전혀 없습니다."

독일의 가난에 대해 말할 때면 이런 말을 쉽게 듣는다. 아마 독자들도 이미 들었을 것이다. 나는 이런 말을 들으면 퍽 놀란다. 누가 왜 이런 말을 하는지 그 이유를 모르겠다.

나는 꽤 정확히 알고 있다. 독일에 가난한 사람이 있고, 불행하게도 그 숫자가 꽤 늘어나고 있다는 사실을. 이 명확한 사실을 외면하려면 상당히 노력해서 시선을 돌리고 살아야만 할 것이다. 혹시 계속 의심하는 이가 있다면 동네에 흔한 서민 음식점이나 평범한 상가에 한번 들어가보길 권한다. 그리고 지금은 이제 독일의 중간 규모 도시나 여러 소도시에도 이른바 '타펠Tafel'이라고 부르는 '푸드뱅크'가 있어서 필요한 사람들에게 먹을거리를 분배한다. 찾아보면 독자 여러분들이 사는 곳에서도 멀지 않은 곳에 하나쯤 있을 것이다.

1967년 미국 애리조나주 피닉스에 살던 존 반 헹겔John van Hengel이 이 아이디어를 처음으로 냈다. 반 헹겔의 일을 지원하던 성당의 이름을 따서 '성 마리아 푸드뱅크'가 시작되었고, 그 이후 1970년대와 1980년대에 북미 여러 대도시에서 푸드뱅크가 시작되었다. 베를린에는 1993년에 처음으로 독일식 푸드뱅크, 곧 타펠이 설립되었다.

타펠 개념은 간단하다. 일반 판매는 더 이상 하지 않되 질적으로 문제가 없는 음식을 각 지역의 빵집, 정육점, 채소 도매상, 슈퍼마켓

등에서 기증을 받는다. 차량 등 운송 수단은 기부금으로 충당한다. 그리고 3만 2000여 명의 사람들이 자발적으로 시간을 내서 '타펠 도우미'로 봉사한다.

현재 독일에는 약 800개의 타펠이 있고, 2007년에 타펠에서 설문 조사한 결과에 따르면 약 70만 명이 음식을 제공받는다. 2005년에는 약 50만 명 정도였다. 불과 2년 사이에 40퍼센트 정도 증가했는데, 독일에서 가난이 얼마나 빠르게 성장했는지를 잘 보여준다.

나도 타펠을 이미 여러 번 방문했다. 그곳에서 가난한 사람들과 성탄 전야 미사를 드렸고 잔치를 벌였다. 한번은 그 잔치에 세 자녀를 둔 젊은 부부가 참석했다. 젊은 부부와 자녀들이 성탄 전야를 이런 식으로 축하하는 모습을 보고 나는 매우 우울한 감정을 느꼈다.

불행하게도 이 가정은 예외적 현상이 아니다. 심지어 자녀가 있는 가난한 가정은 타펠의 주요 고객층에 속한다. 타펠의 활동가들이 제공한 정보에 따르면 '고전적으로' 가난한 자들, 곧 노숙자 등은 이런 기관에 거의 오지 않는다.

점점 더 많은 타펠들이 '킨더 타펠Kinder Tafel', 곧 아이들 전용 타펠을 설치하고 있다. 가정, 아이들, 청소년들 사이에 위기가 확산되고 있기 때문이다. 학부모 조직과 긴밀히 협력하여 가난한 아이들에게 빵을 공급하는 학교도 있다. 일부 도시에는 가난한 아이들과 청소년들이 끼니를 굶는 경우가 많아서 특수 '아동 식당'을 운영하기도 한다. 물론 부모가 제 역할을 못하는 경우도 많다. 2007년 여름에

본 대학교의 소아 영양 연구소Forschungsinstitut Kinderernährung가 대규모로 시행한 연구에 따르면 '실업급여 IIArbeitslosengeld II만 받아서는 아이와 청소년이 건강하게 식량을 섭취하는 것이 불가능하다고 한다. 입법부의 추정치에 따르면 14세부터 18세 사이의 청소년 한 사람에게 식량과 음료를 제공하려면 매일 3.42유로가 필요하다. 하지만 본 대학교의 영양학자들이 말하길 할인 매장에서 늘 구매하는 사람이라도 요즘 청소년들의 입맛에 맞춘 균형 잡힌 식단을 유지하려면 평균 4.68유로를 소비해야 한다.[1]

물론 위험을 무릅쓰고 얘기하자면 나는 '예수의 마음을 지닌 마르크스주의자Herz-Jesu-Marxist' 편이다. 독일의 가난한 가정 출신의 어린이들이 건강한 먹거리로 어려움을 겪는다는 학자들의 분석이 옳다면, 이것은 사회적 스캔들이며 우리 모두를 부끄럽게 만든다. 이런 풍요로운 사회에서 위기에 처한 아이들을 이토록 거의 돌보지 않는다면 우리의 도덕성은 도대체 어디에 있는 것일까? 나는 어린 시절 학교에서 사회적 도움이란 가난을 막기 위한 것이라고 배웠다. 우리는 곧 인간 스스로가 자신의 삶을 책임지며 결정할 수 있는 상태로, 곧 '원조援助에서 자조自助로' 이행하는 과도기에 사는 것이라고 생각했다. 나는 이 근본 원칙 자체가 위대한 사회적 성과이며 앞으로

---

1 본 대학의 보도자료, 2007년 8월 1일, http://www1.uni-bonn.de/pressDB/jsp/presse mitteilungsdetails.jsp?detailjahr=2007&detail=251. 현재는 웹 사이트에 접속하기 어렵다(옮긴이).

도 유효하다고 생각한다. 그렇지 않다면 우리 사회의 실제적 인도주의 차원에서 우리는 폭력적 후퇴를 경험할 것이다.

그러나 나는 우리 가운데 물질적 가난이 점점 심각해지는 것만큼이나 부끄러운 것이 또 있다고 생각한다. 그것은 소외 계층 사람들의 용기를 북돋을 수 있는 전망이 부족하다는 것이다. 여러 통계 자료에 따르면, 한번 가난에 빠지면 평생 가난에 머물 확률이 매우 높다. 한번 일자리를 잃고 일 년 이상 새로운 자리를 찾지 못하는 사람은 정규직으로 복귀하기가 점점 더 어려워진다. 가난의 위험은 인생의 특정 단계에만 영향을 주지 않는다. 오히려 평생 고착될 위험이 있다. 사회학자들은 소외 계층 출신의 어린이들이 성인이 되면 부모로부터 가난을 '상속받을 것'이라고 말한다. 독일에서도 교육의 기회가 사회적 배경과 강하게 연관되고 있고, 따라서 이런 어린이들의 빈곤 위험은 증가한다. 그러므로 시급히 교육의 빈곤에 맞서 싸워야 한다. 그리고 때로 이민자 가정이라는 배경을 지닌 소외 계층 출신의 어린이와 청소년들을 위한 '능력의 정의'[2]가 필수적이다.

---

2   (옮긴이) '능력의 정의Befähigungsgerechtigkeit'란 신학, 철학, 사회학 등에서 폭넓게 사용되는 개념이다. 대개 생활 조건의 기계적 평등을 추구하는 것이 아니라 사회적 능력을 발전시켜 자유와 정의의 균형을 추구하고, 지속 가능하고 조화로운 사회 발전을 지향하는 태도를 일컫는다.

인간을 파괴하는 가난

무엇보다 현재 독일을 지배하는 어린이 가난은 스캔들이라고 할 수 있을 정도로 퍼져 있다. 그 가난이 너무도 커서 누구도 부정할 수 없다. 그래서 나는 사회학자들의 게으른 토론에 참여하고 싶은 마음이 조금도 없다. 통상적으로 가난한 사람이란 평균 소득보다 50퍼센트 적게 버는 사람이냐 또는 60퍼센트 적게 버는 사람이냐를 따지는 토론이 대체 왜 중요한가. 하긴 누군가 그런 식의 토론을 두고 이렇게 꼬집은 적이 있다. "만일 빌 게이츠가 독일로 이민을 온다고 해보자. 그러면 이런 통상적 정의에 따라 가난한 사람은 단박에 10만 명이나 늘어날 것이다."

이런 토론은 필요 없다. 현재 독일에는 법적으로 빈곤을 정의하는 기준선이 있다. 인간의 존엄한 실존을 가능하게 하는 방법으로 삶을 영위할 수 있는 소득이나 자산이 없는 사람은 사회적 원조를 받고 이른바 '실업급여 Ⅱ'를 받는다. 2008년 현재 그런 사람은 500만 명 이상이다. 여기에는 이른바 '추가지원자Aufstocker', 곧 소득이 있지만 자신의 삶이나 가족의 재정을 충당할 수 없는 사람도 포함된다.

이런 숫자를 보고 혹시 거짓 서류를 꾸며 돈을 타낸 사람들이 상당하지 않을까 의심하는 이는 2006년 말에 프랑크푸르트 대학의 경제학자인 이레네 베커Irene Becker가 책임을 맡아 수행한 연구를 보기 바란다. 수백만 명의 사람들이 국가 원조금을 슬쩍 횡령한 것이 아니라 오히려 반대다. 실업급여 하르츠 IV를 받을 수 있는 사람들 가운데 200만 명 이상이 무지, 수치 또는 사임 등의 이유로 서류를 제출하지 않았다. 이 연구에 따르면 미성년자 그룹의 숫자는 더욱 충격적이다. 이 기간 동안 법적으로 가난한 기준에 해당하는 아동과 청소년이 340만 명이나 된다. 이 숫자는 전체 독일에 사는 어린이 다섯 명 가운데 한 명보다 많다! 어린이가 특히 가난에 취약하다는 사실이 전부가 아니다. 더 심각한 숫자가 있다. 이 연구 기간 동안 '다자녀 두 부모 가정'의 빈곤율은 26.5퍼센트나 되고, 심지어 엄마나 아빠가 혼자 아이를 키우는 가정(싱글 맘, 싱글 대디 등)의 빈곤율은 50퍼센트나 된다. 이것이야말로 스캔들이다!

이 모든 것은 우리 사회의 어린이와 다자녀 가정이 체계적으로 불이익을 받고 있음을 보여준다. 많은 정치인이 어린이는 무척 중요하며 어린이야말로 우리 사회에서 가장 가치 있다고 강조하지만 빈말일 뿐이다. 바로 그 정치인들이, 14세 이하의 청소년들은 실업급여 하르츠 IV에서 규정하는 금액의 60퍼센트만 수령할 수 있고, 15세에서 18세까지는 80퍼센트만 수령할 수 있는 법을 통과시켰다. 나는 정치인 모두를 폄하하고 싶지는 않다. 다만 우리를 분노하게 만드는 말과 행동의 불일치란 바로 이런 것이다.

그리고 영양학자들이 십 대 청소년들에게 균형 잡힌 건강식을 공급하려면 책정된 돈이 너무 적다고 경고했을 때, 해당 청소년들에게 필요한 것은 정치인들이 입에 발린 말만 하는 것이 아니라 가장 빠른 지원을 수행하는 것이었다.

생활보호법 차원을 넘어서는 관점으로 우리 사회에서 아이들과 가정을 어떻게 다뤄야 하는지 스스로 물어야 한다. 우리는 전반적으로 가정이 우리 사회에 기여하는 것에 비해 공정하게 대우받고 있는지 책임지고 설명해야만 한다. 이 점에서 우리 사회는 정의롭지 못하다고 나는 생각한다. 이미 1952년에 키일의 사회학자이자 인구학자인 게르하르트 막켄로트Gerhard Mackenroth가 사회 개혁을 주제로 펼친 강연에서 '개인주의 원칙Individualprinzips'을 '가정의 원칙Familienprinzip'으로 교정하자고 요구했다. 그는 가정의 부담을 조정하는 것이 '20세기 사회정치의 주요 과제'라고 표현했다.[3]

50년이 지난 현재 우리는 이 과제가 여전히 해결되지 않았음을 확인할 수 있다. 가정에 '투자한' 남성과 여성은 사회로부터 충분히 주의를 받지도 평가되지도 못한다. 1990년대 초반에 빌레펠트의 사회학자인 프란츠자베르 카우프만Franz-Xaver Kaufmann은 우리 사회의 다양한 영역에서 가정에 대해 구조적 무자비함Rücksichtslosigkeit이 존재함을 자세하게 밝혀냈다. 언제나 생산성 있는 개인, 말하자면 납세자만 눈에 들어온다. 다시 말해 아이들과 아이들을 부양하는 가정

---

3   게르하르트 막켄로트, 「독일 사회복지를 통한 사회 정책 개혁Die Reform der Sozialpolitik durch einen deutschen Sozialplan」(1952), 에리크 뵈트허 엮음, 「사회 정책과 사회 개혁 Sozialpolitik und Sozialreform」(튀빙겐, 1957), 61쪽.

을 지닌 사람들로 이루어진 거대한 무리는 여러모로 무시되고 있다.

여기서 도덕적인 이유뿐만 아니라 실용적인 관점에서 시급한 재고가 요청된다. 어떤 중요한 정치인[4]이 폄하하듯, 가정과 아이를 위한 정책은 '소란Gedöns'이 아니라 우리 사회의 미래를 위한 것이다. 최근 수십 년간 우리 사회의 고령화가 다양하게 언급되고 있다. 이는 매우 치명적인 일이다. 이 점에서 개념과 관점의 전환이 일어나야 한다. 우리 미래의 문제는 인간의 노령화가 아니라 어린이의 소멸이다Kinderschwund. 이 문제는 여러 차원에 엄청난 의미가 있고 경제적 영향도 상당할 것이다. 카우프만은 "지난 30년간 현상 유지를 위한 합계 출산율 이하의 출생 때문에 독일의 인적 자원의 '투자 격차Investitionslücke'"가 "최소한 2500만 유로"[5]로 추정된다고 계산했다.

카우프만은 2005년에 그의 저서 『수축하는 사회Schrumpfende Gesellschaft』에서 설득력 있게 제시한다. 멈출 줄 모르는 인구 감소가 엄청난 경제적 영향을 끼쳐, 결국 사회복지에 큰 손실을 가져오는 데 그치지 않을 것이라고 말이다. 오히려 그는 이런 손실 때문에 분배 갈등이 증가하여 사회 일치의 극적인 붕괴를 가져올 것이며, 사람과 기관이 심각한 사회적 마비에 이를 것이라고 예고했다.

향후 수십 년간 정치의 중요한 과제 가운데 하나는 이 어두운 미래 시나리오가 현실이 되는 것을 막는 일이다. 이를 위해서는 젊은

---

4 (옮긴이) 독일의 게르하르트 슈뢰더Gerhard Schroder 전 총리를 말한다.

5 (옮긴이) 한화로 약 3310억 원.

이들에게 용기를 북돋워주어, 서로 결합하여 가정을 꾸리는 일을 두려워하지 않게 만들어야 한다. 자녀를 낳고 가정을 이루는 결정은 자체로 의미 있고 가치 충만한 결정이며, 가정 정책에 반영되어야 한다. 이는 가정 정책과 관련된 논의 전반에 걸쳐 교회가 지향하는 것이기도 하다. 우리는 젊은 부모들에게 어떻게 살아야 하며 가정과 수입을 어떻게 연결해야 하는지 지시하려는 것이 아니다. 가정의 근본 가치를 상기시키려는 것이다. 다시 말해 가정을 이루겠다는 결정은, 부모가 다시 정규직으로 복귀할 수 있고 적절한 보육 기관을 찾을 수 있는지와 무관하게 자체로 옳은 결정이며, 무조건 지지받고 보호받을 가치가 있다. 그러므로 정치는 이 근본적인 점 자체를 두고 협상하지 말아야 하며, 실질적 선택의 자유라는 말이 현실이 되도록 만들어야 한다. 물론 가정을 이루는 선택은 특정 가치를 선택하는 것이자 아이들과 나누는 삶을 선택하는 것이기도 하다. 그래서 도덕적 자원도 필요하다.

독일 주교들은 독일 사회에 호소하는 『사회성을 재고再考하다*Das Soziale neu denken*』라는 문서를 2003년에 발표했다. 거기서 우리는 가정 정책을 "모든 정치를 관통하는 요소"라고 표현했다. 그 문서에서 우리는 이렇게 말했다. "가정은 보호되고 강화되어야 한다. 가정은 사회에 대체할 수 없는 공헌을 할 수 있다. 이 점에서 가정의 재정 지원, 의료보험료 감면, 각종 서비스 그리고 법적 보호를 고려해야 한다. 그러므로 말하자면 가정이 노동 환경에 적합하게 재편되는 것이 아니라 노동 환경이 가정에 적합하게 재편되어야 한다. 우리에게는 매우 근본적이고 기초적으로 가정에 친화적이며 가정을 지원하는 사회가 필요하다."

하지만 현재 우리 현실은 이런 사회와 매우 멀다. 자녀가 없는 사람과 비교해볼 때 자녀를 낳기로 결정한 사람과 자녀를 키우는 사람의 빈곤율이 점점 높아진다. 어린이에게 가난이란 현재의 고통만을 의미하지 않는다. 오히려 미래에 큰 부담이 되는 거대한 걸림돌이다. 물론 나는 이런 통계적 언술을 거스르는 개인이 존재한다는 사실을 잘 안다. 아직 우리 사회에는 '개천에서 용이 나는 신화Aufsteigerbiographien'가 존재한다. 그런데 이런 신화적 인생 역전이 주목받는 이유는 역설적으로 그만큼 드물기 때문이다.

사라지는 교육 체계의 실효성과 대물림되는 배척

최근 몇 년 동안 이뤄진 모든 연구에 의하면 독일과 다른 선진국에서 학교 등 교육 체계를 성공적으로 수료하고 노동 시장에서도 성공한 사람과 사회적 지위는 큰 관련이 있으며, 특히 부모의 수입에 크게 좌우되었다. 최근 경제협력개발기구OECD의 국제학업성취도 평가PISA는 특별히 경제·사회·문화 지위 지표Index of Economic, Social and Cultural Status, ESCS를 개발했다. 이것은 경제적·사회적·문화적 요소를 고려하여 학생의 출신 가정이 어떤 사회적 지위에 속하는지 파악하려는 것이다. 그 결과는 놀라울 지경이다. 직업학교Hauptschule에 다니는 학생 가운데 45퍼센트가 ESCS 하위 범주에 속하고, 인문계 학교 Gymnasium에 다니는 학생 중 절반은 ESCS 상위 범주에 속한다.

더욱 중요한 것은 누가 대학 수준의 학문 교육에 접근할 수 있는지를 물었을 때의 숫자다. 독일 연방 정부의 제2차 「가난과 부에 관한 보고서Armuts- und Reichtumsbericht, ARB」에 따르면 사회적으로 높은 지위에 속한 가정에서 출생한 자녀가 나중에 대학 수준의 교육을 받을 기회는 낮은 지위에 속한 가정에서 출생한 자녀보다 7.4배나 많다.

만일 누군가 이런 숫자는 사회적 요소가 아니라 '유전적 재능'에 기인할 것이라고 생각한다면, 그는 틀렸다. 물론 나를 포함하여 누구도 다양한 사람들이 서로 다른 자연적 재능을 타고 태어난다는 사실을 부정하지는 않을 것이다. 그러나 수많은 연구에 따르면 부모가 평균 이상의 교육을 받았고 자녀도 어린 시절부터 평균 이상의 인지 능력을 보여준다고 해도, 가난한 집 아이들은 이미 유치원과 초등학교에서 가난을 체험해야 하고, 이어지는 교육 과정에서 소질과 재능을 충분히 펼칠 기회가 매우 적다는 것이다.

나는 이런 사실이 더 이상 놀랍지 않다. 왜냐하면 물질적 가난은 분명히 아주 어린 나이부터 아동의 행동 가능성과 활동 범위를 크게 제한하기 때문이다. 친구를 원하는 만큼 집에 초대할 수도 없으며, 동물원 등으로 마음대로 여행을 떠나는 것도 예외적인 일에 속한다. 어린이 축구 클럽 등에 가입하려면 대개 돈이 들고, 교육적으로 가치 있는 장난감과 아동 도서는 아무튼 비싸다. 이 모든 것이 가난한 배경을 지닌 아이들의 학습 공간과 체험 공간을 상대적으로 좁게 만든다. 그래서 이미 입학할 때부터 초등학교 1학년생의 작은 어깨에 큰 부담을 지우게 된다.

선진국의 사회적 문제에 대해 인도의 경제학자이자 개발이론가인 아마르티아 센은 앞 장에서 이미 언급한 대로 "경제적 예속은 사회적 예속의 온상이 된다."라고 밝혔다. 이른바 '지식 사회'라고 일컫는 사회에서, 특히 개인이 미래에 좋은 직업을 얻으려면 오직 자격 증명서와 졸업장에 의존해야 하는 세상에서, 교육 체계의 실효성Durchlässigkeit이 사라진다는 것은 어떤 의미일까? 아마 더 많은 말이 필요하지는 않을 것이다.

독일에서 직업학교의 발전과 직업학교 졸업생들의 운명을 들여다보면 교육 체계와 이어지는 노동 시장에서 사회적 배제 과정이 어떻게 진행되는지 잘 알 수 있다. 내가 학교에 들어갈 때만 해도 독일에서는 (초등학교와 직업학교를 합쳐 6~14세 학생이 다니는) '국민학교Volksschule'에 대략 학생들 3분의 2가 들어갔다. 직업학교는 철저히 실천적이고 현장 중심의 교육을 실시해서 숙련공을 배출하여 졸업생들이 직업을 수월하게 얻도록 만드는 곳이었고, 실제로 그렇게 했다.

물론 내 어린 시절부터 이미 학교 풍경이 변했다는 사실을 간과하지 않는다. 그러나 2006년에 이르러서 직업학교가 그동안 얼마나 극적으로 발전했는지 알게 되었다. 트리어에 있는 한 직업학교 교장 선생님이 쓴 공개 편지가 계기가 되었다. 그는 현재 교육 현장의 상황에 주의를 끌고자 편지를 썼다. 그에 따르면 졸업생 가운데 단지 20퍼센트만이 견습생 훈련 과정Ausbildungsplatz으로 진출한다고 한다. 그래서 나는 학교의 책임자들을 만나 대화했고, 정확히 홍보하고 교육 현장의 상황을 바로잡는 일에 도움을 주었다.

직업학교는 교육 체계의 가장 큰 패배자다. 오늘날 직업학교 학생들은 4분의 1 이상이 일 년을 채우지 못한다. 특히 도시에서는 대부분의 학생들이 사회적으로 불우한 가정 출신으로 가정에 다양한 문제가 있거나 이민자들이다. 수많은 학생이 동기부여되지 않은 채로 학교에 오고, 그런 학생들에게 충분히 주의를 기울이지도 지원하지도 못한다고 교장 선생님들은 말한다. 그러므로 그들은 재능을 펼칠 수 없게 된다.

이렇게 하여 직업학교는 최근 몇 년간 점차 '휴식학교Restschule'라는 별명을 얻었다. 궁극적으로 교육받을 능력이 없는, 특별히 취약한 학생들을 모아놓은 곳이라는 말이다. 게다가 육체 노동이나 산업 현장의 직업에까지 인문계를 졸업한 사람들이 몰려드는 오늘날, 직업학교를 우수한 성적으로 졸업한 학생이 견습생 훈련의 자리로 진출하는 일이 도시에서는 특히 어려워졌다.

이렇게 미래가 보이지 않으니 직업학교 학생들 가운데 점점 더 많은 숫자가 학업을 완전히 포기하고 학교를 그만둔다. 전반적으로 오늘날 매 학년 약 8퍼센트의 학생들이 학교를 떠난다. 그 가운데 가장 많은 수가 직업학교 학생들이다. 그들은 묻는다. 나중에 일자리를 얻는 길이 닫혀 있는데, 졸업장은 따서 무엇하나요? 그러므로 우리 사회에 교육 체계에서 배척되고 나아가 경제 체제에서 배척된 사람들의 숫자가 점점 증가하는 현상이 발생한다.

물론 이것은 독일만의 특별한 문제가 아니다. 사회학자들은 최근 선진국에서 이런 위험한 추세를 공통으로 관찰하고 있다. 대개 일반 대중은 사회적 폭탄이 발생할 때가 아니라 발화되고 폭발했을 때에야 비로소 주목한다. 2005년 파리의 소요 사태는 극적인 현장이었다. 파리 등 프랑스 대도시의 변두리 빈민가를 뜻하는 '방리유Banlieue'에서 폭동이 발생하여 수천의 젊은이들이 도시를 완전히 망가뜨리고 경찰과 진짜 시가전을 벌였다. 폭동의 결과 자동차 1만여 대가 불탔고, 학교와 관공서 300여 곳이 파괴되었다. 프랑스 정부는 부분적으로 국가 비상 사태를 선포해야만 했다. 폭동이 최고조에 이르렀을 때 중앙 경찰과 지방 경찰 1만 명 이상이 투입되었고, 진압 작전 중에 200명 이상이 중상을 입었다. 폭도와 구경꾼 사이에서도 많은 수가 부상을 당했다. 유감스럽게도 최악의 경우마저 발생했다. 불붙은 쓰레기통을 끄려던 어떤 연금 수령자가 폭행당하여 사망하고 만 것이다.

프랑스뿐 아니라 유럽 전체가 너무 놀라 정신을 차리지 못했다. 어떻게 이런 증오와 끔찍한 폭력이 폭발했는지를 물었다. 하지만 사회학자들과 사회복지사들은 별로 놀라지 않았다. 그들은 사실 최근 몇 년간 방리유의 청소년이 겪는 사회적 문제와 위험성을 지적해왔다. 공식적으로 프랑스에는 750개의 '민감한 도시 구역'에 거의 500만의 사람이 살고 있다. 그 가운데 가장 큰 부류가 과거 프랑스의 식민지 출신인 이민자들이다. 방리유 청소년들의 실업률은 거의 40퍼센트나 된다. 성적이 아무리 좋더라도 변두리 출신 학생들은 견습생 훈련 자리를 얻지 못한다. 독일처럼 이렇게 미래가 없는 젊은이들은 세상을 부정하는 태도를 갖게 된다. 프랑스에서는 매년 15만 명의 학생이 학교를 그만둔다.

그 젊은이들은 대개 주변 사회에서 자신을 위한 자리를 찾지 못한다. 그들은 한가운데에 살고 있지만 함께하지는 못한다. 가난에 대한 새로운 사회학적 연구는 이런 현상을 '배척Exklusion', 곧 사회적 배제의 개념으로 파악한다. 현대의 사회적 갈등은 같은 사회에 살면서도 사회 중심부의 여러 활동에 참여할 수 없는 사람들이 늘어난다는 데서 비롯한다. 그들은 경제적·문화적, 더 나아가 정치적 과정에서 배제되어 있다. 옛날의 사회 문제는 계급투쟁을 다뤘다. 그것은 '위'와 '아래'의 사회적 갈등이었다. 그러나 오늘날에는 사회적 삶에 '들어간' 사람과 '밖에 있는' 사람들 사이의 차이에 대해 묻는다. 이것은 '통합Inklusion'과 '배제'다.

우리는 이런 사회적 배제가 점점 '물려받는 것'으로 묘사되고 있음을 알아야 한다. 왜냐하면 교육 체계는 사회적 약자를 완전히 거부하기 때문이고, 노동 시장은 그들에게 기회를 거의 주지 않기 때문이며, 복지국가는 그들에게 몫을 나눌 일관된 기회를 제공할 능력이 없기 때문이다.

독일과 선진국 대부분에서 가장 눈에 띄는 배척 현상은 최근 수십 년간 만연한 대량 실업이다. 실업은 당사자에게 혹독한 운명의 타격일 뿐만 아니라, 대규모 사회적 현상으로서 전체 사회의 근간을 흔들 수 있다는 사실을 우리 독일인처럼 잘 아는 사람들은 거의 없을 것이다. 1931년 당시 세계 경제 위기가 최고조에 달했을 때 비오 11세 교종은 사회적 회칙 『사십주년』에서 이렇게 말했다. "이제 실업이, 본인의 재임 기간 동안 겪지 않을 수 없었던 것처럼, 특히 광범위하고 장기적이며 무서운 두통거리이다. 실업은 노동자에게 불행과 유혹을 유발하고, 각국의 번영을 파괴하고 전 세계에 걸쳐 공공질서와 평화와 안녕을 위태롭게 한다."[6]

당시 세계 경제 위기로 인해 독일만큼 타격을 입은 나라는 없었다. 1931년 당시 '독일 제국'의 실업률은 평균 23.9퍼센트였고, 1932년에는 30.8퍼센트였다.

교종이 이런 대량 실업의 위험성을 경고한 지 채 2년이 지나지 않은 1933년 1월 30일에 아돌프 히틀러Adolf Hitler가 독일의 수상이 되어 권력을 차지했다. 그날 그의 돌격대SA는 횃불을 들고 행진하며 베

---

6 비오 11세, 「사십주년」, 74항. 한국어 번역본은 34항이다(옮긴이).

를린의 상징인 브란덴부르크 문을 통과했다. 그리고 소름 끼치는 재앙의 전조가 퍼져나갔다.

나는 결코 국가사회주의(나치)가 세계 경제 위기와 그에 따른 대량 실업 사태의 결과였다고, 또는 필연적 결과라고 말하려는 것이 아니다. 자동으로 그렇게 된 것이 아니다. 당시에 활약했던 많은 기관과 개인들을 부정할 필요는 없다. 하지만 히틀러와 그의 동지들은 특유의 강렬한 구호를 앞세워, 실망하고 근심하고 희망이 없던 거대한 무리를 독수리처럼 이끌고 돌진했다. 그들은 사람들의 실존적 문제를 해결할 수 없었던 '약한 국가'를 상대하고 있었다.

마리엔탈의 사례

세계 경제 위기 이후 우리는 대량 실업 사태가 한 사회에 어떤 영향을 끼치는지를 알게 되었을 뿐 아니라, 실업이 개인에게 어떤 의미로 다가오는지도 상당히 정확하게 알게 되었다. 대량 실업 사태가 일어나자 실업에 대한 연구도 잇따랐다. 지금까지 발표된 연구 가운데 이 분야의 고전이라 할 수 있는 것은 마리 야호다Marie Jahoda, 한스 차이젤Hans Zeisel 그리고 파울 라차르스펠트Paul Lazarsfeld가 1933년에 출판한 『마리엔탈의 실업자들Die Arbeitslosen von Marienthal』이라는 책이다. 이 연구는 경험적 연구 방법론을 사용하여 실업의 심리적 결과를 최초로 밝히고자 했다. 마리엔탈은 빈 근처의 작은 마을이다. 아마와 면사를 생산하는 방적 공장을 중심으로 1830년에 형성되었는데, 이후 수십 년 동안 표백 공장과 직조 공장이 들어서면서 19세기 후반에는 당시 기준으로 거대한 공장들이 자리 잡은 곳이 되었다. 이 고장은 공장과 함께 자라났다. 마리엔탈 주민 대부분이 공장에서 일했다.

세계 경제 위기가 찾아오자 당시 수많은 공장들처럼 마리엔탈의 공장들도 곧 파산했다. 이는 마리엔탈에서 노동 가능한 거의 모든 연령대의 사람이 일자리를 잃었다는 것을 의미했다. 그래서 일단의 사회학자들은 이 마을을 1931년과 1932년 겨울에 실업의 심리적 영향을 연구하는 이상적 장소로 생각했다. 당시 마리엔탈에는 478개 가구에 1486명이 살고 있었다. 그중 가족 구성원 가운데 적어도 한 사람 이상이 공장에서 일하던 367개 가구가 실업의 영향을 직접 받았다.

실업과 그에 따른 수입의 상실로 인해 마리엔탈에서는 매우 짧은 시간에 극적인 물자 비상사태가 일어났다. 물론 당시에도 국가의 도움이 있었지만 오늘날 우리가 아는 규모로 이루어지지는 않았다. 실업자 지원과 사회적 부조는 단기간의 실업이나 개인적 궁핍에 초점을 두었지, 장기간 지속되는 대량 실업에는 속수무책이었다. 그 돈은 도움을 필요로 하는 엄청난 숫자의 사람들에게 턱없이 부족했다. 일자리를 잃은 개인과 가족에게는 돈이 거의 남지 않았고 그들은 삶을 영위할 필수품조차 살 수 없었다.

연구자들은 이렇게 말한다. "마리엔탈의 공무원들은 사람들이 지원금을 수령하는지 수령하지 않는지, 그 돈으로 살 수 있는지 없는지 서류조차 검토하지 않는다. 주민들은 고양이나 개가 사라져도 신경도 쓰지 않고 고발도 하지 않는다. 누군가가 잡아먹었다는 것을 알지만, 누가 그랬는지 찾으려고 하지 않는다. 낚시 허가를 위반하고 철로 근처에서 석탄을 슬쩍 가져가도 두 눈을 감는다."[7] 마리엔탈 사례 연구에서 흥미로운 점은 실업자가 수입 상실과 그에 따른 물질적 궁핍 때문에만 고통을 당하는 것이 아니라는 인식이다. 공장이 문을 닫기 전에 마리엔탈은 무척 활기찬 고장이었다. 역동적인 다양한 동호회가 있었고 정치적·문화적인 행사나 스포츠 경기도 많았다. 요즘 말로 하면 마리엔탈은 '시민사회'가 잘 작동하는 곳이었다.

그러나 공장이 문을 닫자 이 고장이 변했다고 연구자들은 말한다. 아무도 타인과 공동의 일에 신경을 쓰지 않는 '지친 공동체'가 되었고, 저마다 오직 자기 일만 챙기는 고장이 되었다. 마리엔탈이 내적으로나 외적으로 '황폐화'된 예는 공원이라고 할 수 있다. 그전에는 노동자들이 많은 시간과 노력을 들여 공원을 가꿨다. 마리엔탈 주민들은 공원에 자부심이 높았다. 일요일이면 그들은 잘 정돈된 길을 따라 산책을 했으며, 예쁘게 다듬은 관목 옆 벤치에 앉아 쉬었다.

---

7 마리 야호다·한스 차이젤·파울 라차르스펠트, 『마리엔탈의 실업자들*Die Arbeitslosen von Marienthal*』(뮌헨, 2004), 41쪽 이하.

그러나 공장이 문을 닫자 이런 훌륭함도 갑자기 끝났다. 공원은 점차 야생으로 변했다. 산책로에는 잡초가 무성했고 관목은 멋대로 자랐으며 잔디밭은 돌보지 않아 파괴되었다. 마리엔탈 주민들은 이제 시간이 충분한데도 공원을 돌보는 이가 없었다. 사람들은 단순히 관심을 잃어버렸다. 이런 전반적인 참여 부족의 현상은 마리엔탈 구석구석에서 볼 수 있다. 동호회 활동은 대개 중단되었다. 그 고장의 노동자 도서관의 대출표를 조사하던 연구자들은, 대량 실업 사태 이전에 비해 도서 임대료도 오르지 않았고 이제 노동자들은 독서할 시간이 더 많아졌는데도, 공장 폐쇄 이후에 도서 대출이 반토막났음을 발견했다. 동료를 잃어버리고 다른 사회적 접촉이 급격히 줄어들면서 마리엔탈의 실업자들은 상대적 고립에 빠진 것이다. 사회적 삶은 대개 가까운 가족 관계로 축소되었다. 그리고 가정 안에서는 긴장이 증가했다.

연구자들은 특히 실업자들이 시간에 대해 갖는 느낌이 변했다는 사실에 주목했다. 그들은 공장에서 형성된 근무 시간과 휴식 시간, 근무일과 일요일, 의무와 기쁨 등의 교체 주기에 익숙해져 있었다. 하지만 실업자들은 지금까지 익숙해진 삶의 시간표를 빼앗겼다. 그 연구는 이렇게 보고한다. "일자리를 잃어버리고 외부 세계와 접촉이 없어지자 노동자들은 시간을 활용한다는 물질적이고 도덕적인 가능성을 잃어버렸다. 더 이상 서둘러 살아야 할 필요가 없어지자 그들은 아무것도 새로 시작하지 않았고 규칙적인 실존 방식에서 점차 벗어나 무질서와 공허에 빠졌다. 이렇게 직장에 매여 있지 않은 시기에 그들은 애써 추구해야 할 것이 무엇인지를 설명할 필요조차 느끼지 못했다."[8]

연구자들은 몇몇 실업자가 하루에 어떤 활동을 하는지 일과표를 작성해보았다. 그 결과는 게으름과 무감각의 기록이었다. 일어나면 다시 잠을 자고 그 사이에 밥을 먹는 것이 유일한 일과였다. 이 사이에 시간은 그냥 무심히 흘러가서, 언급할 만한 어떤 일도 일어나지 않았고 특별히 하는 일도 없었다. 시간이 끝없이 남는다는 느낌을 지닌 인간은 시간을 의미 있게 채워야 한다는 가능성을 완전히 잃어버린다. 그런데 시간에 대한 이런 병적인 체험은 오직 남성에게만 일어났다. 집안일을 해야 했던 여성은 돈이 없어 매우 아껴 써야 했고 계속해서 아이를 키워야 했다. 여성들은 비록 공장의 일자리가 없어져 수입은 없었지만 실직자가 되지는 않았다. 남성과 여성의 시간 체험이 이렇게 달라지자 많은 배우자들 사이에 새로운 긴장이 발생했다.

가난이 뒤덮어 미래의 전망이 보이지 않는 마리엔탈에서 특별히 고통받은 존재는 어린이였다. 연구자들은 이 실업자 마을 전체가 낙담하고 있다고 보았다. 그들은 특히 어린이와 청소년들이 전반적으로 이 낙담이라는 감정에 지배되고 있음을 알 수 있었다고 말

---

8   마리 야호다·한스 차이젤·파울 라차르스펠트, 『마리엔탈의 실업자들』, 83쪽.

한다. 그들은 당시 어린이들이 성탄절 선물로 무엇을 원하는지 알고
싶었다. 그리고 성탄절에 받고 싶은 희망 선물 목록을 발견했다. 그
런데 어린이 중 3분의 1이 그 선물 목록을 가정법으로 서술했다고
한다. "부모님께 돈이 있다면 저는 사진 앨범을 받고 싶어요." 또는
"우리 부모님이 일을 한다면 저는 붓과 책을 사주셨으면 좋겠어요."
그런 조심스러운 희망에도 마리엔탈의 어린이 100명 가운데 69명이
소원을 이루지 못했다. 성탄절 전야까지 희망을 잃지 않았던 아이들
도 성탄절이 지나자 현실 앞에 낙담하고 말았다.

　마리엔탈의 연구는 실업이 당사자와 가정에 다양한 고통을 의미
한다는 것을, 수입이 사라진 것 외에도 다양한 부정적 결과를 포함
한다는 것을 처음으로 보여주었다. 이 발견은 오늘날에도 여전히 유
효하다. 게다가 새로운 경험적 연구도 있다. 오늘날에도 일자리 상실
은 곧 재정적 위축을 뜻해서, 실업자들은 재정 문제로 고통받는다.
그리고 마리엔탈에서 볼 수 있듯이 사회복지 제도도 소용없게 된다.

　오늘날의 장기 실업자, 일 년 또는 그 이상 실업 상태인 사람들이
겪는 마음 상태는 세계 경제 위기 당시에 실업자들이 겪었던 마음
상태와 거의 다르지 않다. 그들은 미래를 향한 배짱과 창조력을 잃
어버린다. 그들은 사회적 관계에 끼지도 못한다. 시간 감각도 잃어버
려 하루하루가 그저 흘러갈 뿐이다. 오래된 취미나 정치에도 흥미
가 없어진다. 시간이 지나면 질병에도 쉽게 걸린다. 누가 일을 하는
지, 일을 한다면 어떤 일을 하는지에 따라 사회적 평판이 크게 달라

지는 이른바 '노동 사회Arbeitsgesellschaft'에서 그들은 쓸모없는 존재라고 느낀다. 그들은 이 사회에서 누구도 찾아주지 않고 아무런 쓸모가 없다는 느낌에 괴로워한다. 한 연구서 제목처럼 "노동 사회의 그늘 아래서im Schatten der Arbeitsgesellschaft" 그들은 괴로워한다. 그리고 그들이 살고 있는 그들의 나라와, 일자리가 있어서 노동 사회라는 배타적 동아리를 구성하는 사람들의 나라 사이에 건널 수 없는 거대한 계곡이 있다고 느낀다.

많은 경우 이렇게 노동 사회에서 배척된 느낌은 그저 느낌으로 끝나지 않는다. 실제로 장기 실업자가 정규직으로 복귀하는 일은 드물어진다. 그런데 지난 수십 년간 유럽에서 대량 실업 사태가 벌어지는 동안에 새로운 인식이 생겨났다. 경기를 유지하려면 경제계와 노동계에 사람이 더 줄어들어야 한다는 것이다.

노동 없는 노동 사회와 워킹푸어

독일계 미국인 철학자 한나 아렌트Hannah Arendt, 1906~1975는 1958년에 이미 비참한 미래를 예언했다. 그녀는 이렇게 썼다. "우리 앞에 있는 것은 노동이 사라진 노동 사회라는 전망이며, 이 사회의 유일한 활동이라고는 여전히 노동이 꼭 필요하다는 것을 아는 일뿐이다."[9] 완전 고용을 특징으로 하는 전후 경제 기적의 시대에 이런 테제는 거의 이해받지 못했다. 그러나 시간이 지나면서 아렌트의 생각이 옳았음이 점차 드러났다. 1970년대부터 독일과 다른 선진국들에서 공통 현상이 관찰된다. 바로 실업률이 경기 후퇴 국면에서 치솟았다가 경기 회복 국면에서 예전 수준으로 회복되지 않는다는 것이다. 이런 식으로 실업률은 언제나 견고할 뿐만 아니라 경기 사이클에 따라 계속 높아졌다. 그렇다면 이제 임금 노동이 실제로 종말을 맞은 것일까? 적지 않은 수의 사회학자들이 그렇다고 확신한다. 그들은 열정적으로 '노동의 종말Ende der Arbeit'이라는 테제를 지지한다. 그러나 또 많은 수의 경제학자가 '끝없는 노동Arbeit ohne Ende'이 있을 것이라고 주장하고, 그들의 확신도 덜하지 않다. 그렇다면 이제 우리는 사회학과 경제학이 동일한 경험적 방법론을 사용하면서도 전혀 다른, 서로를 배척하는 연구 결론에 이르는 과정에 의문을 품게 된다.

사실 지난 수십 년간 수많은 일자리가 사라졌다. 무엇보다 저숙련 노동 일자리, 곧 저임금 단순노동이 사라졌다. 물론 전문가와 학자들 처지도 비슷하다는 것을 부정할 수 없다. 특히 나이가 들면 노동 시장에서 일자리를 전혀 찾지 못하거나 자격이나 경력보다 훨씬 못한 곳에서 일을 찾아야 한다. 그러나 대부분의 장기 실업자가 자격증이 별로 없거나 아예 없다. 그들은 일찍이 학교 체계에서 벗어났기에 제대로 된 직업 교육을 받을 기회를 잡지 못한 사람들이다.

---

9   한나 아렌트, 「비타 악티바 또는 활동적 삶에 대하여 *Vita activa oder Vom tätigen Leben*」(뮌헨, 2003), 13쪽.

그렇게 된 이유는 무엇보다 경제 세계화 때문이다. 세계 경제의 교류를 가로막던 지난날의 자연적이고 문화적인 경계가 점차 허물어지면서 선진국, 신흥경제국, 저개발국 사이에 경쟁이 치열해졌다. 생산 과정이 단순하고 시간 소모적이며 노동 집약적인 제품은 선진국보다는 임금과 사회보장 비용이 훨씬 저렴한 개발도상국에서 생산되었다. 그 결과 풍요로운 나라에서는 저숙련 노동 시장이 급속히 파괴되었다.

그래서 많은 경제학자들이 선진국의 대량 실업 사태를 돌파할 해결책으로 임금 삭감과 노동자의 권리 축소를 제안한다. 하지만 그것은 악을 악으로, 이를테면 악마를 베엘제불[10]로 퇴치하는 것과 다르지 않다.

이런 식으로 사회 정책을 모범적으로 실행하는 국가는 미국이다. 지난 수년간 미국의 실업률은 실제로 유럽의 대륙 국가들보다 훨씬 낮았다. 그렇다고 미국에서 배척이, 특히 사회적 배척이 없었다고 할 수 있을까? 그렇지 않다.

조기에 학업을 중단하는 문제는 미국에도 있다. 게다가 유럽보다 훨씬 심각하다. 독일과 달리 미국의 학교 체계에서 수평적 차별화는 없다. 곧 학생들의 재능에 따라 학교 종류가 나누어지지 않고 모든 아동과 청소년이 동일한 학년에서 동일한 학기를 소화한다. 미국의

---

10 (옮긴이) 구약성경 「열왕기 하권」 1장에 바알 즈붑으로 나오는 신인데, 「마태오 복음서」 12장에서는 마귀의 우두머리 베엘제불로 묘사된다.

학교는 비슷한 재능을 지닌 학생에게 동질의 교육을 제공함으로써 매년 새로운 반을 편성한다. 그래서 이론적으로 미국 교육 체계는 진학률과 탄력성이 매우 높고, 개별 학생들의 학력과 개발을 지원할 수 있다고 한다. 하지만 실상은 유감스럽게도 그렇지 않다. 미국 고등학교에서 학생들의 30퍼센트가 매년 학업을 마치지 않고 학교를 떠난다. 게다가 미국은 고등학교에서 정식 교육을 받았더라도 어떤 정식 학위나 자격증을 주지 않는다.

이 문제는 그리 새로운 것도 아니다. 이미 존 F. 케네디^{John F. Kennedy} 대통령은 학교를 그만두는 학생의 숫자를 보고 이미 그 시대에 고등학교가 실패했다고 탄식했다. 하지만 40년 전 미국 노동 시장에서는 저숙련공에게도 기회가 있어서 산업체 어딘가에 어느 정도 정규 수입을 보장하는 자리를 찾을 수 있었다. 하지만 그사이 세상은 변했다. 오늘날에는 고등학교 졸업장을 가지고 기업체의 높은 요구에 부응할 수가 없다. 학교를 중도에 그만둔 사람은 노동 시장에서 거의 기회를 잡지 못한다. 그들에게는 '오래된 유럽'의 적절한 임금 수준만큼 수입을 보장받는 일자리를 얻을 전망이 거의 없다.

유럽보다 미국의 실업률이 낮은 것은 약간 기만적이다. 유럽에서 저숙련공은 거의 실업자 신세다. 이에 비해 미국의 저숙련공은 대부분 일자리가 있긴 하지만 최소한의 문화적 생존 한계선에서 살아야 하고, 이런 사람들의 무리가 거대해지고 있다. 사실 이런 워킹푸어가 언제나 존재함에도 미국은 '고용 기적'의 숫자가 날로 높아지고 있다고 자랑한다.

유럽에서도 1990년대에 이런 농담이 유행했다. 미국 민주당 선거 캠페인에서 클린턴 행정부가 정책적으로 일자리를 많이 창출했음을 칭찬하자, 한 유권자가 일어나서 이렇게 외쳤다고 한다. "예, 그래요, 나도 그 일자리 가운데 벌써 세 개나 얻었다고요."

풍자만화도 유행했다. 미국의 '일자리 기계'가 질 낮은 일자리만 생산하자 그 기계의 소유주가 거의 돈을 벌지 못한다는 내용이다. 미국에서는 사회 정책을 혁신함으로써 많은 사람들이 일자리를 얻은 것은 사실이지만, 수입이 좋지 못해서 직업 하나만으로는 실존을 보장할 수 없게 되었다. 사람들은 질 낮은 일도 해야 했다. 유럽 대부분의 나라처럼 미국도 사회적 지원에 기한이 있었기 때문이다. 만일 누군가가 2년이라는 기한 안에 새 일자리를 찾지 않으면 그는 재정 지원을 받을 수 없게 된다. 기본적으로 미국의 사회적 지원 수령 기한은 평생 5년 이하로 제한된다.

급여가 없는 사람을 위한 사회보장이 충분하지 않고 일자리를 빨리 재개해야 한다는 높은 압력 때문에, 미국의 실업률 5.7퍼센트 (2008년 7월)는 매우 주목할 만하면서도 걱정스럽다. 이해 당사자들이 참여하는 독일의 공개 토론을 보면 미국에는 무척 자유로운 노동 시장 덕분에 실업자가 없다는 주장을 듣곤 한다. 하지만 절대 그렇지 않다! 물론 이에 대해 갑론을박이 이어지겠지만, 이른바 미국 경제가 고전했던 '서브 프라임 위기' 이전에도 이미 미국 경제는 절대 그렇지 않았다. 우리는 통계를 정확히 보아야 한다. 통계에 따르면 독일의 실업률 7.7퍼센트(역시 2008년 7월)보다 미국 실업률이 낮다. 하지만 미국 노동 시장에 문제가 없다고 말하는 것은 정보가 퍽 결여되어 있거나 실제를 대강 덮어버리는 것이다. 결국 그렇게 현실을 가리고 만다.

미국 경제학자 레스터 서로는 자국에서 실업자와 워킹푸어의 숫자가 늘어나는 현상을, 카를 마르크스의 '룸펜 프롤레타리아트'라는 유명한 말로 폄하했다.[11] 카를 마르크스는 당시의 룸펜 프롤레타리아트를 잉여 집단이라고 경멸했을 뿐이다. 이른바 '룸펜'은 사회적으로 '가장 낮은 계급의 수동적 부패'이며 혁명에 기여할 수 없고 오히려 혁명을 방해할 세력이며 반동적 음모에 매수될 존재로 묘사했다. 그런 이유로 볼셰비키는 '자본가'뿐 아니라 '부랑자', '떠돌이' 등 사회적으로 의심스러운 사람도 모두 '반혁명 책동 세력'으로 배제했다. 마르크스주의자들은 전통적으로 가난한 사람 가운데서도 가장 가난한 사람들에 대해서 제한된 연민을 보여주었다. 그리스도인으로서 우리는 그런 자세를 받아들일 수는 없다.

유럽의 실업자들처럼 미국의 워킹푸어도 사회적 경계의 삶을 살아간다. 그들은 일을 하지만, 대개 직장이 있으면 따라오는 안정된

---

11 (옮긴이) 독일어 '룸펜Lumpen'은 명사로 쓰일 때는 '누더기, 쓰레기, 넝마, 걸레'를 뜻하고, 동사로lumpen 쓰일 때는 '빈들빈들 지내다, 유흥하다, 방탕하다'를 뜻한다. 카를 마르크스는 프롤레타리아트인데도 혁명 의식이 결여된 '룸펜 프롤레타리아트'가 반혁명 세력이라고 폄하했다.

수입이나 사회적 인정을 받지 못한다. 이 점에서 그들은 소득시민사회에서 배제된다.

하지만 이제 워킹푸어는 순수한 미국만의 현상이 아니다. 최근 독일에서도 저임금에 대해, 그리고 최저임금의 의미와 불합리에 대해 많은 논의가 있었다. 이를테면 건물 청소업체나 경비업체 또는 미장원이나 소매 정육점 같은 곳에 대해 수많은 보고가 있다. 그들은 풀타임으로 일하지만 생활에 맞는 소득을 올리려면 '실업급여Ⅱ'를 신청해야만 한다. 그래서 다양한 경제 분야에서 단체 협상이 시장경제의 임금 결정 원리를 지키지 않는다는 징후가 증가하고 있다. 이른바 지난 수십 년간 저임금 영역이 크게 증가했다.

사회적 퇴행과 배척을 극복하기

나는 여기서 다시 한번 분명히 밝힌다. 이런 추세가 노동자뿐 아니라 사회적 시장경제 전체를 위협하는 사회적 퇴행이라고 말이다. 워킹푸어 현상은 노동의 존엄성과 노동자의 존엄성을 훼손하고 우리 사회를 묶어주는 사회적 합의를 위협한다. 온전한 일자리가 있는 사람은 인간적 존엄함을 유지하는 삶을 살 수 있어야 한다. 그리스도교 사회학의 관점에서 보면 이런 원칙은 논란거리가 될 수 없다. 물론 우리는 시장의 원리를 아무렇게나 무시하지는 못한다.

20세기 가톨릭 사회학의 대가인 오스발트 폰 넬브로이닝은 이렇게 말했다. "개별적인 '신자유주의적 국가 경제의 이론가'들은 노동 시장을 다른 시장들과 동등하게 보며, 구속력 있는 시장의 원리에 종속시키는 경향이 있다. 아마도 이 점에서 '이런 종류의' 신자유주의와 가톨릭 사회론은 절대로 (단순한 사람들도 쉽게 알아챌 수 있을 만큼) '양립할 수 없음'이 선명히 드러난다.[12] 기본적으로 넬브로이닝에 따르면 인간 노동은 재화가 아니므로 노동 시장이라는 용어 자체가 어불성설이다. 인간 노동은 재화가 아니기 때문에 다른 재화처럼 시장에서 판매될 수 없다.

그러나 만인을 위한 최저 수익 달성이라는 목표를 논의할 때 우리는 시장의 원리에 주의해야 한다. 최저임금 외에도 다양한 고용 장려금^{Kombilöhn}과 이른바 '제3의 노동 시장'과 관련된 새로운 아이디어도 논의되고 있다.

여기서 나는 다시 한번 분명히 임금 협상에서 파트너십의 의미를 강조하고 싶다. 단체 협상은 스스로 필요성을 입증한다. 나는 협상 당사자들에게 상호 신뢰를 통해 타협함으로써 이 훌륭한 도구에 생명력을 불어넣어주길 간곡히 호소한다. 협상 상대의 일시적 약점을 최대한 이용하려고 시도한다면 단기적 계산으로는 이익을 얻을지 몰라도 공동선을 해치는 일이며, 중장기적으로는 결국 스스로를 해

---

12 오스발트 폰 넬브로이닝, 「자본주의와 공정 임금$^{Kapitalismus\ und\ gerechter\ Lohn}$」(프라이부르크, 1960), 79쪽 이하.

칠 것이다. 개별 협상 영역에서 10년 또는 그보다 더 오래된 임금 협약을 개정하려는 협상에 사용자가 준비도 하지 않고 협상에도 나오지 않는다고 호소하는 노동자의 소리가 울려 퍼진다. 사용자가 이런 식으로 한다면 국가가 법적 최저임금을 강제할 때 불평만 할 수는 없을 것이다.

경제적·정치적 그리고 사회적 활동에서 공동의 목표는 모든 형태의 사회적 배제를 극복하는 것이다. 이는 도덕적으로 요청될 뿐 아니라 만인의 경제적 이해이기도 하다. 그러므로 경제 체제와 복지사회에서 배제된 사람은 언젠가 정치 체제에서 설 자리를 잃을 것이며, 결국 선을 넘은 적대감을 공개적으로 표명하리라는 생각은 근거가 없다고 할 수 없다. 여기서 프랑스의 방리유 소요는 우리에게 경고하고 있다. 나와 성이 같은 카를 마르크스는 소유 관계가 사회의 모든 영역을 규정한다고 주장했지만, 그 주장은 틀렸다. 오히려 사회적 통합은 어느 정도 경제 체제에 참여함을 전제한다.

경제 참여를 보장하는 것이 더 이익이라는 계산하에 말하는 것이 아니다. 오히려 그리스도인으로서 나는 윤리적 계명, 다시 말해 '사회 정의'라는 계명을 보기 때문에 말한다. 사회 정의에 맞춰 사회를 운영하는 일은 장기적으로 볼 때 경제적으로도 현명한 일이라고 확신한다. 그렇다, 독일식 사회적 시장경제의 성공 역사가 좋은 예다. 지난 수십 년간 사회의 복지와 평화를 가져온 이 개념을 상실하게 된다면 우리는 폭력적 퇴행을 맞이할 것이다.

4
장

고대와 근대의 도적 떼

정의가 필요한 이유

정의란 무엇인가

최저임금, 학비, 가족수당, 경영진 보수, 실업급여, 세계화, 세제 개혁, 국제학업성취도 평가 등은 지난 몇 년간 사회정치 토론에서 자주 등장한 낱말이다. 한마디로 사회 정의가 중요 주제였다. 어떤 정치인도, 어떤 노동조합원도, 어떤 협회 관계자도, 어떤 이해단체 로비스트도 자신들의 정치적 주장이 정의를 증진한다고 말하지 않는 사람이 없다. 그러나 공적 토론에 참여하는 사람마다 정의를 다르게 이해하고 있고, 심지어 정반대로 이해하는 경우도 있다.

"일하는 것이야말로 정의다!"
"안정된 일자리를 위해 더 올바른 임금을!"
"사회 정의는 자본의 이해에 우선한다!"
"더 많은 자유를 통해 더 많은 정의를!"
"더 많은 연대를 통해 더 많은 정의를!"
"시장은 적게, 사회 정의는 많게!"
"더 많은 시장을 통하여 더 많은 사회 정의를!"

정치 선언문, 기자 회견문, 선거 운동 자료, 패널 토론, 인터뷰, 토크쇼 등에서 날마다 접하는 이런 말들은 때로 우리를 아주 어지럽게 만든다. 어느 날 이런 화려한 토론을 끝까지 지켜보던 관객이 이렇게 물었다. "나 참, 그 말이 어떻게 그런 뜻입니까?"

우리의 정치 토론 문화는 어느새 너무도 복잡하고 혼란스러워져서, 무엇이 정의이고 무엇이 불의인지 쉽게 이해할 수 없어진 것이 사실 아닌가? 트리어의 주교였던 나는 2006년 자르브뤼켄에서 열린 96번째 독일 전국 가톨릭 대회Katholikentag 준비를 책임져야 했다. 그때에도 많은 사람들이 이 점을 느끼고 있고 걱정도 하고 있음을 알수 있었다. 대회 표어는 "하느님 앞에서 정의"였고, 실질적인 해결책을 제시하고 기본 원칙을 보장하는 가운데 구체적인 실제를 분석할 기회가 있었다. 자르브뤼켄의 토론에서 나는 인간이라는 주제가 얼마나 중요한지 새삼 선명히 깨달을 수 있었다.

물론 정의 개념에 대해 다양한 질문을 할 수 있다. 한 사회가 실제로 정의롭거나 불의할 수 있을까? 정의란 개인의 도덕적 힘에서 발원하는 덕Tugend에 가까운 것일까? 한 개인이 세계화된 경제에서 성공하기 위해 이런 정의의 덕을 오늘날에도 발휘할 수 있을까? 아니면 의인이란 그저 있는 그대로를 솔직하게 말하는 일에만 신경 쓰는 바보 같은 사람일까? 정의란 조직될 수 있을까? 우리는 누구에게 정의의 책임을 지우며 또 지울 수 있을까? 다원화된 사회에서 정의의 공통된 이념을 출발점으로 삼을 수 있을까?

이런 질문들은 오늘날 실제로 정의 개념에 문제가 없지 않다는 것을 보여준다. 토론할 때마다 끈질기게 달라붙는 이런 질문들을 보면, 우리가 정의라는 개념을 쓸 때 역사적으로 퍽 달라진 동기와 행위에 근거를 두고 있다는 점이 잘 드러난다. 사실 현대인들은 형이상학적 개념에 근거해서 정의를 이해하는 데 어려움을 겪는다. 요즘 사람들은 권리와 정의가 최종적으로는 선과 진리의 의무를 다한다는 생각을 더는 당연하게 받아들이지 않는다. 정의란 인간 존엄성의 근거가 되는 형이상학적 개념을 언급할 때에만 등장하고, 그 밖에는 이 사회를 이끄는 개념이라고도 말하기 힘든 상황이다. 오히려 우리 공동체는 이해관계가 다른 집단을 세밀히 고려하여 상당히 평화적으로 체계적 대책을 만드는 일에 퍽 지쳐 있는 것 같다.

정의로운 사회? 이 말은 거의 이상향처럼 들린다. 하지만 나는 더욱 강한 확신을 지니고 있다. 한 개인이 윤리적으로 올바른 사람이 되려면 이웃을 대할 때 정의의 덕을 발휘해야 함은 물론이고, 공공 기관도 사회의 집단적 행위자로서 스스로를 표현하기에 그 행위에서 정의의 덕을 장려해야 한다.

우리의 통치자들은 "만인에 정의를" 실천하겠다고 취임 선서를 한다. 이런 선서는 개인적 관계에 국한되지 않고 공동체 전체와 관련되어야 한다. 그러므로 개인과 기관이라는 양자를 모두 고려할 때에만 정의로운 사회라는 목표를 추구할 수 있다. 정의란 개인적 덕목이요, 정당한 기관을 구성하는 원리다. 물론 이때 정의란 상대적 개념이다. 그러므로 정의로운 사회, 정의로운 질서, 정의로운 국가는 서로 유사한 개념이 된다. 구약성경의 다섯 번째 책인 신명기에서 모세는 이미 "너희는 정의, 오직 정의만 따라야 한다."(신명 16,20)라고 말했다. 이 말씀은 단순한 이해관계의 조정 이상을 의미하는 정의 개념이 이미 전제된다는 것을 의미한다.

정의라는 목표를 추구하려면 과연 무엇이 정의이고 무엇이 불의인지 묻는 질문에 기본적으로 합의해야 한다. 그리고 이 사회적 합의 과정에 참여하는 주체들은 도덕적 '기초 역량Grundwasserspiegel'이 충분해야 한다. 정의라는 목표에 헌신하는 정치적 틀도 필요하고 기관들 사이의 조정도 필요하다. 그런 기관은 단순히 도덕적 동기로 만들어질 수 없다. 왜냐하면 오직 도덕적 동기로는 지탱할 수 없기 때문이다. 그런 기관은 오히려 국민 다수결의 의사를 수용해야 한다.

그러므로 정의로운 사회란 대단히 복잡한 도전이다. 특히 기관을 설립하고 법률을 통해 정치적 틀을 만드는 사람에게는 더욱 그렇다. 그래서 오늘날에도 사람들은 정치적 정의를 포함하는 사회 정의에 대해서 말한다. 우리 신앙인들은 인간이 완전한 정의를 실현할 수 없다는 것을 알지만, 그럼에도 그리스도인이 책임지는 정당이나 정책은 정의라는 목표에 견주어 이루어져야 한다. 정의를 지향하지 않으면, 정치는 깊은 의미를 상실한다. 그래서 베네딕토 16세 교종은 그의 첫 회칙 『하느님은 사랑이십니다 Deus Caritas Est』에서 짧고도 분명하게 말했다. "정의는 모든 정치의 목표이며 내적 기준이다."

교부 아우구스티누스는 약 1600년 전에 이미 이 점을 잘 정리했다.

정의 없는 국가란 큰 도적 떼와 무엇이 다른가? 사실 도적 떼는 작은 국가와 다르지 않다. 사람들의 무리이고, 지도자의 명령을 따르고, 약속을 통해 공동체를 이루고, 확고한 합의에 의해 전리품을 나눈다. 사람들이 이런 악한 무리에 모여들어 수가 늘어나고, 결국 한 지역을 점령하여 거주지를 세우고 이웃 도시들을 정복하여 백성을 복속시키면 분명히 국가라는 이름을 취한다. 그러면 탐욕은 분명 사라지지 않을 테지만, 아무도 그들을 처벌하지는 못한다. 그래서 알렉산더 대왕에게 붙잡힌 해적이 대담한 말은 정확하고 진실했다. 대왕이 그에게 어떤 생각으로 바다를 불안하게 만들었느냐고 묻자 그는 대담하게도 이렇게 대답했다. '당신은 어떤 생각으로 이 땅을 불안하게 만들었습니까? 그렇습니다. 나는 작은 배를 몰기 때문에 도둑이라 불립니다. 하지만 당신은 큰 함대를 지휘하므로 황제라고 불립니다.'[1]

이런 생각에서 무엇을 알 수 있을까? 내게 '정의로운 사회'란 포기할 수 없는 실효적 정치 사상이라는 점이 분명하다. 그러나 오늘날 사회 정의라는 개념을 일반적으로 받아들일 수 있고 또한 풍부한 내용으로 사회적 합의를 이끌어내는 일이 어렵다는 것을 인정한다.

이제 나는 정치적 색깔을 고백하고, 내가 정의를 어떻게 이해하는지 그리고 왜 정의에 대한 사회적 합의를 찾을 수 있다고 믿는지 말

---

1 아우구스티누스, 「신국론 *De Civitate Dei*」 4권, 4장.

해야 할 것이다. 내가 성경에서 시작하는 것에 놀라는 사람은 없을 것이다. 그리스도인으로서, 신학자로서, 주교로서 당연하다. 성경은 내 믿음과 교회 믿음의 기초이기 때문이다.

정의는 모든 시대에 인간을 지배한 문제이므로 성경을 들여다보는 것은 비신자에게도 가치가 있다. 우리 문화는 완전히 그리스도교 서양 문화다. 불가지론에 기반한 인본주의자들도 그들의 인본주의가 유다-그리스도교 전통의 세속화된 가치와 다르지 않다는 점을 부정하지 못할 것이다. 물론 계몽주의 시대부터 인본주의적 철학은 신적 입법자에 의존하지 않는 길을 발전시켰다. 하지만 그들은 이 가치를 새롭게 고안한 것이 아니라 그리스도교 서양 문화에서 이 가치를 발견했거나 마주쳤던 것이다.

정의의 뿌리

그래서 정의의 대한 우리의 생각은 유다-그리스도교에 뿌리를 두고 있다. 성경을 한 장 넘길 때마다 정의 개념과 마주친다. 물론 정의에 대한 생각이나 개념은 다른 역사적 맥락에서도, 이를테면 고대 그리스 철학 등에서도 본다. 이미 플라톤^{Platon}과 아리스토텔레스는 "각자에게 각자의 것을$^{Suum\ cuique}$"이라는, 유명한 정의의 공식을 사용했다. 물론 고대 그리스에서 노예의 '각자의 것'과 자유 시민의 '각자의 것'은 달랐다.

성경의 출발점은 이와 퍽 다르다. 구약성경은 창조 이야기로 시작하는데, 하느님의 모상으로 남자와 여자를 창조하는 것이 이야기의 절정이다. 그래서 성경의 맨 처음부터 모든 사람이 자매요 형제인 인간의 가정이 눈에 들어온다. 그리고 생명은 하느님 사랑의 순수한 선물로 이해된다. 우리 인간은 생명 자체를 소유한다고 주장할 수 없다. 인간의 존엄성이란 신이 준 선물이므로, 우리는 상호 존중하고 인간 '각자의' 생명을 보호해야 할 의무가 있을 뿐이다. 하느님의 선물은 인간의 의무와 결합되어 있다. 이런 의미에서 모든 인간은 하느님 앞에 동등하다는 것이 정의라는 사상의 출발점이며 기준이다.

성경이 말하는 '정의를 위한 우선적 선택'은 역사를 통해 실제로 드러났다. 그러므로 여성 각자와 남성 각자는 하나의 인격으로서 양도할 수 없는 존엄성을 인정받아야 하고, 그에 상응하는 인간의 존엄성을 지닌 존재로 삶을 살 수 있어야 한다. 이런 목표를 설정하면, 이제 사회가 눈에 들어온다. 사회는 만인에게, 특히 가난하고 약한 사람들에게 인간 존엄적 삶을 가능하게 해줘야 한다.

성경은 하느님의 사랑을, 그분의 크신 정의를, 세상과 인간을 구하시는 활동을 이야기한다. 그리고 하느님의 이런 무상의 구원 활동에 대해 인간이 어떤 식으로 다양하게 응답했고, 어떤 응답을 할 수 있는지를 이야기한다. 성경은 인간의 위대함과 실수를, 의인과 죄인을 이야기한다.

성경에서 의롭다고 하는 사람은 하느님과 하느님의 사명, 곧 그분의 말씀을 신뢰하는 자이다. 이런 의인은 구약성경의 하느님 백성인 이스라엘의 역사 맨 처음에 등장한다. 그는 하느님 앞에 의로웠던 모든 의인들의 역사를 열어젖힌 인물이다. 그는 아브라함으로서 선조들 셋 가운데 한 사람이다. 구약성경의 첫 책인 창세기에 따르면 그의 나이 75세에 하느님은 그에게 큰일을 하라고 용기를 주셨다. 그는 고향을 떠나, 곧 모든 친족과 친구와 재산과 안전을 포기하고 낯선 땅으로 이주해야 했다. 하느님은 그에게 땅을 보여주실 것이라는 말씀 외에는 다른 말씀이 없었다. 그리고 하느님은 아브라함에게 믿기 힘든 것을 약속해주셨다. 아이 없이 늙은 아브라함은 죽기 전에 아이를 가질 희망이 없었는데, 그처럼 나이 많은 아내 사라에게서 예쁜 새 아이를 얻을 것이며, 그 후손이 하늘의 별과 같이 많아질 것이며, 약속한 땅을 차지할 것이라는 약속이었다.

아브라함은 하느님이 불가능한 일을 가능하게 하실 수 있음을 믿고 길을 떠났다. 이렇게 하느님의 가르침을 믿고 순종하는 것은 성경에 따르면 의로움으로 인정된다(창세 15,6).

성경의 이해에 따르면 의로운 삶, 곧 도덕적으로 사는 삶은 하느님 사랑의 행위에 대해 인간이 응답할 때 반드시 갖춰야 할 요소다. 하느님의 은총과 하느님의 계명은 하나다. 이 점은 구약성경에서 십계명을 주시는 장면의 서문에서 잘 볼 수 있다. 하느님은 계명을 주실 때 일종의 입법자로서 스스로를 소개하지 않으시고, 당신 백성을 해방하는 자로서 드러내신다. "나는 너를 이집트 땅, 종살이하던 집에서 이끌어 낸 주 너의 하느님이다."(신명 5,6).

이 논리는 오늘날까지 변하지 않았다. 그런데 오늘날 교회에 비판적인 사람은 반대로 생각한다. 그들은 교회가 '복음'을 '위협'으로 바꾸었고, 특히 성 윤리 영역에서 교회가 제시하는 계명과 금지 사항은 생명 현상에 어긋나고 쾌락을 죄악시하여 사람들을 위협한다고 주장한다. 하지만 이는 앞뒤를 바꿔 이해한 것이다. 성경의 계명은 인간의 생명이 번성하기를 원한다.

제2차 바티칸 공의회는 교회를 '성사Sacramentum'라고 한다. 왜냐하면 "교회는 곧 하느님과 이루는 깊은 결합과 온 인류가 이루는 일치의 표징이며 도구"[2]이기 때문이다. 그래서 교회는 인간이 서로 어떻게 관계 맺는지, 교회와 인간이 어떻게 살아가는지에 대해 무심할 수 없다. 하느님이 인간을 창조하실 때 인간 각자에게 양도할 수 없는 존엄성을 부여하셨다. 그러므로 인간의 생명은 모두 거룩하다. 모든 인간 생명의 성공과 행복은 각자에게 실현되어야 할 임무가 된다. 그래서 교회는 삶의 모든 영역에서 생명의 거룩함을 강조하고 수호해야 할 사명감을 느낀다.

물론 이는 교회의 윤리적 가르침과 사회적 가르침의 목표이기도 하다. 교회의 윤리적·사회적 가르침은 단순한 의무 목록에 머무르

---

2 제2차 바티칸 공의회, 「인류의 빛*Lumen Gentium*」(1964), 1항.

지 않는다. 오히려 그리스도 안에서 결정적으로 계시된 하느님의 사랑에 대해 그리스도인이 드리는 응답의 일부다. 나는 다양한 편지를 받는다. 가톨릭 주교로서 이라크 전쟁을 공개적으로 반대하고 사회 정의에 참여하는 활동에 대해 기뻐하는 편지도 받았고, 동시에 성 윤리, 특히 인간 배아 줄기세포 연구나 임신 중단 등에 대해 매우 '엄격하고', 한 번도 '대강대강 지나가지' 않았기에 탄식하는 편지도 받았다.

나의 동료인 미국의 주교들 역시 상반된 입장의 편지를 받는다. 그들은 낙태, 소모적인 배아 연구 그리고 '자유연애'를 심판한 것에 칭찬을 듣고, 이라크 전쟁과 사형을 반대한 것에 비판을 받는다. 그러나 대서양의 이쪽과 저쪽에서 주교들은 언제나 생명의 거룩함을 보호한다. 우리는 지역적으로나 시간적으로 국한된 다수결에 따라 현혹될 수 없다. 우리는 그리스도인으로서 그리고 주교로서 의무가 있다. "말씀을 선포하십시오. 기회가 좋든지 나쁘든지 꾸준히 계속하십시오. 끈기를 다하여 사람들을 가르치면서, 타이르고 꾸짖고 격려하십시오."(2티모 4,2).

구약성경의 정의와 예언자

구약성경에도 인간은 하느님의 정의를 거슬러 죄를 짓기도 하지만 동료 인간과의 인격적 만남이나 사회적 관계 안에서 죄를 짓기도 한다. 구약성경의 율법은 특히 가난한 사람에 대한 정의를 요구한다.

주 너희 하느님께서 너희에게 주시는 땅 어느 성에서 너희 동족 가운데 가난한 이가 있거든, 가난한 그 동족에게 매정한 마음을 품거나 인색하게 굴어서는 안 된다.(신명 15,7).

구약성경의 율법은 외국인을 향한 태도도 규정한다.

너희 땅에서 이방인이 너희와 함께 머무를 경우, 그를 억압해서는 안 된다. 너희와 함께 머무르는 이방인을 너희 본토인 가운데 한 사람처럼 여겨야 한다. 그를 너 자신처럼 사랑해야 한다. 너희도 이집트 땅에서 이방인이었다. 나는 주 너희 하느님이다.(레위 19,33-34).

이 말씀을 읽을 때 반드시 염두에 두어야 할 것은 구약성경의 율법이 오늘날 우리가 아는 복지사회에 주어진 것이 아니라는 점이다. 가난한 사람, 약한 사람, 이방인, 그리고 고통받는 사람을 도우라고 요청받은 사람들조차 당시에는 생존 자체가 어려운 처지였다. 이 사람들에게 누군가를 돕는다는 것은 오늘날 우리에게 익숙한 단순한 어떤 규칙 이상의 것이었다. 우리는 오늘날 자선 활동, 봉사 활동, 대림 시기 특별 헌금 또는 일반 사회의 구제 활동 등에 참여하거나 크리스마스 실을 구매하기도 한다. 이런 활동이 좋지 않다고 말할 사람은 없다.

그러나 근대 이전, 곧 모든 것이 부족하던 시대에 살던 사람들에게 남을 돕는 일이란 전혀 다른 의미였다. 그것은 내일 아침에 내가 먹을 것을 오늘 남에게 주는 일이었다. 고대에는 그렇게 사람들이 서로를 도왔다. 그래서 오늘날 이 부유한 사회에서 얼마나 많은 사람들이 곤경에 빠진 다른 사람들에게 눈길조차 주지 않고 오직 스스로를 그리고 자신의 웰빙만을 생각하는지 돌아보면, 약간 실망에 빠질 수밖에 없다. 베네딕토 16세 교종도 2007년 성탄절 강론에서 이런 비극적 관찰에 대해 말했다. "인간은 부유할수록 모든 것을 스스로 채우고, 가난할수록 타인에게로 걸어 들어갑니다." 그러므로 예수님이 구유에서 태어나신 것은, 우리 이웃과 온 세계에 존재하는 위기를 못 본 체하고 자기 배만 채운 복지사회를 향한 경고다. "여인숙에는 방이 없었습니다. 어떻게든 인간은 자신들 곁에 오시는 하느님을 기다렸습니다. 그러나 하느님께서 가까이 오시자, 그분에게 자리를 만들어드리지 못했습니다. 사람들은 자기 일에만 몰두했기에 모든 공간과 모든 시간을 자신을 위해서 바쁘게 써야 했습니다. 그래서 타인을 위해, 이웃을 위해, 가난한 사람을 위해 그리고 하느님을 위해 마련한 자리가 하나도 남아 있지 않았습니다."라고 베네딕토 교종은 말했다.

성경의 고유한 개념에 따르면 가난한 사람과 이방인을 돕는다는 것은 부차적인 계명도, 믿음이 깊은 사람이 특별히 자랑할 만한 부수적인 어떤 것도 아니다. 믿음과 정의는 하나다. 하느님 사랑과 이웃 사랑도 하나다. 정의롭지 않은데 믿음이 깊을 수 없으며, 이웃을 사랑하지 않고 하느님을 사랑할 수 없다. 해방하는 하느님의 사랑, 땅의 약속, 하느님의 정의로운 계명, 그리고 이웃과의 연대는 구약성경에서 서로 떨어질 수 없는 것이다. 구약성경의 가르침에 따르면 이런 의미에서 정의의 실천은 하느님 백성의 정의롭고 성공적인 삶을 위한 필수 불가결한 전제다. 하느님 백성 안에서 그리고 하느님 백성으로서 저마다 그렇게 믿고 그렇게 살아야 한다. 무엇보다 구약성경의 예언자들은 그들의 청중에게 때로는 극적인 용어를 써서, 이토록 정의를 향하지 않는다면 모든 믿음은 가치가 없고 하느님을 향한 의례는 쓸데없는 것임을 명심하라고 강조했다.

기원전 8세기 후반기 이스라엘에 외부 위협이 증가하던 시기에 예루살렘에서 가르쳤던 이사야 예언자는 신을 향한 의례와 제물을 바치는 데는 열심이지만 동시에 가난하고 약한 자를 억압하던 위선을 질타했다. 그런 이의 기도는 하느님께서 듣지 않으시며, 그들은 정의를 무시했기에 하느님을 거스른 것이다.

무엇하러 나에게 이 많은 제물을 바치느냐?—주님께서 말씀하신다.—
나는 이제 숫양의 번제물과 살진 짐승의 굳기름에는 물렸다. 황소와 어린 양과 숫염소의 피도 나는 싫다. 너희가 나의 얼굴을 보러 올 때 내 뜰을 짓밟으라고 누가 너희에게 시키더냐? 더 이상 헛된 제물을 가져오지 마라. 분향 연기도 나에게는 역겹다. 초하룻날과 안식일과 축제 소집 불의에 찬 축제 모임을 나는 견딜 수가 없다. 나의 영은 너희의 초하룻날 행사들과 너희의 축제들을 싫어한다. 그것들은 나에게 짐이 되어 짊어지기에 나는 지쳤다. 너희가 팔을 벌려 기도할지라도 나는 너희 앞에서 내 눈을 가려 버리리라. 너희가 기도를 아무리 많이 한다 할지라도 나는 들어 주지 않으리라. 너희의 손은 피로 가득하다. 너희 자신을 씻어 깨끗이 하여라. 내 눈앞에서 너희의 악한 행실들을 치워 버려라. 악행을 멈추고 선행을 배워라. 공정을 추구하고 억압받는 이를 보살펴라. 고아의 권리를 되찾아 주고 과부를 두둔해 주어라.(이사 1,11-17).

기성에 반대하고 당대의 부자와 권력자들을 겨냥한 예언자의 이런 뚜렷한 사회 비판을 보면, 구약성경의 가르침 가운데 무언가 혁명적인 것이 들어 있음을 확실히 알 수 있다. 이집트 같은 고대근동의 문명을 보면, 세속적 권력과 거룩한 곧 신적인 측면이 정치신학적으로 서로 긴밀히 엮여 있음을 알 수 있다. 권력을 지닌 파라오나 임금은 정의롭거나 불의할 수 있는 존재가 아니다. 그는 신적 계명의 육화이기에 정의 그 자체다.

하지만 이스라엘에서는 달랐다. 구약성경의 사람들은 하느님을 이 세계에 얽매이지 않은 분이라고 믿었다. 그분은 창조주요, 이 세상의 초월적 지배자였다. 그런데 그분은 정치에서 종교를 해방시켰고, 동시에 정치에서 신성은 거세되었다. 이 과정을 통해서 처음으로 사회 비판이 가능해졌다. 그리고 정의는 신학적 의미를 지니게 되었다. 하느님 자신이 정의의 보증인이 되셨다.

그러므로 고대 이스라엘에서 참된 예언자란 궁정의 공무원이 아니었다. 그들은 임금과 권력자의 말을 따라 하는 사람이 아니었다. 오히려 하느님과 더 높은 권리와 더 높은 정의에 의무감을 느끼는 사람들이었다. 그 결과 그들은 권력자들과 드물지 않게 충돌했고 공격을 받고 핍박을 받았다.

기원전 7세기~6세기의 전환기에 활약했던 예레미야 예언자가 특히 인상적인 예다. 그는 타협할 줄 모르던 강경파를 질타했다. 기원전 608년에서 598년까지 다스린 여호야킴 임금의 불의를 겨누어 신랄한 어조로 비판했고 그에게 하느님의 벌이 내려 비참한 종말을 맞게 될 것이라고 예언했다.

불행하여라, 불의로 제집을 짓고 부정으로 누각을 쌓는 자! 그는 제 이웃에게 거저 일을 시키고 아무런 품삯도 주지 않는다. "나 자신을 위해 넓은 집을 짓고 널찍한 방들이 딸린 누각도 쌓아야지." 하면서 그는 제집에 창문을 만들어 달고 향백나무 판자를 붙인 다음 붉은색을 칠한다. 네가 향백나무를 쓰는 일로 으스댄다 해서 임금 노릇을 하는 줄 아느냐? 네 아버지는 먹고 마시면서도 공정과 정의를 실천하지 않았느냐? 그러기에 그가 잘되었다. 가난하고 궁핍한 이의 송사를 들어주었기에 그가 잘된 것이다. 이야말로 나를 알아 모시는 일이 아니냐? 주님의 말씀이다. 그러나 너의 눈과 마음은 오로지 제 부정한 이익을 돌보고 무죄한 이의 피를 흘리며 억압과 폭력을 일삼는 일에나 쏠려 있다. 그러므로 주님께서 유다 임금 요시야의 아들 여호야킴을 두고 이렇게 말씀하신다. 아무도 그를 위하여 애곡하지 않으리라. "아이고, 나의 형제여! 아이고, 자매여!" 아무도 그를 위하여 애곡하지 않으리라. "아이고, 임금님! 아이고, 폐하!" 사람들은 노새를 묻듯 그를 묻으리라. 그를 끌어다가 예루살렘 성문 밖에 멀리 내던지리라.(예레 22,13-19).

썩은 시체를 파먹는 투자자들

오늘날 타인을 희생시켜 부를 축적하는 일에 전혀 가책을 느끼지 않는 사람들, 오히려 그런 일을 냉정하게 수행하는 사람들은 이제 임금의 궁전에 있지 않고 뉴욕과 런던 등 대도시 사무실에 존재한다. 고대근동의 독재자는 약탈전의 대상을 한 민족에 국한했지만, 이들은 전 세계를 대상으로 행패를 부린다. 고대 제왕들처럼 비싼 군대를 필요로 하지도 않는다. 그들은 랩톱 컴퓨터, 휴대폰 그리고 약간의 투자와 변호사 수임료에 쓰일 '푼돈'만 있으면 충분하다.

믿기 힘들지만 이런 일도 실제로 일어난다. 국제 사회의 여러 국가가 개발도상국의 부채 문제를 해결하기 위해 머리를 맞대는 동안 양심 없는 투기꾼들은 바로 이 부채를 겨냥한 사업을 벌인다. 이런 자금을 '벌처 펀드vulture fund'라고 하는데, 썩은 시체나 파먹는 '맹금류 펀드'요, 남을 등쳐 먹는 '사기 펀드'라는 뜻이니 참으로 이름이 적절하다. 어느 나라가 재정적 어려움에 처하면 헤지펀드 가운데 '벌처들'이 그 부채를 헐값에 구매한 다음, 복리 이자까지 쳐서 전액 상환을 요구하는 소송을 건다. 이런 사업은 부도덕한 만큼 단순하고 수익성이 있다.

이런 '투자 모델'을 발명한 사람은 뉴욕의 억만장자 폴 싱어Paul Singer다. 그가 운영하는 헤지펀드 엘리엇Elliot Associates은 1996년 2000만 달러 상당의 페루 국채를 약 1100만 달러에 사들인 다음, 복리 이자와 변호사 비용까지 포함하여 전액 상환을 요구하는 소송을 걸었다. 싱어의 전략은 주효했다. 그는 페루의 국외 자금을 법적으로 저당 잡거나 동결시키겠다고 위협했고, 국제기구가 페루의 부채를 재조정하는 협상을 저지하기 위해 소송을 걸거나 정치적 영향력을 행사하겠다고 윽박질러 성공했다. 채권자의 과반수가 채무 조정 프로그램을 받아들였음에도 불구하고, 엘리엇은 (본디 1100만 달러의 투자에 대해) 법정에서 5800만 달러를 획득했다.

이런 '사업 모델'은 수익성이 높아 모방하는 사람들이 많아졌다. 2007년 4월 런던 법원은 남아프리카에 위치한 잠비아로 하여금 미국의 '벌처 펀드'인 도니걸Donegal에 1700만 달러를 지급하라고 판결했다. 도니걸은 1500만 달러 상당의 잠비아 채권을 루마니아로부터

300만 달러라는 말도 안 되는 가격에 사들였다. 극심한 가난으로 찌든 이 아프리카 국가는 1979년에 농업 장비 구매의 일환으로 루마니아에 빚을 지게 되었는데, 당시에 즉시 상환을 연기했다. 1999년이 되어 이 '벌처'는 20년이나 지난 채권을 사들였고 5500만 달러를 상환하라고 요구했다. 당시 런던 법원의 재판장은 상환 가격을 1700만 달러로 깎아주었다. 왜냐하면 당시 도니걸이 잠비아의 칠루바Frederick Chiluba 대통령에게 '기부금' 100만 달러를 은밀히 찔러주어, 잠비아의 국채를 이른바 2차 시장에 팔 수 있게 승인하도록 한 사실이 법정에서 드러났기 때문이다.[3] 그럼에도 이 '벌처'는 550퍼센트 이상의 수익률을 얻었다.

이 경우에 특히 고약한 점은 잠비아가 세상에서 가장 가난한 나라에 속한다는 점이다. 잠비아 1200만 인구 가운데 64퍼센트의 하루 수입이 1달러를 밑돈다. 그래서 국제 채권단이 잠비아에 대규모 부채 탕감을 해줘도 잠비아는 도니걸에 1700만 달러를 지불해야 해서 사회 예산과 학교 예산을 대폭 삭감할 수밖에 없었다. 이는 건강관리 및 문맹 퇴치 프로그램이 급격히 저하되리라는 것을 의미한다. 잠비아 정부는 약 10만 명에게 공급해야 할 필수 의약품을 더 이상 조달하지 못한다. 이 나라는 세계에서 에이즈 감염율이 가장 높다. 이미 잠비아의 어린이 가운데 20퍼센트가 에이즈로 인한 고아다.

---

3 《프랑크푸르터 알게마이네 차이퉁》, 2007년 5월 21일자; 《슈피겔 온라인》, 2007년 4월 23일자 참조.

BBC 기자 그레그 팰러스트Greg Palast는 도니걸 창업자 마이클 시한Michael Sheehan을 인터뷰하면서, 가장 가난한 자의 위기를 이용해 사업하면서 양심의 가책을 느끼지 않았는지 물었다. 그러자 시한은 냉정하게 말했다. "내 탓이 아닙니다. 나는 그저 투자할 기회가 있었을 뿐입니다."[4]

매우 가난한 나라만이 당하는 일은 아니다. 독일의 보통 '소형 주택 건설업Häuslebauer'도 양심 없는 투기꾼들에 의해 이미 황폐해졌다. 미국 부동산업자들 때문에 어려움에 빠진 독일 은행들은 지난 몇 달 동안 수십 억에 이르는 이른바 '불량' 채권(대부분 헤지펀드)을 채권 매입자에게 매각했다.

대개 이런 투자자들은 장기 신용 관계에는 관심이 없고 가능한 한 빨리 현금을 만들고 싶어 한다. 그래서 토지를 담보로 돈을 빌린 고객이 몇 주 동안 실업 상태에 빠지거나 하면, 할부금을 한 번이나 두 번 연체했을 뿐인데도 담보로 잡힌 토지를 즉각 강제 처분하도록 집행했다. 제대로 된 대출마저 이런저런 애매한 구실로 해약되기 일쑤였다. 결국 멀쩡한 소형 주택 건설업자들은 배신당했고 팔려나갔다.

이런 불의로 울부짖는 소리를 들으면 주교로서 내 마음은 무겁고 스스로를 제어하기 어렵다. 나는 예레미야 예언자가 여호야킴 임금에게 예언했던 말씀이 오늘날 탐욕에 사로잡히고 양심 없는 투기꾼

---

4 http://news.bbc.co.uk/2/hi/programmes/newsnight/6362783.stm, 2007년 2월 14일자.

들의 운명이 되지 않기를 원한다. 하지만 나는 굳게 믿는다. 이런 '투자자들', 그들과 협력하는 은행인들, 그리고 권리를 보장하거나 침해하기 위해 일하는 변호사들은 장차 하느님 앞에서 자신들을 거쳐 간 불의를 반드시 설명해야만 할 것이다. 그리고 나는 그때가 되면 오늘날 법률 체계에 존재하는 허점을 핑계 댈 수 없을 것이라고 믿는다. 하느님의 계명에는 타인의 위기와 고통을 통해 부를 축적하는 사람들이 쏙 빠져나갈 수 있는 허점이 없다.

일단 나는 정의의 이름으로 '벌처 펀드'를 종식하라고 정치권에 강력히 호소하고 싶다. 물론 예레미야 시대처럼 문명 수단을 사용해야 할 것이다. 독일의 입법자들은 그동안 소형 주택 건설업자의 문제를 수용했다. 그래서 결국 정당한 신용 대출자를 더 잘 보호하기 위한 법률, 곧 '위험제한법Risikobegrenzungsgesetz'을 의결했다. 그런데 소비자 단체와 법률 전문가들 가운데 일부가 이 법률에 만족하지 않는 것 같다.

신약성경의 가르침

신약성경에도 정의의 문제는 매우 중요한 역할을 한다. 오늘날 투기꾼들에게 나는 예수님의 아래와 같은 권고를 보내드리고 싶다.

너희는 주의하여라. 모든 탐욕을 경계하여라. 아무리 부유하더라도 사람의 생명은 그의 재산에 달려 있지 않다.(루카 12,15).

이미 구약성경에서 하느님께 봉사하는 것은 이웃에 봉사하는 것과 하나라고 강조되었고, 예수님은 하느님 사랑과 이웃 사랑이 명백히 하나라고 말씀하심으로써 더욱더 강조하셨다.

'네 마음을 다하고 네 목숨을 다하고 네 정신을 다하여 주 너의 하느님을 사랑해야 한다.' 이것이 가장 크고 첫째가는 계명이다. 둘째도 이와 같다. '네 이웃을 너 자신처럼 사랑해야 한다.'는 것이다. 온 율법과 예언서의 정신이 이 두 계명에 달려 있다.(마태 22,37-40).

이 말씀은 매우 분명하다. 이웃 사랑은 그리스도인의 삶에서 액세서리가 아니다. 그것은 상황에 따라서 붙였다가 뗄 수 있는 장식품이 절대 될 수 없다. 오히려 이웃 사랑이 없으면 그리스도인이 될 수 없다!

그리스도인의 이해에 따르면 정의도 이웃 사랑의 관점에서 이해되어야 한다. 사랑에 대해 잘 표현한 말이 있다. 사랑은 정의의 '전망Sehbedingung'이자 '추진력treibende Kraft'이다.

예수님의 가르침 가운데 사회윤리적 측면이 돋보이는 본문이 신약성경의 산상 설교다. 산상 설교의 중심 주제는 '정의'와 '하느님 나라'다. 여기서 하느님의 자비, 사랑하시고 용서하시며 다가오시는 하느님, 하느님의 계명, 예수님이 제자들에게 요구했던 참된 정의가 분리되지 않고 모두 하나로 합쳐 있다. 예수님은 산상 설교에서 "행복하여라."라고 여러 번 말씀하신다.

행복하여라, 마음이 가난한 사람들!

하늘 나라가 그들의 것이다.

행복하여라, 슬퍼하는 사람들!

그들은 위로를 받을 것이다.

행복하여라, 온유한 사람들!

그들은 땅을 차지할 것이다.

행복하여라, 의로움에 주리고 목마른 사람들!

그들은 흡족해질 것이다.

행복하여라, 자비로운 사람들!

그들은 자비를 입을 것이다.

행복하여라, 마음이 깨끗한 사람들!

그들은 하느님을 볼 것이다.

행복하여라, 평화를 이루는 사람들!

그들은 하느님의 자녀라 불릴 것이다.

행복하여라, 의로움 때문에 박해를 받는 사람들!

하늘 나라가 그들의 것이다.

사람들이 나 때문에 너희를 모욕하고 박해하며,

너희를 거슬러 거짓으로 온갖 사악한 말을 하면, 너희는 행복하다!

기뻐하고 즐거워하여라. 너희가 하늘에서 받을 상이 크다.

사실 너희에 앞서 예언자들도 그렇게 박해를 받았다.(마태 5,3-12).

이렇게 "행복하여라."라는 말씀으로 하느님의 구원 약속을 인간에게 선포하신 예수님은 이어지는 말씀에서 이른바 여섯 가지 '반명제^{Antithese}'를 설명하시면서 제자들에게 '더 큰 정의'를 요구하신다. 예수님은 여기서 그 당시 율법학자들과 바리사이인들이 하던 구약성경의 율법적 해석을 거부하신다. 예수님에게 중요한 것은 율법의 문자가 아니라 하느님의 영이었기에, 그분은 사랑의 계명으로 풀이하셨다. 그러므로 그분은 그분을 통해 완전히 계시된 하느님의 사랑에 인간이 어떻게 응답할 수 있는지를 보여주신다. 곧 인간이 그리스도에게 어떤 응답을 드릴지를 보여주시는 것이다. 이런 예수님의 설교 지평에서 구약성경의 이웃 사랑의 계명은 신약성경의 원수 사랑의 계명으로 확장된다.

'네 이웃을 사랑해야 한다. 그리고 네 원수는 미워해야 한다.'고 이르신 말씀을 너희는 들었다. 그러나 나는 너희에게 말한다. 너희는 원수를 사랑하여라. 그리고 너희를 박해하는 자들을 위하여 기도하여라.(마태 5,43-44).

전체적으로 이런 원수 사랑의 계명, 산상 설교와 그 가르침 안에는 모든 그리스도인을 향한 (그리고 나와 같은 주교를 향한) 큰 도전이 숨어 있다. 그러나 교회 역사에서 모든 그리스도인이 언제나 그렇게 느낀 것은 아니다. 역사적 과정에서 산상 설교 메시지의 급진성을 완화하고 실천 가능하도록 만들려는 수많은 시도가 존재해왔다. 제2차 바티칸 공의회까지 가톨릭 전통에서는 산상 설교의 계명을 '복음의 권고'로 이해했고, 폐쇄된 수도원 안에서 하느님께 완전히 봉헌한 삶을 살 수 있는 수녀와 수사 등 소수의 '엘리트 그리스도인'만이 지킬 의무가 있다고 보았다.

개신교 전통에서도 산상 설교의 요구를 이렇게 상대화하려는 시도가 있었다. 루터는 이런 계명을 일종의 '죄의 거울'로 이해하여, 인간으로 하여금 자신의 불완전성을 볼 수 있도록 만든다고 이해했다. 산상 설교의 가르침은 최종적으로 완전히 채워질 수 없기에, 인간이 구원을 받으려며 하느님의 은총에 전적으로 매달려야 한다는 것이다.

오늘날 모든 교파의 신학자들은 이런 식으로 예수님의 메시지를 상대화하는 일은 허용할 수 없다고 동의한다. 산상 설교는 그 풍부한 내용을 축소해도 안 되고, 예수님이 설교했던 청중을 소수로 보아서도 안 된다. 그런 식으로 산상 설교를 우리에게 구속력이 없는 본문으로 격하하면 안 된다.

물론 한 개인이 인생에서 마주치는 모든 도전을 산상 설교에 따라 살 수 있을지, 그리고 정치 공동체 내부의 모든 삶을 산상 설교의 규칙에 따라 규정할 수 있을지 묻는 일은 정당하다. 하지만 예수님이 산상 설교를 통해서 어떤 정치적 제안을 하시려는 것도 아니었고, 이 세상의 모든 갈등을 잠재울 완성된 답안을 제시하려 한 것도 아니었다. 산상 설교와 이어지는 반명제가 제시하는 대조적 삶Kontrastbilder을 들여다보면 예수님이 이 세상의 증오와 폭력, 증오와 불의라는 실재를 잘 알고 있었음이 분명하다. 그분은 이런 실재 안으로 당신의 구원 메시지를 선포하려 하셨고, 인간이 하느님의 사랑에 빠지면 어떤 일들을 할 수 있는지를 보여주려고 하셨다.

그러므로 우리 그리스도인은 순진한 이상주의에 빠지지 말고, 오히려 모든 사회적 갈등에 대해 올바르고 준비된 대답을 지니고 있음을 믿어야 한다. 또한 우리는 선택의 여지도 없고 광범위하게 논의되는 '물질적 부족Sachnotwendigkeit'이라는 논거를 그냥 단순히 받아들이면 안 된다. 다시 말해 물질적 부족을 근거로 정치인들이 불의한 법률이나 전쟁을 주장할 때, 그것을 질문하지도 않고 비판도 없이 받아들여서는 안 된다. 또한 물질적 부족을 근거로 경제인들이 사회적 불공정을 용인할 때도 역시 아무런 질문이나 비판 없이 받아들이면 안 된다.

테러와의 전쟁과 탈원수脫怨讐

예를 들어 설명하면 이 말의 의미가 더 분명해질 것이다. 2001년 9월 11일 미국은 끔찍한 테러를 당해 3000명 이상이 죽었다. 이 테러를 시작으로 역사상 유례없는 연쇄 테러 사건이 이어졌고 오늘날에도 걱정과 놀라움이 확산되고 있다. 2002년에는 튀니지의 휴양지인 제르바섬과 인도네시아의 발리섬에서 잔인한 공격이 일어났고, 2003년에는 터키의 이스탄불에서, 2004년 마드리드와 2005년 런던과 2006년 뭄바이에서도 테러가 이어졌다.

이렇게 극도의 비인간적인 테러 앞에서, 과연 산상 설교와 원수를 사랑하라는 메시지가 어떤 역할을 할 수 있을까? 그럼에도 이 질문에 '예'라고 답해야 한다고 나는 믿는다. 우리의 자유민주주의 공동체의 인간적이고 문명적인 실체를 지키는 '테러와의 전쟁'을 굳건히 수행하려면, 반드시 산상 설교의 메시지가 역할을 '해야만 한다고' 굳건히 믿는다.

이미 언급했듯이 산상 설교는 정치적 제안을 담고 있지 않다. 오히려 가치와 기준을 담고 있다. 그 가치와 기준에 따라 우리는 평소 올바르게 행동하려면 어떻게 해야 하는지, 위기 상황에서는 어떻게 예외의 한계를 설정할 수 있는지 알 수 있다. 물론 원수 사랑의 계명 때문에 우리 정치 공동체가 방어전을 준비하지 못하거나 방어전 자체를 치르지 못하면 안 된다. 오히려 이 계명은 우리가 '어떻게' 곧 어떤 방법으로 방어할 것인지, 그 한계를 설정한다.

구체적으로 말하면 우리는 스스로를 방어하기 위해 테러리스트의 방법을 사용해서는 안 된다는 이야기다. 우리는 어떤 비인간적 괴물을 악마로 낙인찍고 그것을 적으로 선포하여, 미연에 방지해야 할 정도가 아니라 아예 뿌리를 뽑아버려야 한다는 식의 '적대적 이데올로기Feindideologie'에 빠져서는 안 된다. 우리의 목표는 '정의로운 평화'가 되어야 한다.『정의로운 평화Gerechter Friede』는 2000년 독일 주교회의 사목 서한의 제목이기도 하다.

더 분명하게 말하면 관타나모 수용소는 잘못되었다! 그것은 정치적으로도 잘못되었고 도덕적으로도 잘못되었다. 관타나모의 수용자들은 법적 인격으로 인정받지도 취급받지도 못해서 그들 인권은 광범위하게 파괴되었고, 특히 공정한 재판을 받을 권리를 보장받지 못했다. 그래서 모든 인간의 자유와 존엄성을 지켜야 한다는 이념이 파괴되었다. 게다가 그곳에서는 적대감이 더욱더 상승했다. 이 점이 치명적이다. 이는 산상 설교의 빛나는 메시지에 정면으로 반한다. 산상 설교의 메시지는 서로 더 많은 폭력을 사용하는 폭력의 상승 과정에 반대하고, 오늘의 원수를 절대적인 것으로 여기기보다는 오히려 적과의 갈등 관계를 소멸시키는 '탈원수Entfeindung'의 이상을 추구한다.

'탈원수'란 증오와 복수의 악순환을 통해 폭력과 대응 폭력이 점점 더 첨예하게 서로를 향해 상승하는 과정 자체를 끝내는 것을 말한다. 이는 폭력이라는 실체 자체를 무시하여, 어떤 공격도 하지 말아야 한다는 뜻이 아니다. 오히려 테러 공격을 자행하는 사람도 한 인간임을 언제나 잊지 말아야 한다는 쪽에 가깝다. 물론 오늘날 이런 태도를 지키는 일은 매우 어렵고, 나 자신도 열심히 노력하겠다고 말할 수밖에 없다. 하지만 이런 내면적 태도에 성공했다면 우리는 탈원수의 길에 첫발을 결정적으로 내딛는 것이며, 정의로운 평화의 길에 성공적으로 들어선 것이다.

이웃 사랑의 실천

그리스도인은 예수님처럼 이 세상의 암울한 현실 안에서, 이미 그리스도 안에서 시작된 하느님 나라의 다가오는 복된 소식을 선포해야 하고, 그 소식을 이웃 사랑의 행위 안에서 실천 가능하도록 만들어야 한다. 내가 늘 강조하듯 이 두 가지는 하나다. 예수님의 복음에 따르면 하느님 사랑은 인간 사랑 안에서 완성된다. 「마태오 복음서」 말미에서 예수님은 '최후의 심판'에 대해 설명하시며 스스로를 가난하고 권리를 박탈당한 사람과 동일시하신다. 그리고 최후의 심판관은 이웃 사랑의 실천을 기준으로 밀과 가라지, 의인과 사악한 자를 가를 것이다.

사람의 아들이 영광에 싸여 모든 천사와 함께 오면, 자기의 영광스러운 옥좌에 앉을 것이다. 그리고 모든 민족들이 사람의 아들 앞으로 모일 터인데, 그는 목자가 양과 염소를 가르듯이 그들을 가를 것이다. 그렇게 하여 양들은 자기 오른쪽에, 염소들은 왼쪽에 세울 것이다. 그때에 임금이 자기 오른쪽에 있는 이들에게 이렇게 말할 것이다. '내 아버지께 복을 받은 이들아, 와서, 세상 창조 때부터 너희를 위하여 준비된 나라를 차지하여라. 너희는 내가 굶주렸을 때에 먹을 것을 주었고, 내가 목말랐을 때에 마실 것을 주었으며, 내가 나그네였을 때에 따뜻이 맞아들였다. 또 내가 헐벗었을 때에 입을 것을 주었고, 내가 병들었을 때에 돌보아 주었으며, 내가 감옥에 있을 때에 찾아 주었다.' 그러면 그 의인들이 이렇게 말할 것이다. '주님, 저희가 언제 주님께서 굶주리신 것을 보고 먹을 것을 드렸고, 목마르신 것을 보고 마실 것을 드렸습니까? 언제 주님께서 나그네 되신 것을 보고 따뜻이 맞아들였고, 헐벗으신 것을 보고 입을 것을 드렸습니까? 언제 주님께서 병드시거나 감옥에 계신 것을 보고 찾아가 뵈었습니까?' 그러면 임금이 대답할 것이다. '내가 진실로 너희에게 말한다. 너희가 내 형제들인 이 가장 작은 이들 가운데 한 사람에게 해 준 것이 바로 나에게 해 준 것이다.'

그때에 임금은 왼쪽에 있는 자들에게도 이렇게 말할 것이다. '저주받은 자들아, 나에게서 떠나 악마와 그 부하들을 위하여 준비된 영원한 불속으로 들어가라. 너희는 내가 굶주렸을 때에 먹을 것을 주지 않았고, 내가 목말랐을 때에 마실 것을 주지 않았으며, 내가 나그네였을 때에 따뜻이 맞아들이지 않았다. 또 내가 헐벗었을 때에 입을 것을 주지 않았고, 내가 병들었을 때와 감옥에 있을 때에 돌보아 주지 않았다.' 그러면 그들도 이렇게 말할 것이다. '주님, 저희가 언제 주님께서 굶주리시거나 목마르시거나 나그네 되신 것을 보고, 또 헐벗으시거나 병드시거나 감옥에 계신 것을 보고 시중들지 않았다는 말씀입니까?' 그때에 임금이 대답할 것이다. '내가 진실로 너희에게 말한다. 너희가 이 가장 작은 이들 가운데 한 사람에게 해 주지 않은 것이 바로 나에게 해 주지 않은 것이다.' 이렇게 하여 그들은 영원한 벌을 받는 곳으로 가고 의인들은 영원한 생명을 누리는 곳으로 갈 것이다.(마태 25,31-46).

이 같은 예수님의 권고 말씀은 초대 그리스도교 공동체라는 비옥한 밭에 떨어졌다. 원수 사랑으로까지 발전하는 그리스도교의 이웃 사랑이라는 윤리성은 이교도로 둘러싸인 고대 환경에서 초대 교회를 가장 돋보이게 만드는 실질적 표식이었다. 가난한 사람을 돕고 가난한 사람에게 음식을 제공하고 병든 사람과 약한 사람을 지원하고 아이가 많은 가정을 돕는 실천은 초대 공동체의 핵심 특징이었고, 고대인들의 마음에 매우 깊은 인상을 심었다.

'식탁 봉사'를 하기 위해 일곱 봉사자를 뽑는 사도행전의 이야기(6,1-7)는 이미 초대 그리스도교에서 이웃 사랑을 실천하기 위해 자선Caritas을 제도화했음을 의미한다. 또한 이 이야기에서 자선이란 언제나 그리스도교적 삶의 특별한 형태임을 특별히 강조하는 의미도 있다. 자선은 모든 그리스도인의 과제이자 의무이다. 곧 개인이든 지역 공동체든 자선의 의무에서 벗어나지 못한다. 참된 믿음과 이웃 사랑의 봉사는, 특히 도움이 필요한 사람들에게 행하는 봉사는 서로 떨어지지 않고 결합되어 있다.

고대 교회: 일반 병원을 최초로 세우다

그리스도교적 이웃 사랑의 실천은 고대에 가장 우선된 선교 요소였다. 고대 후기 세계에서 통용되던 윤리에 따르면, 가족이나 친구가 아닌 사람은 도움이 필요한 사람을 보살필 의무가 없었다. 물론 이교도가 지배하던 고대에도 타인의 위기에 공감하는 내면의 동요는 존재했다. 그러나 이웃 사랑은 일반적으로 인정되는 덕목이 아니었고, 이런 덕목을 책임지는 제도도 존재하지 않았다.

초대 그리스도교의 교부인 테르툴리아누스Quinrus Septirnius Florens Tertullianus, 160?~200?는 가난에 빠진 이웃을 돕는 그리스도인의 관심이 이교도가 지배하는 세상에서 얼마나 놀라운 것이었는지를 보고한다.

환자 돌봄을 예로 들어보자. 고대 후기에는 병원이 없었다. 치료의 신들에 바친 몇몇 신전이 존재했고, 부유한 사람들을 수용하고 숙식을 제공하며 사제 의사가 치료해주는 곳이 존재했을 뿐이다. 그리고 큰 농장이나 로마군의 주둔지에는 노예나 병사를 위해 이른바 발레투디나리움Valetudinarium이라는 일종의 야전병원Lazarett이 존재했다. 하지만 이곳은 환자를 돌보는 이상과는 거리가 멀었고 순수한 실용적 이해만을 추구했다. 오직 노예들의 노동력 보존이나 병사들의 전투력 유지만을 위해 일했다. 발레투디나리움이 대도시의 일반 백성의 건강을 돌보았다는 증거는 아직 발견되지 않았다. 거대한 그리스도교 공동체가 출현한 다음에야 특별히 가난한 백성의 환자를 위해 설립되어 일반적으로 병자를 돌보는 병원이 처음 등장했다. 카이사리아의 주교였던 바실리우스Basilius von Caesarea, 329?~379?의 기록이 그 증거다.

  카이사리아의 주교로서 바실리우스의 재임 기간은 경제가 쇠퇴하여 물질적 빈곤이 모든 백성에게 극적으로 퍼져나가던 시기였다. 토지가 없는 일용직, 노예, 가난한 소작농, 육체노동자뿐 아니라 작은 가게를 운영하는 사람들과 일부 상류층마저 포함한 거대한 대중이 하루하루를 생존하기 위해서 싸웠고, 반대편에 거대 지주들이 흥청대며 화려하게 살았다. 그래서 교부로 추앙받는 바실리우스는 도움이 필요한 사람들을 물질적으로 지원하라고 부자들에게 강력히 요구했다. 그는 설교에서 하느님께서 지상의 재화를 모든 인간에게 주셨다고 강조했다. 그는 사유재산을 거부하지 않았지만, 소유주가 원하는 거의 모든 것을 할 수 있고 하게 만들 수도 있다는 로마법의 포괄적 사용권으로 해석하지 않았다. 오히려 바실리우스는 사유

재산이 창조주 하느님의 소유물이며, 신탁 관리를 위해 사람에게 맡겨진 '외국 재화'라고 말했다.

바실리우스에게 순수한 이론이란 것은 없었다. 바실리우스가 설교에서 하느님 재화의 나쁜 관리자라고 공격했을 때 누구를 의미하는지 그와 그의 공동체 구성원들은 잘 알고 있었다. 카이사리아에 기근이 닥쳤을 때 양심 없는 고리대금업자와 투기꾼들이 위기에 처한 백성에게서 큰 이익을 추구했던 것이다. 그들은 창고의 방출량을 서서히 줄여서 시간이 지날수록 값이 오르게 만들어 폭리를 취했다. 바실리우스는 그들에게 경고했다. "자, 어서 당신의 부를 관대히 나누시고 도움이 필요한 사람에게 기부를 아끼지 마시오. 그리하여 사람들이 '그는 널리 나누었고 가난한 사람에게 주었기에, 그의 정의는 영원하다'라고 말할 수 있게 하시오. 가격을 올림으로써 위기에 빠진 사람을 착취하지 마시오!" 그리고 그는 위에서 인용한 「마태오 복음서」 '최후의 심판'의 본래 의미 그대로 경고했다. 이웃 사랑을 실천하라는 계명을 따르지 않으면, 비록 다른 계명을 모두 지키더라도 구원을 상실한다고 말이다. "만일 당신이 듣지 않으면, 그 경고가 당신을 향해 이렇게 쓰여 있소. 나는 당신에게 호소합니다. 당신에게 이런 일이 일어나지 않게 하십시오. 더 나은 생각을 가지고, 당신의 재산이 당신의 몸값이 되도록 하시오. 그리하여 그 재화가 당신을 위해 준비되어 있는 천상의 재물로 당신을 인도하게 만드시오."[5]

우리가 아는 모든 지식에 따르면, 그들은 카이사리아 주교의 말씀을 들었다. 기근 시대에 그는 부자들의 마음과 곡식 창고를 여는 데 성공했다. 그에게 일어난 일은 물로 포도주를 만드는 그런 기적은 아니었다. 부유한 가정 출신인 바실리우스는 스스로 자신의 모든 재화를 가난한 사람을 돌보는 데 썼고, 스스로 무료 급식소Suppenküche에서 배급을 맡기도 했다. 그는 주교로서 노숙자, 병자, 이방인 그리고 나환자에게 피난처가 되어주는 '사회적 도시'를 최초로 건설했는데, 이를 '바실리아드Basiliad'라고 불렀다.

물론 솔직히 고백할 점도 있다. 교회 역사를 통해서 모든 그리스도인이 복음의 사회적 차원을 이렇게 예민하게 느낀 것도 아니고, 결코 모든 주교가 이런 마음을 갖고 있었던 것도 아니다. 하지만 이미 고대 후기에 수많은 그리스도인과 공동체가 고아와 과부를 도와주고, 가난한 사람과 병자를 돌보고, 노예와 포로의 몸값을 지불하고, 이방인에게 숙소를 제공하기 위해 큰돈을 썼다는 인상적인 기록이 많이 있다. 이미 3세기부터 주교가 재임했던 트리어의 역사를 보면 매 순간마다 그리스도교의 발자국을 느낄 수 있다. 그 점에서 나의 마음은 언제나 큰 존경심과 감사로 충만하다.

---

5 바실리우스, 「설교Homilie」, 6장.

중세 교회: 귀족을 통제하다

역사를 통해 교회는, 특히 중세 유럽에서 엄청난 부를 얻은 것이 사실이다. 또한 이 시대에 많은 주교들이 이 부를 통해 호사스럽게 살았고 평범한 사람들의 근심과 위기에 거의 관심을 기울이지 않았던 것도 사실이다. 그럼에도 중세 전반적으로 가난한 자와 병자를 돌보는 일을 떠맡고 그들을 위해 상당한 자원을 사용한 기관으로 교회가 유일했다는 것 역시 사실이다. 주교좌 성당과 수도원 부근에는 병원과 숙소가 지어졌다. 오직 가난한 자, 과부, 노약자, 순례자, 병자 그리고 나환자를 위해 수도 공동체를 설립하기도 했다.

교회는 이런 자선 단체를 설립하고 운영하는 데 국한하지 않고 도움이 필요한 사람들을 위해 구조적 개선책도 추구했다. 그래서 무장한 귀족이 무장하지 않은 평범한 백성을 공격하는 것을 막고자 교회의 특별한 노력이 있었다. 중세에는 무장한 귀족들이 사적 결투를 자주 벌였다. 그런데 사적 결투에서 상대를 꺾으려면 무장한 기사 스스로도 상당한 위험을 무릅써야 해서, 그들은 주로 상대 기사의 무장하지 않은 하인들을 괴롭혔다. 때로 농노의 가축을 빼앗거나 여성을 폭행하거나 살해하거나 방화를 저지르기도 했다. 결투 기사와 약탈 기사의 경계는 유동적이었고, 반복되는 폭력 행위에 큰 고통을 겪던 평범한 사람들은 그런 경계를 정확히 인식할 수 없었다.

이런 결투의 실제와 싸우기 위해 교회는 이른바 '하느님의 평화

운동Gottesfriedensbewegung'을 발전시켰다. 하느님의 평화는 귀족의 공격으로부터 성직자, 여성, 농부 그리고 가축을 보호하는 것이다. 하느님의 평화를 깨뜨리는 사람은 교회의 가혹한 처벌을 받아야 하고, 출교出敎될 수도 있었다. 그리고 주교들은 황제와 고위 귀족을 움직여 평화 민병대Friedens-Miliz를 창설하는 정책을 펼치도록 유도했다. 그것은 하위 귀족을 통제하여 하느님의 평화를 유지하려는 목적이었다. 하느님의 평화 운동은 폭력의 국가적 독점, 곧 근대 법률 국가로 발전하는 결정적이고 실질적인 계기가 되었다. 그리고 민족 국가의 출현에 실질적으로 기여한 이들은 16세기 신학자들과 교회법 학자들이었다. 그들은 권리와 정의의 개념을 세계화했다.

현대 교회: 사회 교리를 수립하다

그리스도교 교회의 이런 '정의 전통'을 아는 사람이라면 사회 정의에 대한 현대적 사고 역시 교회에서 시작되었다는 사실에 놀라지 않을 것이다. '사회 정의'라는 개념은 교회의 사회론을 기초한 인물 가운데 하나로 시칠리아의 예수회원인 루이지 타파렐리Luigi Taparelli가 1840년에 처음 사용했다. 경제와 사회가 혁명적으로 변화하던 시대에 타파렐리는 정의란 개인적 태도를 결정하는 윤리적 가치 범주일 뿐 아니라, 사회의 상태와 구조를 규정하는 범주임을 깨달았다. 개인뿐 아니라 사회도 정의롭거나 불의할 수 있다. 이런 인식을 표현하기 위해 타파렐리는 새로운 개념을 고안했다. 바로 그것이 '사회적' 정의였다.

19세기 초반기 사람들은 특히 노동 문제 같은 당대의 사회적 도전에 어떻게 대응해야 할지 거의 알지 못했고, 타파렐리의 사회 정의 개념도 당시에는 조금 모호했다. 타파렐리는 사회 정의란 "창조주께서 모든 인간에게 동일한 인간적 본성을 주셨듯이, 인권이 보편적으로 적용되는 가운데 모든 인간이 실질적으로 동등해져야 한다."라는 사회적·정치적 지도 원리라고 기술했다. 이런 정의는 별로 구체적이지 않지만 놀라운 것이며 성경의 전승과도 완전히 부합한다. 또한 여기서 타파렐리는 사회 정의라는 개념을 그리스도교 창조 신앙에서 이끌어낸 본성적 인권이라는 개념과 명백히 연결시킨다.

19세기 교회는 정치적 자유주의와 긴장 관계에 있었기에, 그들의 인권 개념과도 거리를 유지하고 있다는 점을 고려해보면 이는 참으로 놀라운 것이다. 타파렐리는 보통 인물이 아니라 가톨릭 사회론의 위대한 선구적 사상가 가운데 한 사람이다. 그는 로마의 교황청립 그레고리안 대학의 교수로서 당시 빈첸초 조아키노 페치Vincenzo Gioacchino Pecci라는 학생을 가르쳤다. 이분이 훗날 레오 13세 교종이 되고, 1891년 최초의 사회 회칙인 『새로운 사태Rerum Novarum』를 반포한다.

우리가 이미 너무도 잘 알고 있듯이 19세기에 교회와 자유주의의 관계는 복잡했다. 타파렐리의 사상도 이를 잘 보여준다. 물론 당시 교회의 정치적 자유권에 대한 개념은 아직 부족했다고 교회를 비난할 수도 있다. 그러나 동시에 인정할 점도 분명 존재한다. 사회적 기본권이라는 사상 면에서 교회는 선구자 역할을 했다. 물론 그 이면의 역사 과정에서 정치적 자유주의라는 사상은 뒤처졌지만.

19세기를 돌아보면 그리스도교 사회론 사상과 자유주의 사상 모두 진보적이었지만 다른 한편으로는 부족한 부분이 있었다고 인정할 만하다. 더 정확히 말하자면 양자 모두 일관성이 부족했다. 그리스도교 인간론이 정치사회 차원에서 어떤 논리적 결과를 낳는지, 그리고 그리스도교 인간론과 밀접히 결합한 계몽주의적 인간론이 정치사회 차원에서 어떤 논리적 결과를 낳는지 깊이 이해한다면, 정치적 자유권이라는 이상과 사회적 기본권이라는 이상이 결국 필연적으로 발생할 수밖에 없음을 알 것이다.

신학자 타파렐리는 인간 존엄성과 그것에서 발생한 인권 개념을 창조의 믿음, 곧 하느님의 모상으로 인간이 창조되었다는 성경의 믿음에서 이끌어낸다. 인간 생명의 거룩함에 대한 신학적 언술은 세속적 해석으로도 접근할 수 있다. 고전 철학의 선구자인 임마누엘 칸트에 따르면 자기의지를 자기가 결정할 수 있는 윤리적 주체인 인간의 본성에서 인간 존엄성과 인권이 발생한다. 이렇게 신학뿐 아니라 철학에서도 명확히 표현되는바 인간의 생명은 절대적이고 내적 가치를 지니며, 그렇기 때문에 인간의 운명은 각자 절대적으로 실제적이다. 이른바 전체 세계 역사의 맥락에서, 그리고 영원히 실제적으로 그러하다.

모든 인간이 각자 양도할 수 없는 존엄성을 갖는다는 이 사상은 또한 사회 정의가 기초하는 개념이기도 하다. 사회의 제도와 구조는 국가와 사회의 모든 구성원의 실존에 인간 존엄성이 실현 가능하도록 형성되어야 한다. 구체적으로 말하면 시공간을 초월해서 형성될 수 없다는 뜻이다. 사회적 문제는 19세기에 단 한 번 일어났던 역사적 현상이 아니며, 오히려 모든 사회와 역사는 각자의 사회적 문제를 지니고 있다. 그리고 각자는 언제나 사회 정의에 대한 문제를 안고 있고 우리는 언제나 사회적인 것을 새롭게 생각해야 한다.

타파렐리 이후 사회철학과 그리스도교 사회론에서 사회 정의에 대한 많은 사상이 제기되었다. 오늘날에는 이 주제를 다루는 책이 도서관을 가득 채우고도 남는다. 하지만 너무 많기만 한 것 같은 느낌도 든다. 실제로 사람들이 타파렐리의 시대처럼 오늘날에도 사회 정의를 그저 사회윤리학의 상위 지도 원리 정도로 이해하는 것일 수 있다. 그런데 사회 정의란 한 공동체의 존재 내부에서 충만하게 실현되어야 하는 전제 및 조건과 관련된다. 그 목적은 각자 개인이 공동체 안에서 스스로를 계발할 수 있게 만드는 것이다. 이 전제와 조건이 무엇이냐 하면 개념적으로는 다양한 '부분적 정의'로 표현된다. 그것은 사회 정의라는 광범위한 개념의 '하부 영역'으로 표현된다.

무엇보다도 시민의 기초 자유권을 보장해야 한다. 그리고 문화적으로 최소한의 삶과 존엄한 실존과 사회의 중심 활동에 참여할 수 있는 물질적 기초가 보장되어야 한다. 인간은 인간이라는 사실만으로 요구할 수 있는 특정한 권리가 있다. 이것을 '기초 정의 Grundgerechtigkeit' 또는 '필수 정의Bedarfsgerechtigkeit'라고 하며, 여기서 '참여 정의Beteiligungsgerechtigkeit'라는 개념도 언급되어야 한다. 물론 각자는 자신이 필요한 물질을 스스로 조달해야 하고, 참여 능력을 스스로 배양해야만 할 의무가 있다. 그렇게 하지 못하는 사람은 사회적 연대를 통해서 도움을 받아야 한다. 사회복지국가는 사회 정의의 계명이다.

사회 정의라는 광범위한 개념의 다른 하부 영역은 '능력의 정의 Leistungsgerechtigkeit'이다. 국가를 포함하여 누구도 개인이 근면과 창의력과 도전을 통해 얻은 이익을 빼앗으면 안 된다. 모든 참여자가 기본적으로 '이익'의 기회를 가져야 하며, 그가 실행한 과정이 공정하다면 경쟁이 낳은 성공의 결과는 일반적으로 수용되어야 한다. 완벽한 기회의 평등은 오히려 윤리적으로 수용할 수 있는 과정을 생산하기 어렵다. 무엇보다도 학교 등 교육 과정에 일반적으로 접근할 수 있는 기회가 보장되어야 한다. 그래야 불평등한 사회적 출발점을 최소한 부분적으로라도 고르게 만들 수 있다.

시장이 제대로 기능하고 어떤 권력 등에 좌지우지되지 않으면 시장은 경제 영역에서 공정한 과정을 고도로 보장한다. 시장에 제품을 제공하는 사람은 경쟁에 직면해야 하고, 소비자는 누가 어떤 물건을 어떤 가격에 살 것인지 그래서 누가 성공할 것인지 민주적으로 결정한다. 사회적 시장경제의 창시자 가운데 한 사람인 프란츠 뵘이 아주 옳게 지적했듯이 경쟁이야말로 "역사상 가장 위대하고 천재적인 탈권력의 도구"이다.

한편 시장에서 거래되지 않지만 인간 공동체의 삶에 매우 중요한 어떤 능력에 대해서 시장은 장님과도 같다. 가령 가정에서 어린이나 노인이나 병자를 돌봐야 하는 사람들을 생각해보자. 시장에서 임금을 받을 수 없는 이런 행위에 대해 연대 공동체에서 공평하게 부담하도록 조직하는 것은 '평등의 정의Ausgleichsgerechtigkeit'라는 계명에 속할 것이다. 이는 또한 한 사회의 미래를 위해 꼭 필요한, 건강한 인간 이해의 계명이기도 하다.

나는 정의에 대해 현재 진행형인 토론에서 몇몇 개념을 이렇게 언급함으로써 이제 이 장을 마치려 한다. 이 점에 흥미를 느끼고 더 알고 싶은 사람은 이 장에서 언급한 참고 문헌을 보기 바란다.

마지막으로 성 아우구스티누스의 한 문장으로 마무리하고 싶다.

"정의가 없으면 국가는 도적 떼와 다르지 않다.

5장

사회성을 재고하다

정의롭고 지속 가능한 개혁 정치를 향해

선진국의 끊임없는 가난

이런 속담이 있다. "변화의 바람이 불면 어떤 이는 벽을 세우지만 어떤 이는 풍차를 돌린다." 용기를 갖고 변화를 기회로 만들라는 격려의 뜻도 있지만 슬픈 현실을 묘사하는 말이기도 하다. 오늘날 변화란 모든 이에게 기회가 될 수 없다는 뜻도 되기 때문이다. 물론 오늘날 세계 경제의 변화를 타고 크게 성공한 승자도 있다. 하지만 변화의 바람을 온몸으로 맞아내야 하는 사람도 있다. 정치인과 대중매체는 이런 사람들을 '근대화의 패배자'라고 말한다. 이 책 3장에서 나는 이런 사람들에 대해 약간 기술했다. 그들은 장기 실업자, 저숙련 노동자, 병자, 약자 등으로, 다양한 이유로 오늘날 노동 세계의 요구에 부응하지 못하고 쉼 없이 돌아가는 경쟁의 소용돌이에서 밀려난 사람들이다. 이들이 높은 벽 뒤에서 또는 이 사회의 어떤 틈새에서 변화의 압력에 맞서 스스로를 가능한 한 오래 보호하고자 한다면, 아무도 이들을 비난할 수 없을 것이다.

2006년 말엽 독일에서는 이른바 '근대화의 패배자'에 대한 논쟁이 있었다. 그 출발점이 조금 호기심을 끈다. 누군가 '하층 계급'이라는 말을 공개적으로 퍼뜨리자 독일 연방공화국의 절반이 경악했다. 우리 안에 '하층 계급'이 존재해야 한다는 주장도 놀라웠지만, 한편으로 이런 끔찍한 현실을 조명하고자 이런 무례한 용어를 사용하는 일도 끔찍했다. 한 주일 내내 정치인과 대중매체는 고도로 발달한 복지사회 한복판에 존재하는 가난이라는 현상을 놓고 토론했다.

나는 이런 공개 토론의 발생 과정을 조금 놀랍게 지켜보았다. 실재를 직시하려면 이런 도발적인 언사가 꼭 필요했을까? 사실 지난 30년 동안 독일에서는 이 세계의 다른 선진국들처럼 대량 실업이 존재했고, 시간이 지남에 따라 구조적으로 지속되는 현상으로 고착되었다. 부유한 국가들에서도 가난이 끊임없이 확산되고 있음을 지적하는 빈곤 보고서가 다수 제출되었다. 청소년 보고서는 그동안 자라나는 세대 가운데 점점 더 많은 사람이 미래의 전망을 보고 있지 못함을 경고했다. 지난 몇 년 동안 사회학 연구자들은 불안정하고 불확실한 노동 조건 및 생활 조건이 증가하고 있음을 강조했다. 그리고 전문가들은 우리 사회에서 발생한 배척 과정이 사회에 어떤 결과를 가져올지를 경고했다.

나 자신도 1982년부터 상응하는 연구에 종사했다. 그해 밤베르크에서 독일 사회학 대회가 열렸는데, '노동 사회의 변화'가 주제였다. 이 대회에서 랄프 다렌도르프^{Ralf Dahrendorf}는 "노동 사회에서 노동이 사라질 때"라는 주제로 발표했다. 파더보른 대교구의 사회연구소로서 도르트문트에 위치한 콤멘데 소장이었던 나는 1989년부터 취직하는 데 어려움을 겪는 청소년들을 위한 취업 과정을 노동청과 공동으로 운영했다. 나는 이 주제와 이미 20년 이상을 함께했다. 당시에는 이 주제에 아무도 관심이 없었는데, 수십 년이 지나서 경솔하게 '하층 계급'이라는 말이 사람들을 자극했다. 정치적 올바름

Political Correctness, PC에 따라 용어를 사용해야 한다는 규칙을 깬 말이지만 이 경우에는 도움이 되었다. 왜냐하면 이 말 뒤에 놓인 사회적 위기에 공공이 눈길을 주는 계기가 만들어졌기 때문이다. 그리고 사람들은 학문적 용어이긴 하지만 별로 우호적이지 않은 또 하나의 용어를 금세 발견했다. 바로 '유보된 프레카리아트Prekariat'[1]였다. 사회학자들끼리 은어처럼 사용하는 이 용어는 힘겨운 삶의 조건을 이겨내야 하는 사람들을 묘사하는데, 이들의 상황은 그동안 변하지 않았다.

이제 이 문제를 짚는 정확한 용어가 등장한 것이다. 미디어 사회는 급변하기 마련이지만 유독 가난에 대한 토론은 가라앉을 줄 몰랐다. 가난이라는 주제는 대중의 인식과 토론에 자리를 잡은 것 같다. 독일 주교회의의 '사회와 공동체 문제 위원회' 의장을 맡고 있는 나의 입장에서 이 점은 기쁘다. 하지만 교회는 우리의 사회적 염려와 관심을 남성과 여성에게 전달하는 것이 어려웠고 지금도 그렇다.

가난에 대한 새로운 토론은 유행이 아니다. 또한 '전형적인 독일식typisch deutsch' 현상도 아니다. 다른 선진국에서도 비슷한 토론이 벌어졌다. 다른 나라에서도 '새로운 가난'의 이유와 해결책에 대해서

---

1 (옮긴이) 비정규직, 실업자, 노숙인 등 미래가 불확실하고 고용 조건이나 노동 조건이 불안정한precarious 사람과 프롤레타리아트proletariat를 합성한 신조어다. 일종의 새로운 노동 계층을 뜻하는데, 우리 나라의 '88만 원 세대'나 유럽의 '700유로 세대' 등이 여기에 속한다. 네이버 지식백과, 「프레카리아트」 참조.

논쟁했다. 전 세계적으로 가난을 극복하자는 목표를 깃발에 새긴 사회 운동이 새롭게 일어났다. 나는 이런 운동을 환영한다. 왜냐하면 교회 자체가 가난에 맞서 싸우는 가장 오래된 운동이었고, 현재에도 가장 큰 운동이며, 그럼으로써 교회는 힘을 얻기 때문이다.

가난을 토론하는 가운데 용어적 일탈과 교정이라는 과정을 거쳤지만, 이 토론에서 대중의 관심은 바로 우리 사회에서 가난이 결코 근절된 적이 없다는 데로 모였다. 이 점은 별로 놀랍지 않다. 가장 성공적으로 번영하여 세계적으로 경쟁자가 없었던 서구 시장경제의 '황금기'에도 선진국에는 가난이 있었다. 유럽에서 가난은 미국처럼 선명히 드러난 적이 없었던 것 같지만 사실 언제나 존재했다. 그럼에도 공공 토론, 매체, 정치에서 가난이라는 주제는 거의 논의되지 않았다.

앞서 언급했듯 일반적인 인식과 공공의 관심이 이렇게 변한 것은 내 입장에서 환영할 만하다. 그런데 이렇게 변한 이유가 무엇일까? 나는 그 이유가 가난이 우리 사회의 중심부에 가까이 접근했기 때문이라고 믿는다. 그전에도 사회적으로 보장된 중산층은 시골에 가면 장기 실업자와 사회복지 수혜자가 있다는 것을 알았지만 대개 그런 사람들은 소문으로만 접했다. 그러나 이제 상황이 변했다. 오늘날 이른바 '유복한 집단' 안에도 이따금 사회적으로 '추락한' 친척이나 지인이 있다. "요즘은 순식간이에요!"라는 말도 듣는다. 1년 동안 일자리가 없으면 곧장 실업급여(하르츠IV)를 받는다. 이 실업급여 대상자가 되면 지난 12개월의 수입을 최저 생활 수준으로 산정하여 휴가 수당과 크리스마스 보너스를 받는 집단으로 떨어진다.

세계화의 새로운 질문

2차 세계대전 이후 서유럽과 미국 등 선진국에서는 자국의 모든 사람이 훌륭한 삶을 누릴 수 있어야 한다는 일종의 사회적 합의가 있었다. 당시 서구 산업국가의 노동자들은 별다른 자격증이 없어도 안정된 임금을 받았다. 성공적이고 번영하는 국민 경제 시대를 살았고 일했기 때문이다. 경쟁 상대인 저개발국보다 더 좋은 기술을 보유했고 매우 훌륭한 교육을 받은 동료들과 함께했다. 높은 생산성으로 함께 획득한 결과를 모든 노동자가 누렸다. 하지만 이런 현상은 세계 경제가 강력히 세계화되면서 점차 사라졌다. 동시에 오늘날 노동 시장에 발생하는 압력은 이른바 '저숙련' 노동자에게만 그치지 않는다.

저명한 미국 경제학자이자 미국 대통령들의 경제정치 자문을 맡은 레스터 서로는 『자본주의의 미래 *The Future of Capitalism*』에서 이 점을 언급했다. "2차 세계대전 이후 성립한 사회 계약은 오늘날 효용성을 상실했다. 매년 상승하는 임금은 이제 자명하지 않다. 경기 상황에 따라 해고하는 일은 더 이상 일시적이지도 않고 산업 노동자에 국한되지도 않는다. 회사가 이익을 낳고 개인이 만족할 성과를 올리고 있는 한에서만 일자리가 보장된다는 점에서 관리직과 임원급도 자유롭지 못하다. 오늘날 이미 시작된 이 아름다운 신세계에도 아직 한평생 오직 하나의 고용주만을 위해 일하는 직원과 임원이 존재한다. 그러나 그 임직원들을 위해 보장된 것은 매우 적다. 노동이 낮은 임금으로만 가능하다면 기업은 언제나 더 싼 노동력만을 선택할 것이다. 미국에서 벌어진 일자리 붕괴가 그것의 시작이다. 이제 이 파도가 유럽으로 퍼져간다."[2]

하지만 서로가 이끌어낸 결론이 이런 문제에 대한 마지막 말이 될 수 없다고 생각한다. "미래 경제에서 제3세계의 기술을 지닌 노동자는 제3세계의 임금을 받게 될 것이다. 비록 우연히 그가 제1세계에 살고 있다고 해도 그렇다."[3]

우리가 앞에서 언급한 사회적 합의와 조용히 작별한다면 우리 사회는 인간적 실체와 사회 정의의 부분을 잃어버릴 것이다. 그뿐 아니라 전후 사회가 정치적으로 매우 안정적이어서 극우 및 극좌의 유혹에 큰 면역력을 발휘했다는 결정적 요소도 상실할 것이다. 우리는 '라인강의 자본주의Rheinischer Kapitalismus' 모델이 경제적으로 매우 성공적이었다는 사실을 잊으면 안 된다. 성장, 고용, 물가라는 세 마리

---

2   레스터 서로, 「자본주의의 미래*Die Zukunft des Kapitalismus*」, 우르젤 라잉켈 옮김(뒤셀도르프/베를린, 2000), 44쪽 이하.

3   레스터 서로, 「자본주의의 미래」, 104쪽.

토끼를 모두 잡는 데 성공한 이 모델은 세계에서도 오랫동안 모범적으로 평가되었다. 마이클 앨버트$^{Michel\ Albert}$는 1990년대에 쓴 『자본주의 대 자본주의$^{Catpitalism\ vs.\ Capitalism}$』에서 앵글로색슨 모델에 비해 라인강 모델의 장점을 강조했다.

하지만 오늘날 "그대로 계속하자!"라는 단순한 구호는 없다. 세계화 과정은 우리의 정치사와 경제사의 전환점이었다. 물론 그것은 하나의 새로운 기회이면서 의심할 여지 없이 위기였다. 이 위기를 무시하면 우리는 비싼 대가를 치를 것이다. 우리가 맞닥뜨린 새로운 사회적 질문이 의심할 여지 없이 19세기에 닥쳤던 사회적 질문과 비슷한 차원의 문제라고 나는 생각한다. 이 새로운 사회적 질문에 대한 답을 찾기 위해서 과거의 사회적 질문을 돌아보는 일이 나쁘지는 않을 것이다.

케텔러 주교의 재발견

19세기 사람들도 극적인 변화의 시대를 위협이자 동시에 기회로 체험했다. 당시에도 풍차를 돌리는 사람이 있었고 벽을 세우는 사람이 있었다. 낡은 봉건 질서와 길드 질서가 무너지고 경제 자유화와 산업화가 진전되자 과거의 확실한 것들은 사라졌다. 낡은 봉건 질서의 대지주 귀족과 달리 '새로운 부자'로 부상한 공장주들은 노동자들에게 사회적 책임이라는 가부장적 느낌을 느끼지 않았다. 무역의 자유화로 도시에서 길드가 사라졌고 전통적 사회 질서도 무너졌다.

당시에도 오늘날과 마찬가지로 이 발전에서 승자와 패자가 있었다. 어떤 시민은 새로운 경제적 자유를 누렸고 그중 일부는 엄청난 속도로 막대한 재산을 쌓았지만, 공장에서 일하는 수많은 노동자들은 극심한 노동 조건과 생활 조건에 고통받았다. 그리고 사람들은 과거의 낡은 사회에서 받았던 어떤 것도 이제는 보장받을 수 없음을 인식했다. 사회는 더욱 명백히 두 계급으로 갈라졌다. 경제적 가능성의 격차가 점차 심해졌을 뿐만 아니라, 관습적이고 윤리적인 문화와 정치적 확신도 서로 달라졌다.

사회의 이런 경제적 변화는 당시 사람들에겐 전례 없는 규모의 거대한 위협으로 경험되었다. 당시 '국가적 시장'은 마치 오늘날의 '세계적 시장'처럼 많은 이에게 공포의 대상이었다. 하지만 우리처럼 조상들도 눈과 귀를 가리고 세상을 살 수는 없었다. 낡은 사회 질서를 그저 애도하기만 한 것은 아니었다. 오히려 그들은 사회적인 것을 새롭게 생각해야 했다. 그리고 용기를 지니고 말과 행동으로 전진하는 사람들이 있었다.

이런 맥락에서 다시 한번 나의 형제이자 카를 마르크스의 동시대인으로서 이념적 적대자였던 빌헬름 엠마누엘 폰 케텔러 주교를 언급하고 싶다. 그는 이미 서문에 언급했듯 '노동자의 주교'이자 역사책에 사회 개혁가로 등장하는 인물이다.

케텔러 주교는 사회적 질문의 윤리적이고 정치적인 의미를 잘 알고 있었다. 카를 마르크스를 비판했듯 그는 당시 경제자유주의자들이 자유를 잘못 이해하고 있다고 비판했다. 케텔러는 초기 산업사회에 살던 노동자들의 가련한 조건을 눈여겨보았다. 그는 일용할 빵과 몸을 누일 작은 방을 어떻게 마련해야 할지 모르는 사람을 진정으로 자유롭다고 표현할 수는 없다고 강조했다. 물질적으로 고통받는 사람은 언론의 자유, 사상의 자유, 시위의 자유 등 정치적 자유권에 거의 관심을 기울이지 않는다. 이런 사실은 많은 경제자유주의자들의 역사에서는 유감스럽게도 자주 무시되었다. 그리고 정치적 극단주의자들은 이런 사실을 언제나 남용했다.

1869년 6월 25일에 케텔러는 오펜바흐 근처 리프프라우엔하이데에서 1만 명의 노동자를 앞에 두고 자신의 생각을 뚜렷이 밝히는 연설을 했다. "그리스도교 노동운동의 대헌장"으로 불리는 이 연설에서 그는 "노동자들에게는 거의 쓸모없고 돈의 권력이 사회적 인권을 짓밟을 수 있는, 이른바 헌법에서 보장하는 인권이 무슨 소용이 있는가?"라고 경고했다.[4]

1811년 성탄절에 태어난 케텔러는 베스트팔렌의 오래된 귀족의 후손으로 물질적 걱정을 전혀 하지 않았다. 그럼에도 그는 평범한 사람들의 위기에 공감하고 정의감이 무척 높았다. 정치에도 관심이 많

---

4 빌헬름 엠마누엘 폰 케텔러, 「케텔러 전집」 I, 2권, 418쪽.

았고 매우 격정적이었으며 동시에 신앙심이 깊은 사람이었다. 이런 복합적인 특성을 지닌 그가 사제가 된 것이다. 본디 케텔러는 법을 공부하여 프로이센의 국가공무원이 되려고 했다. 그런데 그의 일생을 뒤바꿔놓는 정치적 사건이 일어났다. 1837년 말엽 쾰른의 대주교였던 클레멘스 아우구스트Clemens August zu Droste-Vischering가 프로이센 정부에 체포되어 주교직을 박탈당하고 1년 반 동안 민덴 성에 감금된 것이다.

이 분쟁의 이유는 오늘날의 용어로 하면 '혼종혼인 문제Mischehenfrage'였다. 프로이센 국가는 부모의 교파가 다른 경우 아이는 아버지의 교파에 따라 양육되어야 한다는 포고령을 내렸다. 가톨릭교회는 이에 반발했다. 특히 전통적 가톨릭 지역인 라인란트 지방에서 반발이 강했다. 프로이센 심장부인 북부 출신의 '이주민' 개신교 병사와 공무원이 라인란트 지역의 가톨릭 여성들에게 자주 마음을 뺏기곤 했기 때문이다. 쾰른의 주교인 클레멘스 아우구스트는 이렇게 결혼한 사람들이 낳은 아이들을 가톨릭교회에서 세례받고 양육하지 못하게 막는 것을 받아들이지 않았고, 국가가 정치 사안과 교회 사안을 뒤섞어버렸다고 공개적으로 맞섰다. 그러자 곧 정부는 그를 '혁명을 책동했다'며 기소하고 감금해버렸다.

이 '쾰른 사건'은 독일 가톨릭 신자들 사이에 분노의 파도를 일으켰고 독일의 정치적 가톨리시즘이 탄생하는 신호탄이 되었다. 그리고 젊은 케텔러는 자신의 믿음과 교회와 교회의 대표자들을 존중하지 않는 국가의 공무원이 되고 싶지 않았다. 그는 신앙과 양심의 이유 때문에 프로이센의 공무원이 되는 길을 포기하고 뮌스터에서 신학 공부를 시작했다.

사제로서 첫 부임지는 뮌스터란트의 베쿰이었다. 케텔러 보좌신부는 그를 신뢰하는 사람들의 영혼의 구원뿐만 아니라 사회적 문제에도 관심을 두었다. 사회적 질문은 이 젊은 사제를 사로잡았다. 그리고 평생 그를 놓아주지 않았다.

케텔러 보좌신부는 특히 아동복지에 관심을 두었다. 우선 그는 시골에서 도시로 멀리 통학해야 하는 아이들을 보살폈다. 집이 멀어서 점심 시간에 집에 갈 수 없는 아이들이 따뜻하게 머물 수 있는 곳을 만들었고, 그 시간에 아이들 무리를 직접 지도했다. 베쿰시는 그의 활동을 기려 오늘날에도 그의 이름을 딴 직업학교가 있다.

'케텔러 학교' 홈페이지에는 젊은 보좌신부 케텔러의 수많은 일화가 기록돼 있다.[5] 그 가운데 하나만 보자. 어느 날 베쿰시의 길을 걷던 그는 울고 있는 아이와 마주쳤다. 아이는 배고파서 어떤 부유한 농부에게 빵을 나누어달라고 구걸을 했는데 거절당한 것이었다. 케텔러 신부는 이 말을 듣고 그 자리에서 곧장 부유한 농부의 집으로 갔다. 보좌신부를 본 농부는 반갑게 인사하고 그에게 자리를 내주고 먹을 것과 마실 것을 내왔다. 케텔러는 감사하지만 받을 수 없다

---

5 http://www.kettelerschule.de/Ketteler/Kettelerseite.htm. 이 학교는 2018년 말에 통폐합된 것으로 보이고, 해당 홈페이지는 더 이상 작동하지 않는다(옮긴이).

고 말하며, 대신 작은 빵 한 덩어리를 청했다. 농부는 의아한 눈길로 빵을 주었다. 그는 감사하다고 말하고 방금 일어난 일을 말해주며 이렇게 말했다. "당신은 내가 보좌신부이고 남작^{Freiherr} 신분이기에 나를 공경했을 것이오. 하지만 이 작은 빵은 나보다 훨씬 높은 신분의 손님, 곧 가난한 아이를 위한 것이오. 그래서 그리스도께서는 '너희가 내 형제들인 이 가장 작은 이들 가운데 한 사람에게 해준 것이 바로 나에게 해준 것이다.'라고 말씀하신 것입니다."

케텔러는 베쿰에서 보좌신부로 2년 정도 일했지만, 이 시기에 상당히 많은 돈을 모아서 시에 병원을 세우도록 만들었다. 병원이 문을 열 때 그는 라인강 부근의 홉스텐이라는 시골로 발령이 났다. 본당의 첫 주임신부가 된 그는 거기서도 시골 사람들이 대부분 매우 가난한 상황을 보고 고난과 불행에 맞서 싸웠다. 곧 그는 '농부의 사목자'라는 호칭을 얻었다. 그는 스스로 지상 생애 동안 완전한 축복 속에 살아갈 수 있는 새로운 과제를 얻었다고 말했다. 하지만 시골 신부의 조용한 삶에서 그를 내쫓는 정치적 사건이 일어났다.

1848년 유럽에 혁명이 일어난 것이다. 영국과 러시아를 제외하고 유럽의 큰 국가들은 모두 낡아빠진 정치 구조를 방어하기 위해 바리케이드를 쳤다. 독일에서도 대중 시위가 벌어졌다. 그들은 정치 참여권, 자유 보장, 사회 개혁 그리고 수십 개의 작은 나라로 찢긴 독일 국가의 일치를 요구했다. 결국 프랑크푸르트의 성 바오로 성당에서 독일 통일의 헌법을 결정하는 국민회의가 소집되었다. 빌헬름 엠마누엘 폰 케텔러는 585명의 대표자들 가운데 한 사람이었다.

1848년 9월 국민회의가 공격당하고 대표 두 사람이 잔인하게 살해당하자 케텔러는 그들의 장례식을 치러주었다. 이로써 그는 독일 전역에 알려졌다. 하룻밤 만에 베스트팔렌 지방의 '농부의 사목자'가 전국적으로 유명인이 된 것이다. 그는 같은 해 10월에 마인츠에서 열린 제1회 독일 가톨릭 대회에 참석하여 대중의 사회적 고통을 신랄하게 고발했다. 1848년 대림절에 그는 마인츠 주교좌 성당에서 강론을 여섯 번 했는데, 강론의 중심 주제는 당연히 사회적 질문이었다.

1849년 케렐러는 베를린 성 헤드비히 성당의 수석 사제로 임명되었다. 반년 후 비오 9세 교종은 그를 마인츠의 주교로 임명했다. 그는 이제 주교로서 독일 가톨릭교회의 사회적 양심을 상징하는 인물이 되었다. 하지만 여기에 그치지 않았다. 특히 노동자를 위한 의료보험, 사고보험, 연금보험을 정치사회 법안으로 도입한 독일 최초의 제국 수상인 비스마르크는 케텔러가 사망하자 "그가 없었다면 우리는 이렇게 멀리 오지 못했을 것"이라고 애도했다. 케텔러의 활동과 저술은 독일 바깥에도 알려졌다. 그의 활동은 최초의 교황청 사회 회칙인 『새로운 사태』에 중요한 영감을 제공했다.

케텔러야말로 사회적 질문을 다룬 최초의 교회 지도자라는 주장을 자주 접하는데, 사실 그가 최초는 아니다. 그에 앞서 이미 프랑스의 주교들, 곧 구스타브 드 크로이Gustave de Croy, 루이 드 벨마Louis de

Belmas 그리고 피에르 지로^{Pierre Giraud} 등이 활약했다. 지로 추기경은 1845년 『노동법^{La loi du travail}』 이라는 광범위한 사목 서한을 발표하여 노동력 착취를 날카롭게 비판했다.

그러나 19세기 주교들 가운데 마인츠의 케텔러 주교만큼 집중해서 깊이 있고 폭넓게 사회적 질문을 분석하고 정치적으로 해결하려 한 사람은 없었다. 그래서 그는 여전히 오늘날 나의 모범이요, 전체 교회가 따라야 할 모범이다. 베네딕토 16세 교종은 2005년 반포한 회칙 『하느님은 사랑이십니다』에서 케텔러를 가톨릭교회 사회론의 가장 중요한 개척자로 칭송했다.

실제로 케텔러 주교는 한평생 정의를 추구한 인물로 평가받을 수 있다. 그의 시대에 일어난 일은 오늘날 우리에게 일어나는 일과도 비슷하다. 케텔러가 산업화 과정에서 일어나는 불의를 인식했듯 우리는 오늘날 세계화와 연관된 사회적 문제를 본다. 케텔러가 인간 존엄성의 이름으로 당시에 벌어지던 사회적 불공정에 항의했듯 우리는 몇몇 소수의 양심 없는 끝없는 탐욕과 광범위한 착취를 고발하며 목소리를 높인다. 케텔러가 사회 정의의 변호자였듯 우리도 오늘날 경제적·사회적 대변화의 바퀴에 깔려 죽어가는 사람을 변호할 것이다.

하지만 이렇게 변호하는 가운데 케텔러는 어려움을 겪었고 우리도 오늘날 같은 어려움을 인식한다. 이는 불의를 인식하고 공개적으로 비판하는 일에서 끝나지 않음을 뜻한다. 오히려 우리는 어떻게 개선할지, 어떻게 더 정의롭게 만들지에 대해 말해야 한다. 이는 사회적 차원에서는 절대 간단한 문제가 아니다. 케텔러는 초창기부터 19세기 임금 노동자의 착취가 극단적으로 불의하다는 점을 잘 알고 있었다. 그런데도 그는 스스로 생애 내내 어떻게 더 정의로운 사회와 경제적 구조를 만들어낼 것인지를 물었다.

초창기에, 이를테면 1848년 대림절 강론에서 그는 오직 그리스도교의 이웃 사랑과 그에 기반한 그리스도교적 소유권 개념, 곧 카이사리아의 바실리우스가 말했던 것으로도 사회적 질문에 답할 수 있다고 주장했다.

케텔러는 노동자 착취를 멈추고 노동자들과 경제적 성과를 함께 나누자고 부자들의 양심에 호소했다. 하지만 도덕적 호소만으로는 아무것도 할 수 없음을 바로 깨달았다. 그래서 그는 사회적 질문에 대해 구조적이면서 정치적인 해답을 곰곰이 생각했다.

이따금 그는 당대의 사회 개혁가들이 선호하던 조합 모델을 따랐다. 노동자들이 자체 운영하는 생산 공동체에서 일하면 새로운 기술적 가능성에 희생되기보다는 이익을 얻을 수 있을 것이라 보았다. 케텔러는 이런 자치적 자조自助의 생각에 따라 행동했고, 생산조합의 실험을 확산하고자 꽤 많은 돈을 준비했다. 이 문제를 상의하고 조언을 얻기 위해 그는 사회주의자 페르디난트 라살레Ferdinand Lassalle에게 익명으로 편지를 보냈다. 이 사건이 공개되어 가톨릭 주교가 사회주의자에게 조언을 청했다고 소문이 난다면, 그것은 당시 전대미문의 스캔들이 될 것이었다.

하지만 곧 생산협회라는 개념이 노동자들의 사회적 어려움을 극복하는 데 적합하지 않다는 점이 드러났다. 1860년대 말엽에 케텔러는 교회나 어떤 사회적 세력도 사회적 질문에 홀로 답할 수 없다는 확신에 이르렀다. 그래서 국가가 꼭 입법권을 행사해야 한다고 생각했다. 이런 깨달음은 당시 가톨릭 주교로서는 혁명적이었다. 19세기까지 교회는 자선 활동을 독점했고, 노동 문제와 직면해서 교회의 지도부는 이런 독점을 포기할 준비가 되어 있지 않았다. 하지만 케텔러는 시대의 징표를 깨달았고 독일의 다른 많은 주교들과 전체 유럽의 주교들을 정치적 사회 개혁 프로그램에 동참하도록 했다. 그는 노동보호법과 국가의 사회적 정치 개입을 광범위하게 주장했고 옹호했다. 그에게 사회 정의는 하나의 도덕적 생각이 아니라 정부가 스스로 헌정한 정치적 과제이기도 했다.

사회 정의라는 생각과 사회 개혁이라는 개념에서 케텔러는 동시대를 살았던 카를 마르크스의 정치적 기획과 극단적으로 맞섰다. 마르크스는 개혁이 아니라 혁명을 제안했다. 사회 정의를 요구하는 일은 마르크스가 가장 멸시한 '통속적 사회주의Vulgärsozialismus'의 공허한 표어에 불과했다.

1875년 독일 사회주의 세력이 고타에서 통일정당을 결성했다. 그들은 여러 면에서 공산주의적 혁명 세력과는 전혀 다른 사회민주주의 개혁 세력의 새로운 정당 강령을 관철시켰다. 그러자 런던에서 망명 생활을 하던 카를 마르크스가 지독한 분노를 쏟아냈다. 그는 노동 소득을 공평하게 분배하자는 요구에 대해 "낡아빠진 말의 쓰레기 더미veralteten Phrasenkram"라고 묘사하고, "공정한 임금"이라는 표어는 내용도 없고 의미도 없다고 폄하했다. 마르크스는 "노동자가 더 좋은 임금을 받든 더 나쁜 임금을 받든 [...] 임금 노동 체계는 노예의 체계"라고 말했다.[6]

고타 강령은 혁명 사상에서 교묘하게 일탈하여 개혁 사상을 향하고 있어서 마르크스에게는 죽도 밥도 아닌 것이었다. "자본주의 사회와 사회주의 사회 사이에는 한 사회에서 다른 사회로 이행하는 혁명적 이행 시기가 존재한다. 그것은 정치적 과도기에 상응하며, 그 시기의 국가는 '프롤레타리아트의 혁명적 독재' 외에 다른 것이 될 수 없다. 이제 이 강령은 공산주의 사회의 마지막 형태도 아니고 미래의 국가 존재도 아니다. 이 정치적 요구가 담고 있는 것은, 이 세상에 널리 알려진 민주주의로서 지루하게 반복하는 기도문과 다르지 않다."[7]

케텔러와 달리 마르크스는 자본주의와 공산주의 사이에 '제3의 길'이 가능하다고 보지 않았다. 『공산당 선언』의 저자인 마르크스가 오늘날 그의 견해를 공유하는 사람이 누구인지[8] 본다면 아마 놀

---

6   카를 마르크스·프리드리히 엥겔스, MEW 19권, 26쪽.

7   카를 마르크스·프리드리히 엥겔스, MEW 19권, 28쪽 이하.

8   (옮긴이) 곧 제3의 길이 불가능하다고 주장하는 사람을 가리킨다.

라서 그의 눈을 비빌 것이다. 공산주의 노선에서 아직 일탈하지 않은 작은 무리도 그렇게 생각하지만, 그 밖에는 사회복지국가, 임차인보호법, 소비자보호법, 노동권 등을 허물고 싶어 하는 시장 극단주의적 경제 지도자들도 그렇게 생각한다. 그들은 순수한 시장자유의 원칙을 깨뜨리며 시장을 공격한다. 그들은 더 이상 정의를 부르짖지도 않으며 무조건 이윤을 추구해야 한다고 설교한다. 오늘날 독일의 경제지들도 '탐욕의 찬미가'를 부른다. 이런 이데올로기의 특히 흉악스러운 파생물이 '벌처 펀드'임은 앞에서 이미 언급했다.

이미 첫 장에서 밝혔듯이 나는 그리스도인으로서 이런 생각이 우리 미래 사회의 기본 원칙이라는 생각을 수용할 수 없다. 나는 죄를 찬미하고 실천하는 일을 그저 아무렇지 않게 보고만 있을 수 없다. 교회의 가르침에 따르면 탐욕은 대죄大罪에 속하기 때문이다. 그리스도인으로서 나는 임마누엘 칸트와 일치된 생각으로 인간이 윤리적 주체라는 데서 출발한다. 인간은 선한 것을 추구하며 사는 양심을 지닌 존재다. 이것이 맨 첫머리를 차지해야 하는 주장이다. 이를 포기하면 우리는 더 이상 토론할 필요가 없다. 그저 우리는 이해관계를 비교하거나 강자가 약자를 공격하는 것을 볼 뿐이다. 결국 윤리는 배제된다.

참여 정의와 자기책임성

우리가 인간을 윤리적 주체로 인정할 경우 보편적 탐욕은 우리의 공통 목표가 될 수 없고 정의가 공동 목표로 남아야 한다. 그리고 오늘날 세계화된 경제 조건 및 시장과 경제 과정에서 배제된 수많은 사람 앞에서 사회 정의란 무엇을 의미하는지 물어야 한다. 케텔러는 이런 질문에 전혀 지치지 않고 해답을 추구하는 열정을 보여주었고 한평생 공부하는 자세를 보여준 모범임에 틀림없다. 나는 그리스도교적 인간론이라는 배경과 앞 장에서 언급한 성찰에 기반하여 사회 정의란 무엇보다 우리 사회의 모든 사람들 각자가 지닌 존엄성에 대해 경의를 표하는 것이라고 믿는다. 개인적 경의뿐 아니라 사회적 기관과 구조적으로 형성된 경의를 보여주어야 한다. 그러므로 오늘날 다양한 사회적 차원에서 작동하는 배척, 곧 사회적 배제의 메커니즘이 정의에 도전하는 첫째 질문이다. 인간은 더 이상 주변부로 밀리거나 쫓겨나면 안 된다. 모든 사람은 저마다 참여, 교육 그리고 노동의 기회를 지닌다.

  사회 정의를 이렇게 '참여 정의'로 이해하는 것이 실제 교회 문서로 처음 나온 때가 1986년이다. 미국 가톨릭 주교회의는 가톨릭 사회론과 미국 경제에 대해 매우 사려 깊게 발표한 문헌에서 이렇게 말한다. "사회 정의란 사람들이 사회생활에 능동적으로 그리고 생산적으로 참여할 의무가 있으며 사회는 개인을 이런 식으로 참여시켜야 할 의무가 있다는 것을 의미한다."⁹ 1997년 독일 개신교회 연합회와 독일 가톨릭 주교회의가 공동으로 발표한 문헌인『연대성과 정의의 미래를 위하여 *Für eine Zukunft in Solidarität und Gerechtigkeit*』에도 참여 정의는 핵심 사상이다.

자유주의 사상이라는 이름에 합당한 진정한 자유주의라면 참여 정의라는 개념에 반대할 이유가 전혀 없을 것이다. 인간이 자신의 자유를 자각하고 행위에 따른 책임을 져야 한다면 그럴 능력이 있어야 하고 그럴 능력이 주어져야 한다. 보조성의 원리를 충실히 따른다면 참여 정의는 종속성이 아니라 주체성을 요구하는 것이며 자기책임성을 강화하는 것이다.

덧붙이자면 자기책임성은 순수한 재정적 의미의 개인적 책임과 혼동하면 안 된다. 하지만 이미 일상의 정치적 토론 등에서는 이따금 그렇게 '사용되었다.' 정치인들은 시간당 10유로 최저임금에 건강보험금을 추가하는 것이 자기책임성의 표현이라고 말하곤 한다. 정말이지 어불성설이다. 최근 환자들에게 요구된 추가 보험료는 자기책임성을 강화하려는 방편이 아니라 오히려 의료보험 회사의 수입을 증가시키려는 시도였다. 물론 과정상 법적 문제는 전혀 없었지만 우리는 도대체 그것이 무엇을 위한 것인지를 질문해야 한다. 그리고 난해한 용어와 복잡한 말을 교묘하게 사용해서 사람들을 속이는 일

9　미국 가톨릭 주교회의, 「모두를 위한 경제 정의*Economic Justive for All*」(1886), 71항.

을 중단해야 한다.

실제로 자기책임성이 더 강화된다는 것은 자신의 인생을 더욱더 강하게 자기 손으로 이룩한다는 것을 의미한다. 참여 정의 모델의 목표는 (대부분 중산층 소득의 영역에서 발생하는) 더 많은 재분배가 아니라, 오히려 인간의 성숙을 더욱 강하고 진지하게 받아들이는 것을 의미한다. 그 배경에는 인간이란 자기 의지를 형성할 수 있는 자유로운 인격이라는 인간상이 자리 잡고 있다. "우리는 당신을 신뢰합니다. 우리는 당신이 뭔가를 할 수 있다고 믿습니다. 그래서 우리는 당신을 돕고, 그래서 서로의 능력을 이어줍니다."

훗날 추기경이 되는 뮌스터 대학의 요제프 회프너 사회학 교수는 이미 1955년에 저명한 사회학자 셋과 함께 콘라트 아데나워[Konrad Adenauer] 독일 연방 수상의 의뢰로 사회복지 조직의 재편에 대해 의견을 밝혔다. 그들은 명백히 사회복지국가를 변호했고, 성숙하지 못한 시민의 생계를 책임져주는 배려국가[Versorgungsstaat]를 경고했다. 배려국가는 인간의 자기책임성이나 자기활동을 보장하지 못하고, 인간을 영원히 국가적 복지 활동의 순수한 대상으로 전락시킬 위험이 있었다. 그들이 제안한 복지국가 모델은 보조성의 원리에 충실하다. 곧 더 작은 단위의 삶의 능력을 신뢰하여 그들이 스스로 돕도록 만들고, 이런 주체들이 힘이 부칠 때에 돕고 개입한다. 그리고 국가의 보조적 지원은 스스로 돕는 자를 돕는다는 개념을 가능한 한 따른다. 다시 말해 각자의 책임을 제거하지 않고, 스스로 자기책임성을 인식하도록 돕는다.

그러나 회프너와 동료들은 보편적인 배려국가 모델이 자기책임성과 개인의 존엄성만을 위험에 빠뜨린다고 보지 않았다. "오히려 이런 체계는 인간을 잘못 이끌어 국가를 위험에 빠뜨린다. 국가에 대한 요구가 지나치면 국가와 개인 간에 상호 대등하고 밀접하게 연대해야 한다는 연대성의 원리가 파괴된다."[10]

개혁에 대하여

오늘날에도 새로운 연대를 가능하게 하려면 자기책임성이 더 많이 요구된다. 자기 스스로를 책임지는 일과 타인과 공동체를 책임지는 일은 서로 연결된 것으로 이해해야 한다. 다시 말해 국가는 시민한테서 자기책임성을 빼앗으면 안 된다. 국가는 시민이 자기책임성을 강화하고 새로운 형태의 연대를 건설할 수 있도록 애써야 한다. 이런 면에서 나는 강력한 국가를 변호한다. 국가는 시민 각자에게 기회가 주어지는, 공동체를 위해 신뢰할 수 있는 틀을 제공해야 한다.

2장 서두에서 언급한 노벨경제학상 수상자 아마르티아 센도 정의를 이와 매우 비슷하게 이해한다. 센은 한 사회의 구성원이 스스로

---

10 요제프 회프너, 「사회적 혜택의 재구성 *Neuordnung der sozialen Leistungen*」(쾰른, 1955), 30쪽.

인생을 결정하고 영위할 수 있는 실제 가능성에 따라 그 사회의 '정의 등급'을 매겼다. 그에 따르면 사회복지 제도의 첫째가는 임무는, 개인이 스스로 인생을 결정하고 그에 따라 실질적 자유를 기대하도록 보장하는 것이다.

정의와 연대를 공동선의 관점에서 긴밀하게 이해하는 일은 가톨릭교회의 사회론 개념과 정확히 일치한다. 교회의 사회론적 전통에서 '사회 정의'와 '공동선 정의'라는 개념은 동의어로 사용되었으며, 연대성은 "'공동선'에 투신하겠다는 강력하고 항속적인 결의이다."[11] 가톨릭 사회론에서 공동선은 아마르티아 센이 말한 것처럼 인간적 삶의 가능성을 의미한다. 제2차 바티칸 공의회의 사목 헌장은 이렇게 말한다. "참으로 공동선은 개인과 가정과 단체가 더 충만하게 더욱 쉽게 자기완성을 추구할 수 있는 사회생활 조건의 총체를 포괄한다."[12]

이런 기본 사상을 바탕에 둔다면 오늘날 국가의 사회 정책은 크게 재고되어야 한다. 오랫동안 사회복지 정책은 분배 정책과 매우 밀접한 것으로 이해되었지만, 이는 크게 바뀌어야 한다. 이유는 다양하다. 첫째로 중앙 집중화된 사회복지 역량을 분배하는 정책은 인간을 단순히 도움을 받는 존재요, 국가적 사회복지 제도의 순수한 수동적 수용자로 전락시킨다. 그렇게 되면 인간의 존엄성과 실질적

---

11 요한 바오로 2세, 「사회적 관심Sollicitudo Rei Socialis」(1987), 38항.

12 제2차 바티칸 공의회, 「기쁨과 희망」, 74항.

필요를 옳게 보지 못한다. 일자리를 잃은 사람은 수입이 적어서 고통받을 뿐만 아니라 의미 있는 활동과 사회적 관계를 잃기 때문에 고통받는 것이다. 그러므로 실업급여 지급, 곧 '일하지 않고도' 수입을 얻게 해준다고 해서 실직자를 사회 정책적으로 충분히 도왔다고 할 수 없다. 실직자를 실제로 도우려면 일자리를 늘리는 정책을 펴야 한다. 노동 시장에서 분배 기회를 확장하는 일이 오늘날 사회 정의를 실질적으로 제공하는 것이다. 삶의 다른 영역에 참여하는 많은 기회가 실제로 유급 노동과 연결되어 있기 때문이다.

사회 정책을 새롭게 해야 하는 두 번째 이유는, 중앙 집중화된 사회복지 역량을 분배하는 일은 곧 사회 정책의 중요한 영역에 눈을 감는 것이기 때문이다. 이 사회의 미래를 결정짓는 가정 정책과 교육 정책이 그렇다. 가정의 정의와 교육의 정의는 우리 사회의 미래 문제를 결정짓는 두 개의 열쇠다. 복지국가에서 교육 빈곤 문제는 사회적 배제를 일으키는 중요한 원인이다. 그리고 장기간의 저출산은 사회 자체의 미래를 아예 불가능하게 만들어버린다.

가정 정책도 단순히 분배 정책으로 추진되어서는 안 된다. 특히 오늘날 젊은 부부들이 필요로 하는 것을 옳게 보지 못한다. 가정은 대화, 생계, 상호 도움 그리고 공존의 가장 중요한 사회적 공동체로서 모든 정책과 관련되는 기초 과제로 인식되어야 한다. 우리 사회에서 가장 중요한 고용 분야를 생각할 때 가정의 의미는 이렇다. 곧 가정이 일자리에 맞추는 것이 아니라 일자리가 가정에 맞춰져야 한다.

그렇지 않으면 전직 독일 연방헌법재판소 판사 파울 키르히호프[Paul Kirchhof]가 매우 옳게 지적했듯 "죽어가는 사회에서 일자리를 노리는 것"이 우리를 위협할 것이다.

가정이 우리 사회에 기여하는 모든 것은 최종적으로 인정되어야 한다. 그리고 가정을 이루고 싶은 젊은이들의 바람을 격려하고 가능한 조건을 제공해줘야 한다. 오늘날까지 우리의 사회보장 체계는 교육의 성취를 고용 시장에서 더 나은 연봉을 받는 요소 정도로 낮춰본 것이 사실이다. 그런 사회에서 교육이나 가정을[13] 일종의 부정적 인센티브로 보는 시선은 별로 놀랍지 않다.

현재의 사회 정책을 개선해야 할 세번째 이유는 지금까지의 분배 정책이 가능성의 한계에 도달했기 때문이다. 우리는 여기서 미래 세대를 고려해야 한다. 우리는 그들에게 연대성의 빚이 있다. 독일의 국가 채무는 발표된 가계 채무를 모두 합쳐 1조 5000억 유로(대략 2000조 원)로 불어났다. 그 가운데 대략 3분의 2가 연방 정부의 부채다. 연방 예산의 두 번째로 큰 항목이 이자 지급인데, 신규 부채액의 네 배에 달하는 규모다. 이 점에서 정책적 한계에 이미 도달했음을 알 수 있다.

이런 모든 이유 때문에 우리는 지금 우선순위를 새로 짜야 한다. 분배 정의는 여전히 필요하지만 기준이 될 수는 없다. 오히려 참여

---

13 (옮긴이) 금전적 이익을 낳지 못하는 교육이나 가정을 뜻한다.

정의를 전면에 내세워야 한다. 복지국가의 여러 도구들은 순수한 위자료처럼 쓰여서는 안 되고, 스스로 돕는 자를 돕는 데 방향을 맞춰야 한다. 그런 생각을 지니면 인간 존엄성을 더욱 잘 충족시키는 사회 정책에 관심을 두고, 무엇보다 국가의 부담을 덜어주며, 경제 활동과 새로운 관계를 찾을 수 있을 것이다.

이 점에서 진정으로 오해하지 않기를 바란다. 나의 이런 성찰은 전통적 복지국가를 비판하는 사람들의 목소리와 화음을 이루려는 뜻이 절대 없다. 이미 앞에서 서술한 내용에서 이 점은 분명해졌다고 생각한다. 오늘날 개혁의 필요성을 거부하는 사람이야말로 내일에는 사회적인 모든 것을 무덤에 묻어버릴 사람이라고 나는 확신한다. 시대에 뒤떨어진 전략과 과거의 잘못된 발전은 교정되어야한다. 그래야 연대 공동체의 실체가 보존될 수 있을 것이다.

독일 사회 보험만으로 2006년에 4500억 유로가 거래되었다. 모든 사회복지 비용을 함께 계산하면 사회 예산은 거의 7000억 유로에 이른다. 이것은 2006년 인도의 11억 인구가 1년에 벌어들인 국내총생산보다 거의 1000억 유로나 많은 돈이다. 독일의 사회복지 비율, 곧 전체 독일의 국내총생산 대비 사회복지비 지출은 2006년에 30.3퍼센트였다.

이런 숫자를 보고 독일 국가가 사회복지 정책에 재정적으로 깊이 관여하고 있음을 부인할 사람은 없을 것이다. 국가는 어느 누군가가 아니라 바로 우리, 곧 국민에게 자금을 지원한 것이다. 독일 연방 납세자 연합에 따르면 2006년에 전 국민은 소득의 51퍼센트를 세금과 부담금 등으로 정부에 지출했고, 2007년에는 53퍼센트로 높아졌다. 물론 법적 사회보장보험의 부담금도 포함한 것이다. 2006년에 국내총생산 대비 사회복지 지출이 40퍼센트였다. 이렇게 많이 지출하는데도 우리 사회에서 가난과 사회적 배제가 점점 늘어난다면 개혁의 필요성은 분명 더 커질 수밖에 없다. 그래서 이렇게 많은 돈을 쓰는데도 많은 경우에 가난을 줄이지 못하는 사회복지 제도가 제대로 작동하고 있는지 우리는 진지하게 물어야 한다.

이것은 전형적인 독일만의 문제가 아니다. 다른 선진국도 이런 질문을 해야 한다. 국가는 언제나 거대한 자금을 손에 쥐고 있는데도 정의의 공백은 점점 더 확대된다. 이 점을 토론할 때 흔히 국제적으로 비교하는데, 지레 겁먹을 필요는 없다. 이른바 '좌파' 정치인들은 스칸디나비아 국가처럼 세율을 높게 올리자고 요구하고, 이른바 '경제자유주의자'들은 그와 반대로 미국의 세율을 본받아 낮추자고 주장한다. 그러나 이들은 대개 눈 가리고 아웅 하는 전략을 쓰곤 한다. 독일의 세율이 스칸디나비아 국가보다 상대적으로 낮은 이유는 스칸디나비아 국가에서는 사회보장 체계가 거의 세금으로 유지되지만 독일에서는 주로 기금으로 충당되기 때문이다. 미국에서는 이런 경비를 통계로 잡을 때 국가적 경제 활동이 아니라 거의 사적 경제 활동으로 잡기 때문에 세율 항목이 낮게 나온다.

단순한 구호로는 전진할 수 없다. 세계화가 진전됨에 따라 옛 산업

국가는 경제적으로나 사회 정책적으로 새 환경에 적응해야 한다. 장기간 지속되는 높은 실업률과 늘어나는 워킹푸어를 보면 선진국이 가장 시급하다. 세계 경제 변화와 그로 말미암은 노동 시장의 사회적 영향은 인구 변화를 가져왔고, 가정과 같이 전통적 연대 형태를 공동화空洞化시켰다. 이런 모든 환경은 복지국가의 도구, 곧 사회보장 체계와 세금 체계에 근본적 변화를 요구한다. 나는 이런 적응 과정이 사회적 평등의 길에서 벗어나지 말아야 한다는 확고 불변한 신념을 지니고 있다.

나의 사회윤리 사상은 교회의 사회론으로 형성된 것이다. 교회의 사회론은 연대성과 보조성을 "사회의 건설 법칙"(넬브로이닝)으로 이해한다. 나는 이 점이야말로 선하고 인간 친화적이며 이성적이라고 생각한다. 다른 한편 나는 인간의 창의성, 자기책임성, 자유 그리고 시장과 경쟁 질서를 긍정한다. 그러면서 연대하는 사회 구조와 공동선을 책임지는 강한 국가를 요구한다.

이런 생각을 바탕으로 내가 떠올린 것은 '연대적 시장 질서'이다. 나는 이런 맥락에서 '사회적 교종'이었던 요한 바오로 2세 교종을 다시 한번 인용하고 싶다. 그는 1991년 반포한 『백주년』에서 무정부주의적 자본주의란 "경제 영역에서 질서 규범을 완전히 포기하는 것"이라며 분명히 결정적으로 반대했다. 그리고 공동선을 위해, 특히 임금 노동자를 위해 경제의 의미를 이렇게 서술했다. "국가는 기업의 활동이 부족하면 자극을 주고, 가난한 사람들이 많은 어려움으로 위험에 처하면 그 지원책을 위해 기업으로 하여금 고용 기회를 제공할 조건을 만들어주는 등, 기업 활동을 지원해야 한다."

요한 바오로 2세가 말한 것은 후견이나 통제가 아니라 '지원'이다. 그는 자유의 위대한 친구이자 변호인이다. 물론 인간의 경제적 자유에 대해서도 그렇다. 국가의 개입은 "공동선의 긴박한 사정으로 정당화"된다. 하지만 국가의 개입은 "가능한 한 사회 집단과 산업 계층의 고유한 임무를 계속해서 제거하지 않고, 국가의 개입 범위를 과도하게 확대하지 않으며, 이렇게 경제적이고 시민적 자유가 침해를 당하지 않도록 정해진 시간의 한계를 두어야 한다."

요한 바오로 2세의 견해는 앞에서 언급한 1955년에 회프너와 동료들이 주장한 사회복지국가 개념과 일치한다. 교종은 인간 존엄성과 참여 정의에 봉사하는 견해를 지지했고 배려국가 모델을 원하지 않았다. 빌헬름 뢰프케가 말한 대로 배려국가 모델은 "축사에서 편안하게 사육당하는 이상"에 다름 아니며, 성숙한 시민을 "꼬리치는 가축"으로 격하하는 것이다.

교종은 이렇게 강조한다. 사회 정책 영역에서도 "다음과 같이 설명되는 '보조성의 원리'를 존중해야 한다. 상위층 사회는 하위층 사회의 내적 사안에 간섭하여 고유의 임무를 제거하면 안 되고, 오히려 반대로 필요한 경우에는 공동선을 목표로 그 행동이 하위층 사회의 행동과 조화되도록 지원하고 도와주어야 한다. 배려국가는 직접적으로 간섭하고 사회의 책임성을 제거하면서 사회적이고 인간적인 능력을 감소시킨다. 흔히 시민들에게 해야 할 서비스에 대한 관심보다는 오히려 관료주의적인 이유로 다스리는 공공 기구를, 대단히 많은 비용을 지출하면서 확대하고 있다."[14]

그리스도교 인간론에 따르면 인간이란 자기책임성을 지닌 개인이면서 또한 다른 인간과 함께 이 사회의 한 부분을 이루는 연대성의 존재다. 그러므로 한 인간은 자기 자유의 최고치를 홀로 달성하는 것이 아니라 다른 인간과 연합함으로써만 달성할 수 있다. 이런 근거로 현재 이루어지는 개혁에서 보조성의 원리와 연대성의 원리는 똑같이 존중되어야 한다.

그러므로 이런 근본적 개혁 정책은 제도 개선이나 관행 변화에 국한되어서는 안 되고 사고방식의 변화까지 동반해야 한다. 변화는 머릿속에서 시작한다. 그러므로 우리는 생각의 진전을 가로막고 있는 장애물을 극복하도록 서로 노력해야 한다. 우리 독일 주교들은 2003년에 발표한 『사회성을 재고하다』라는 호소문에서 "발전하는 나라의 발전하는 정치"를 "매우 신중하게" 언급했다. 독일 연방 대통령인 호르스트 쾰러는 2004년 7월 1일 독일 연방의회에서 취임 연설을 하면서 이 문서를 인용하며 "해체나 철거가 아닌 발전, 재건축으로서의 발전"을 말했다.

참여 정의의 원칙에 따라 사회 구조와 제도의 연대성을 진보시키

---

14 요한 바오로 2세, 「백주년」, 48항.

는 가운데 우리는 그동안 능동적 참여에서 배제된 사람들과 사회의 중심에서 변방으로 밀려난 사람들에 관심을 두어야 한다. '가난한 사람의 우선적 선택'에 따라 우리는 그들의 상황이 지속적으로 개선되고 있는지 물어야 한다. 그리고 나는 다시 한번 분명히 해두고 싶다. 경제적 실존을 보장할 뿐 아니라 최소한의 사회적 선을 법적으로 보장하는 일이 관건이다. 그렇게 해야만 우리 사회의 모든 사람이, 모든 개인이 이 사회에서 사회적으로 인정받는 역할을 하며 살고, 그들이 이 사회의 번영에 이바지할 수 있는 실질적인 기회를 얻게 될 것이다. 그래서 나는 "일하지 않는 기본소득" 개념에는 반대한다.

가정 정책과 더불어 여전히 진행 중인 대량 실업의 해결은 사회 정책의 가장 우선적인 의제로 다뤄져야 한다. 유럽에서 실업 문제 해결을 위해 토론하면 늘 미국의 사례가 해결책인 양 제시되고는 하는데, 나는 이 점에 대해서도 분명히 해두고 싶다. '일하는 가난'(워킹푸어)이라는 미국식 모델은 '일하지 않는 가난'이라는 유럽식 모델보다 절대 나은 점이 없다. 대서양의 양안은 노동 시장과 관련해서 당장 시급히 조치를 취해야 한다.

시급한 행동의 필요성을 인식하고 정확한 이름을 붙이며 필요한 것을 실천할 용기와 힘을 우리가 발휘하지 않는다면 모든 것은 지금 이대로 계속될 것이고, 결국 우리 사회의 가장 취약한 사람들이 피해자가 될 것이다. 사회보장과 사회적 연대성의 체계가 작동하지 않는다면 도움을 반드시 필요로 하는 사람들에게는 실존을 위협하는 문제가 될 것이다.

구체적 제안: "복지국가 정기 점검"

이 장에서 내가 소개한 변화의 필요성과 간략하게 소개한 참여 정의의 모델은 충분히 구체적이지 않다는 점을 인정한다. 그래서 이 장의 내용만으로 특정한 개혁 단계를 이끌어낼 수는 없을 것이다. 하지만 이 모델은 윤리적이고 정치적인 척도를 제공하기 때문에 정치가 구체적으로 무엇을 향해야 하고, 무엇을 잣대로 삼아야 할지 알려줄 것이다. 물론 이런 정치적 잣대가 내용 없는 빈말이 되거나 공허한 '정의의 수사학'을 '참여의 수사학'으로 메우지 않도록 하기 않기 위해, 우리 독일 주교들은 『사회성을 재고하다』라는 호소문에서 일종의 '복지국가 정기 점검Sozialstaats-TÜV' 체계를 만들자고 구체적으로 제안했다. 그것은 이 나라의 사회적 발전 정도를 지속적으로 관찰하고 평가하며 사회정치적 질문에 대해 정부에 권고하는 임무를 지닌 기관이라고 할 수 있다. 독일에는 이른바 5대 '경제 전문가 위원회Wirtschaftsweisen(또는 경제 5현)'라는 전문가 협의회가 있어서 전체 경제의 발전을 평가하고 경제 상황에 대해 매년 보고서를 발행하여 개선책을 제시한다. '복지국가 정기 점검'은 전문가들의 독립된 위원회로서 사회성 영역에서 비슷한 과제를 수행한다. 경제적 안정성은 말할 나위 없이 중요하지만 사회적 안정성도 최소한 그만큼 중요하다. 이를테면 부실기업 등에 공적 자금을 투여할지 여부를 결정해야 할 때, 우리는 어느 편이 더 비싸게 드는지 계산할 수 있을 것이다.

6
장

뉴딜, 패를 새로 돌리다

노동, 교육, 가정

세계 경제 위기와 긴축 정책

"주가는 지속적으로 고점에 도달했다.""몇 달 후 경기는 오늘보다 상당히 좋아질 것으로 예상한다." 이 문장은 당대의 스타 경제학자였던 어빙 피셔Irving Fisher가 직접 한 말이다. 이 말을 하고 불과 몇 주 뒤에 그는 명예도 잃고 파산도 했다. 1929년 10월 말에 뉴욕 증시가 붕괴하면서 전 재산을 잃은 것이다. 그해 10월 24일, 이른바 '검은 목요일'에 월가의 주식 시장은 붕괴했다. 뉴욕의 주가가 폭락했다는 소식은 뉴욕의 주식 시장이 문을 닫은 다음 날 유럽에 전해졌기 때문에, 독일에서는 당시 '검은 금요일' 사건이라고 보도되었다.

어빙 피셔는 폭락을 설명하지 못했다. "시장이 붕괴했기 때문에 시장이 붕괴했다."라는 것이 그의 분석이었다. 하지만 절대 그렇지 않았다. 폭락의 원인은 수년간 투자자들이 일종의 집단적 현실 망각에 빠졌고, 그렇게 해서 부풀려진 거대한 투자 거품이 폭발한 탓이었다. 1920년대 경제가 폭발적으로 성장하던 시대에는 주식의 열기가 실제로 대단했다. 제너럴 모터스 사장이었던 존 레스콥John J. Raskob이 한 대중 잡지에 실은 글에 따르면 모든 이가 "부자가 될 수 있었을 뿐 아니라, 부자가 될 의무가 있었다." 빨리 돈을 모을 수 있다는 이런 약속을 믿고 수천 명의 사람이 주의력을 상실해버렸다. 그들은 은행에서 돈을 빌려 주식을 살 수 있었다. 결국 전체 주식의 10퍼센트는 외상으로 구입한 것으로 추정된다.

외상값을 갚는 데는 오랜 시간이 걸린다. 당시 주식 시장에서 얻은 이익이 갚아야 할 이자보다 훨씬 높았다. 1929년 10월이 되자 불안이 확산되었고 주가는 곤두박질쳤다. 일부 투자자는 빈털터리가 되어 모든 주식을 팔아야만 했다. 그리고 연쇄 반응이 일어났다.

몇몇의 불안이 확산되자 불과 몇 시간 뒤에 많은 사람이 공포에 빠졌고, 많은 사람이 공포에 빠지자 곧 대중의 집단 히스테리가 퍼져나갔다. 뉴욕 증권 시장의 주가는 바닥을 찍었고, 세계 경제가 몰락했다. 곧 경제 불황이 시작되어 수년간 지속되었다. 1929년 9월 초순 다우 존스 지수는 381이었지만 1932년 여름에는 41까지 떨어졌다. 시장 규모의 90퍼센트가 파괴된 것이다. 25년이 지난 1954년이 되어서야 다우 존스 지수는 1929년의 고점을 회복했다.

경제 붕괴에 따른 사회적 결과는 엄청났다. 1932~1933년 미국에서 노동 가능한 연령 가운데 직업이 없는 사람이 약 1500만 명에 이르렀고 결국 미국의 실업률은 25퍼센트로 치솟았다. 당시 유럽 대부분의 나라에서는 최소한 단기 실업급여가 존재했지만, 미국에서는 직장을 잃은 사람들이 국가의 공공복지 혜택을 전혀 받지 못했다. 참고로 독일에서 실업보험이 시작된 것은 1927년으로 한 가톨릭 사제의 책임하에 도입되었다. 하인리히 브라운스Heinrich Brauns 신부가 1920년부터 1928년까지 제국 노동청 장관이었다.

세계 경제 위기에 희생당한 미국인들은 각 지역의 구제소나 민간 자선 단체로 향했다. 도시에서는 교회나 자선 단체가 운영하는 무료 급식소에 날마다 긴 줄이 늘어섰다. 시골에서도 상황은 극적이었다. 중서부와 서남부 지역 농업도 몰락했기 때문에 오클라호마, 콜로라도, 캔자스, 뉴멕시코 등에서 수십만의 사람들이 철새 노동자가 되어 캘리포니아로 향했고, 노숙자 대피소를 건설하는 일에 동원되어 겨우 푼돈이나 벌었다. 이 시대의 분위기는 존 스타인벡John Ernst Steinbeck의 소설 『생쥐와 인간Of Mice and Men』이나 『분노의 포도The Grapes of Wrath』에서 생생한 밀도로 볼 수 있다.

당시 미국의 허버트 후버Herbert Hoover 대통령은 가난을 꺾고 승리할 것을 약속하며 1928년 선거에서 승리했지만 위기에는 무력했다. 생존의 기반을 빼앗긴 미국의 수백만 가정에게 적어도 그런 인상을 주었다. 주식 시장이 폭락하고 난 뒤에도 후버 대통령은 어빙 피셔 같은 경제 정책가들의 환상 가득한 말만 들었다. 불황으로 말미암아 파괴적인 상황인데도 그는 시장의 '자기회복력'을 신뢰했다. 동시대 그는 독일의 하인리히 브뤼닝Heinrich Brüning 총리처럼 재정 건전화를 촉진하는 긴축 정책을 폈고, 그 결과 경기 침체가 더욱 가속화되었다. 사회적 상황은 더욱 첨예해졌다. 무엇보다 후버의 정치적 운명은 고통을 겪고 있는 사람들에게 달렸는데, 그들은 대통령이 동정심이 전혀 없고 오직 걱정과 근심만 하는 인물이라고 느꼈다. 그래서 사람들은 도시 외곽에 실직자와 무주택자를 위해 건설된 수용소에 '후버 마을Hooverville'이라는 세례명을 붙였다.

유럽, 특히 독일은 후버가 대표하는 인정 없는 기술 관료의 모습이 잘못된 것임을 알고 있었다. 하지만 그는 1차 세계대전과 2차 세계대전 이후에 유럽의 고통과 기근에 맞서 대규모 전투를 조직했다. 나치가 비록 전쟁을 벌였지만 워싱턴의 후버는 독일 사람들을 돕는 정책을 폈다. 독일의 노인 세대 가운데는 전후戰後 아이들을 기아로부터 구출한 '후버 급식Hooverspeisung'을 아직도 기억하는 분들이 많다.

윤리적인 면에서 후버는 충실한 인격을 지녔지만 스스로 표현하듯 '거친 개인주의rugged individualism'라는 사회 이데올로기를 비타협적으로 추구한 인물이었다. 그의 냉혹하고 험한 개인주의는 대통령으로 재임하는 기간 내내 살아남았고, 세계 경제는 만인에게 명백히 그런 개인주의를 강요했다. 그리고 미국인들은 그들의 대통령이 하는 말을 믿지 않게 되었다. 스스로 '미국식 삶의 방식American Way of Life'에 대한 신념을 점차 잃어가기 시작했다.

패를 새로 돌린 루스벨트

경제 위기의 정점인 1932년 7월에 프랭클린 루스벨트Franklin D. Roosevelt는 미국 대통령 선거에서 후버 대통령에 맞설 민주당 대통령 후보로 지명되었다. 그는 미국인들에게 '뉴딜New Deal' 정책을 공약으로 내걸었다. '뉴딜'은 카드놀이에서 패를 새로 돌릴 때 쓰는 말이다.

이는 사회적 실현의 기회를 다시 새롭게 그리고 더 정의롭게 분배한다는 뜻이었다. 당시만 해도 루스벨트 자신조차 뉴딜 정책이 어떤 효과를 가져올지 100퍼센트 믿지 못했고, 내용상 충분히 검토한 프로그램을 가지고 있지도 않았다. 하지만 미국인들에게 새로운 희망을 주는, 곧 더 큰 사회 정의를 향한 그들의 희망에 부응하는 새로운 공식이 출현한 것이다. 루스벨트는 압도적 승리를 거두고 백악관에 입성했다.

루스벨트가 취임하자 워싱턴은 선거 결과의 충격에서 벗어났다. 의회는 대통령의 주도권을 보장했고, 대통령은 매일 숨 막히는 속도로 개혁을 추진했다. 요즘도 회자되는 유명한 "최초 100일$^{The first 100}$ $_{days}$" 연설은 이 당시 정부에서 시작한 것이다. 뉴딜 정책은 경제 분야와 사회 분야를 망라했다.

여기서 나는 이 개혁을 자세히 들여다보거나 평가하려는 것이 아니다. 루스벨트는 현대의 경제 정책과 사회 정책 영역의 선구자였으나 그렇다고 해서 모든 것을 다 옳게 처리하지는 못했다. 오늘날의 시각에서 보자면 전혀 다르게 하거나 훨씬 낫게 할 방법도 있었을 것이다. 결정적인 사실은 뉴딜 정책이 사람들에게 어떤 느낌을 주었다는 것이다. 곧 사람들은 정부가 수많은 사람의 운명을 미친 듯 돌아가는 시장에 그저 내맡기기만 하지는 않는다고 느꼈다. 이런 느낌은 미국이 유럽과 달리 세계 경제 위기의 한복판에서도 정치의 자유와 경제 질서 자체를 위협하는 위기를 맞지 않고, 나의 먼 친척뻘 되는 마르크스의 아류들이 모인 공산당이 미국에서는 언제나 소수 분파로 유지되어 별다른 정치적 영향력을 발휘하지 못하는 이유이기도 하다.

나는 오늘날에도 이런 정치적 출발이 필요하다고 굳게 확신한다. 우리는 새로운 '뉴딜', 곧 카드를 새롭게 돌려야 한다. 우리는 새로운 '사회 계약Gesellschaftsvertrag'을 필요로 한다.

최근 연방법원 판사인 우도 디 파비오Udo Di Fabio는 이와 매우 유사한 견해를 썼다. "오늘날에는 균형과 조화가 상당히 변화되었다. 그래서 우리가 서로에게 무엇을 빚지고 있고 변화된 조건에서 서로 어떤 식으로 호혜가 성립할 수 있는지 새롭게 물어야 한다."[1]

오늘날에도 많은 사람들이 세계 시장의 이름 없는 힘에 무력하게 이끌리고 있다고 느끼고, 이는 경제적으로나 사회적으로 더 이상 공평하지 않다는 생각이 확대되고 있다. 이런 걱정 앞에서 유감스럽게도 많은 정치인들이 앞서 언급한 후버처럼 반응한다. 그들은 어쩔 수 없다는 듯 어깨를 으쓱 들었다 놓은 다음, 시장에 대한 신뢰를 맹세한다. 그러나 그 길은 80여 년 전에 이미 어긋난 길이다. 그럼에도 시장경제를 계속해서 신뢰하고 싶은 사람이라면 이런 근심과 걱정을 수용해야만 할 것이다. 이들은 어떤 혼란스러운 압박감을 느끼기보다는 점점 커지는 국민 경제의 문제를 자각한다. 하지만 그들도 사

---

1   우도 디 파비오, 「우리는 서로 무엇을 빚지고 있는가?*Was schulden wir einander?*」, 닐스 올레 외르만 엮음(베를린, 2008), 32쪽.

회적 분위기가 날이 갈수록 더 거칠어진다는 느낌을 개인적으로 느끼고 있다.

2008년 여름에 발생한 글로벌 금융 위기는 바로 직전까지 아무도 가능하다고 여기지 않았던 일이다. 그러나 이제는 새로운 사고의 변환으로 이끌고 있다. 지난 수십 년간 맹목적으로 월가를 신봉했던 미국 정치가 바뀌고 있다. 대통령 후보인 버락 오바마Barack Obama와 존 매케인John McCain은 모두 금융 시스템 개혁 및 월가의 새로운 감시 구조와 규제를 공약했다. 은행과 보험회사 들은 비틀거렸다. 그들은 완전한 오판으로 투기사업을 벌여놓고, 이제는 생존의 위기에 몰리자 정부를 향해 도움의 손길을 뻗쳤다. 도이체 방크의 요제프 아케르만Josef Ackermann 사장은 큰 위기 앞에서 시장의 자기회복력을 더 이상 신뢰하지 않는다고 선포하고, 금융 시스템의 안정을 위해 정부에게 '대담한 조치'를 취하라고 요구했다.

이는 완전히 새로운 태도다. 지난 10~20년 동안 모든 형태의 '국가개입주의'를 비판하고, 정치로 하여금 경제에서 완전히 손을 떼라고 요구했던 사람들이라면 전혀 할 수 없는 말들이다. 거액의 연봉을 받는 금융 회사의 임원들이 믿을 수 없을 정도로 대규모 실패를 낳았다. 1930년대 불황 이후 가장 큰 실패 앞에서 국가 없이는 아무것도 해결되지 않는다는 것이 뚜렷해졌다. 나는 이 위기를 극복하고 나서 이 점이 빨리 잊히지 않기를 바란다. 무엇보다 미국에서 시장의 세계화가 신중한 질서정책[2]을 수반해야 한다는 안목이 성숙하기를 희망한다.

금융 시장 위기 시에 전 세계 정부는 정도에서 벗어난 은행과 보험 회사에게 수십억 달러의 세금을 제공하여 파산을 막아주기로 결정했다. 이 결정은 자본력이 풍부한 많은 투자자들의 민감한 손실을 막아주는 것이기도 했다.

이런 경제 위기는 세계적으로 언론에 대서특필되어 연일 1면을 장식하는 등 큰 주목을 받았다. 개인들도 각자 자신들만의 경제 위기를 겪으며 더욱 극적이고 위협적인 상황을 극복해야 했다. 모든 노력에도 불구하고 실업에서 헤어 나오지 못한 사람도 많았다. 이런 사회는 더 이상 필요 없다는 느낌이 학교에서 이미 확산되고 있었다. 열심히 일했지만 가족을 부양하지 못하는 사람도 많았다. 이들에겐 우리 경제 체제와 사회 체제를 의심할 충분한 이유가 넘쳤다.

물론 여기서 만족스러운 정치적 해답을 찾아야 한다. 다시 한번 반복하자면 윤리적 근거도 중요하지만 현실을 신중하게 고려해야 한다. 우리의 부유한 사회에서 배제된 사람들이 언젠가 길거리에 바리케이드를 치고 저항하는 상황을 원하지 않는다면, 사회적 배제 메커니즘과 싸워야 한다. 그렇다면 우리는 새로운 '뉴딜', 곧 지금까지 너무 나쁜 패를 받았던 사람들에게 카드를 다시 돌려야 한다. 그것

---

2 (옮긴이) 질서정책Ordnungspolitik이란 시장경제 질서가 바로 서야 경제적 성과도 향상되기 때문에 시장과 경쟁이라는 원칙이 확립되도록 정책을 펴고 집행하는 것을 의미한다. 그러므로 질서정책은 특권, 예외, 반칙 등 개인의 자유와 경쟁을 침해하는 모든 것을 방지함을 포함한다.

은 바로 사회적 참여 기회를 제공하는 것이다.

오늘날 실업의 얼굴

유감스럽게도 루스벨트 시대와 달리 오늘날의 미국은 이런 문제를 풀기에 좋은 모델이 아니다. 2006년 미국의 실업자는 약 750만 명이 었는데, 이는 거의 5퍼센트의 실업률에 해당한다. 2008년 여름에는 서브프라임 모기지 사태로 미국의 실업률이 거의 6퍼센트나 상승했다.

앞에서 이미 언급했듯 이 숫자는 대부분의 유럽 국가들보다 나은 수치다. 그러나 혹자가 반복해서 주장하듯 월등히 높은 수치도 아니다. 게다가 수백만 워킹푸어들을 희생시켜야만 노동 시장의 '이런 성공'이 가능하다는 점을 생각해보면, 미국 상황이 더 좋다고만은 할 수 없다.

미국에서 실직자가 된다는 것 또는 워킹푸어에 속한다는 것이 무슨 의미인지를 알려주는 다른 숫자도 있다. 미국 농무부의 보고서에 따르면 2006년에 3500만 명의 미국인들이 '식량 불안'으로 고통받았다. 이 숫자의 사람들에게 최소한 일시적으로 먹을 것이 부족해졌다는 말이다. 이는 미국 시민 가운데 11퍼센트에 이른다. 특히 영향을 받은 사람은 미혼모였다. 미혼모의 약 3분의 1이 아이에게 먹일 것이 없어 문자 그대로 입을 줄여야 했다. 다시 이 가운데 3분의 1이 먹을 것이 너무 없어서 정부가 '식량 안보가 매우 열악한' 상황이라고 인정하고 정부의 공식 행정 용어로 '기아'를 다시 사용하기 시작했다. 다른 수치도 있다. 아동 800만 명을 포함해 4700만 이상의 미국인들이 의료 보험에 가입하지 않았다.

더 직설적으로 말하면 이렇다. 미국 노동 시장은 훨씬 훌륭한 상황이기는커녕 실제로 별로 좋지 않은 상태다. 그다지 가치 있게 생각하기 힘들다고 나는 생각한다. 수백만 노동자들이 돈을 벌지만 자신과 가족의 의료보험도 들 수 없고 먹을 것도 충분히 살 수 없다니!

미국의 노동 시장 정책은 우리의 모델이 될 수 없고 오히려 윤리적이고 질서정책적인 보완이 시급히 필요하다는 것을 보여줄 뿐이다. 나는 우리 사회를 포함한 모든 사회에서 실업과 싸우는 일이 여전히 매우 중요하다고 생각한다. 우리는 여전히 노동 사회에서 살고 있음이 분명하다. 노동 사회에서 인간의 물질적 생계와 사회적 인정은 결정적으로 유급 노동에 의존한다.

2007년이 지나면서 독일의 실업률은 다행히 크게 감소했다. 공식 통계에 따르면 연평균 370만 명의 실업자가 존재하는데, 이는 수년간 가장 낮은 수치였다. 이 긍정적 추세는 2008년에도 계속될 것이다. 2008년 7월 현재 320만 명이 실업 상태다. 이는 좋은 발전이긴 하지만 그래도 만족스러운 상황은 아니다. 실업률은 아직도 7.7퍼센트나 된다. 그리고 이 통계에는 이른바 '침묵하는 (실업) 예비군', 곧 일자리를 찾고 있지만 통계상 잡히지 않는 숫자가 빠졌다. 이런 사람들은 이를테면 부끄러운 마음이 크거나 스스로 단념하여 취업청에 등록하지 않은 사람도 있고, 자신이 아직 일자리를 찾는 중이라고 신고하여 자격증을 취득하는 중이거나 고용 창출 과정으로 잡히는 사람도 있다. 이런 '숨겨진' 실업자까지 공식 통계에 추가된다면 아마도 오늘날 실업자는 500만 명에 이를 것이다.

실업이 다른 사람, 특히 가족 구성원과 관련되어 있음을 감안하면 지속되는 이 문제가 여전히 극적으로 중요한 문제임을 알 수 있다. 민주주의와 경제가 강한 사회에 합당하지 않은 상황이 지난 수십 년간 발생했다. 다시 한번 강조하지만 일자리를 찾는 것은 돈을 벌 기회를 찾는 데서 그치지 않는다. 오히려 무언가 기여하고, 체험하고, 쓸모 있는 존재가 되고 싶어 하는 사람과 관련된 것이다.

노동은 인간 삶의 일부다. 노동과 인정받음과 참여는 밀접히 관련되어 있다. 그러므로 대량 실업은 경제적 문제일 뿐 아니라 사회적 문제이며, 용납할 수 없는 스캔들이다. 요즘 노동 시장의 긍정적 발전에도 불구하고, 1997년 독일 개신교회와 가톨릭교회가 독일의 경제와 사회 상황에 대해 공동으로 발표한 우려는 여전히 유효하다. "우리 나라에 큰 균열이 퍼져나가고 있다. 무엇보다 대량 실업 사태 때문에 발생한 균열로서 부유한 자와 가난한 자 사이에 격차가 커지고 있다. 구 동독 지역과 서독 지역 사이의 균열도 여전히 해소되지 않고 있다."[3]

개신교회와 가톨릭교회의 공동 문서는 계속된다. "노동 시장의 치명적 상황은 실업자 자신뿐 아니라 사회적 법치국가에도 용납할 수 없는 것이다."[4] 하지만 지금까지 대량 실업과 싸운 노력들은 결국 성공하지 못했다. 추세를 장기간 역전시킨 적도 없고 대량 실업이 실제로 중지된 적도 없다. 그러므로 우리는 새로운 결단, 곧 모든 책임을 함께 떠안는 새로운 '노동을 위한 연합'이 필요하다. 물론 지난 수년간 개혁을 위한 일련의 노력이 있었지만 유감스럽게도 목표를 달성하지 못했다. 그러므로 목표의 근본 전제를 새롭게 합의하는 새로운 노력이 필요하다. 사회의 어떤 한 분야가 홀로 노력해서는 안 된다. 그러므로 여기서 사회 전체의 노력을 모으려면, 곧 연대성의 원리를 충족하려면 '경제적 이성wirtschaftliche Vernunft'이 매우 중요하다.

"미래 사회에도 마찬가지로 사람들로 하여금 자신의 삶을 영위하고 사회적 삶에 참여하게 만드는 가장 중요한 방법은 유급 노동이 될 것이다. 그런 사회에서 살아갈 기회, 자신을 계발할 기회, 참여의 기회는 노동의 기회가 될 것이다. 이렇게 윤리적으로 타당한 유급 노동의 권리는 개인적으로 요구할 수 있는 권리이지만, 경제 정책, 노동 시장 정책, 단체 협약 정책, 사회 정책의 책임자들은 유급 노동의

---

3 독일 개신교회 연합회·독일 가톨릭 주교회의, 「연대성과 정의의 미래를 위하여*Für eine Zukunft in Solidarität und Gerechtigkeit*」, 2항.

4 독일 개신교회 연합회·독일 가톨릭 주교회의, 「연대성과 정의의 미래를 위하여」, 49항.

참여를 보장해주기 위해 최대한의 노력을 기울일 의무가 있다." 이 내용 또한 개신교와 가톨릭교회의 공동 문서에 나온다. 그리고 워킹 푸어의 문제에 대해서도 입장을 밝혔다. "이는 유급 노동 이상의 문제다. 오히려 보수는 세금, 공과금, 송금 등과 연결된 것으로, 문화적 수준에 맞는 삶을 가능하게 해야 한다."[5]

제3의 노동 시장

실업을 극복하는 왕도는 없다. 현상은 복잡하고 우리 노동 사회를 변화시켜야 할 이유는 다양하다. 지난 수십 년간 이런 변화가 얼마나 심각한지는 우리 일상생활에서 쉽게 관찰할 수 있다. 독일 전역도 그렇지만 나의 고향인 베스트팔렌 지방에도 중소기업이 다수 존재하여 수많은 노동자가 일하고 있다. 내가 어렸을 때는 이런 공장마다 작업 도구를 정리정돈 한다든지 나무 울타리를 자른다든지 마당을 쓰는 등 '일을 돕는mitlief' 사람들이 있었다. 물론 당시 노동자들의 삶에 어두운 면이 있었다는 사실을 간과하는 것도 아니고 낭만적으로 묘사하려는 것도 아니다. 나는 1950년대나 1960년대에 시골에 가면 지금으로서는 상상할 수도 없는 노동 조건이 존재했다

---

5   독일 개신교회 연합회 · 독일 가톨릭 주교회의, 『연대성과 정의의 미래를 위하여』, 151항.

는 사실을 기억한다. 당시 농장에는 먹여주고 재워주는 것도 감지덕지하며 하루 종일 힘든 노동을 하던 '하인Knecht'이 존재했다. 이제 이런 사람을 두는 일이 더 이상 가능하지 않게 된 것은 좋은 일이다.

대개 이런 보조 노동력의 임금 조건과 노동 조건이 열악했기 때문에 그동안 사람들은 이런 보조 노동 자체를 꾸준히 폐지해왔다. 그래서 베스트팔렌뿐 아니라 독일 전역에서 이미 오래전에 이런 일꾼들이 공장에서 사라졌다. 당시에 이런 일꾼이 사라진 것은 우리 경제 사회와 노동 사회를 크게 변화시킨 첫 징후였다. 이런 변화로 말미암아 무엇보다 노동자들의 부담이 늘었고, 이제는 중산층까지 사회적 불안을 일으킨다.

이런 불안은 결코 근거 없는 것이 아니다. 경제적 변화 때문에 특정 산업 분야 전체, 특정 산업 지역 전체의 생존이 위협을 받으면 아무리 전문 자격증이 있어도 이제는 소용없다. 독일 광산업의 몰락과 그에 따른 루르 지방이나 자를란트 같은 광산 지역의 몰락만 생각해봐도 될 것이다.

이 문제의 복잡다단한 측면을 고려할 때 다양한 방법과 활동이 필요하고, 새롭게 일어나야 한다. 특히 구조적 약자들, 이를테면 노년층의 '저숙련 노동자들'이나 아니면 교육 과정 중인 청소년들의 실업 상황을 주의 깊게 봐야 한다. 우리는 사람들과 함께하면서 용기를 주고 자격증을 지원하며 노동 시장에 진입하도록 돕는 지원 체계와 유능한 기관이 필요하다. 바로 이 분야에서 교회는 이미 다양한 활동을 하고 있으며 앞으로도 계속 해나갈 것이다.

하지만 이것만으로 충분하지 않다. 우리는 일하고자 하는 모든 사람에게 세계적으로 시장 경쟁력이 있는 일자리를 제공할 수 없다. 하지만 우리는 모두에게 기회가 돌아가는 사회를 필요로 한다. 경제가 충분한 일자리를 만들어낼 수 없다면, 우리는 연대성의 원칙으로 연결된 일자리를 만들어내는 공적 모델을 요청하고 필요로 한다. 우리는 경제적 효율성을 가능하게 하고 빈곤을 제거하는 체계를 건설해야 한다. 이것을 생각하지 못하는 공동체는 비인간적이다.

나는 6년간 트리어의 주교였다. 나의 전임자였던 헤르만요제프 슈피탈Hermann-Josef Spital 주교는 1983년에 '노동행동Aktion Arbeit'이라는 단체를 결성했다. 나는 이 중요한 운동을 촉진했고 확장했다. 수년에 걸쳐 '노동행동'은 기부금으로 실업자 상담 센터를 건립하여 운영했고, 직업 훈련이나 고용 교육 등을 펼쳤다. 25년간 이런 활동을 해오면서 깨달은 점이 하나 있다. 때로 이런 모든 노력이 별다른 결과를 낳지 못한다는 사실이다.

'노동행동'의 지원을 받은 사람들이 나중에 정규직을 얻을 수 있었다. 하지만 많은 사람들이 적어도 단시일 내에 노동 시장에 진입하지 못한 것도 분명한 사실이다. 당사자들의 모든 교육과 노력에도 불구하고 (어떤 이유로든) 그들의 능력이 자유로운 노동 시장에 부응하지 않았기 때문이다.

직업 훈련 등은 사회적 지원에서 회전문 효과가 있기 때문에 당사자들의 자존심을 떨어뜨리고 도움을 주는 이들의 동기를 저하시킨다. 그 밖에 국민 경제적으로도 아무런 의미가 없고, 재정과 납세자에게 부담을 준다.

소득이 없는 사람을 지원하는 하르츠 개혁 법안은 경제에 압력을 가중시켰기에 2007~2008년 경기가 좋았음에도 별로 나아진 것이 없었다. 2008년 7월 통계에 의하면 1년 이상 직장이 없는 이른바 '장기 실업자'는 100만 명 이상이나 된다. 그 가운데 60만 명이 2년 이상 실직 상태다.

이런 실망스러운 체험 때문에 '노동행동'은 2007년 초에 주도적으로 토론 자료를 만들어 전문가, 노동 시장의 주체, 노동 시장의 정책 책임자 들에게 논의를 촉구했다. 이에 따라 노동조합, 상공회의소, 학자, 정치인 그리고 고용자 대표들 사이에 공적 토론이 밀도 있게 펼쳐졌다.

트리어의 주교로서 나의 마지막 활동 가운데 하나가 바로 이 전문가들과 나눈 대화와 협의의 결과를 2008년 초에 공개적으로 발표한 것이다. 바로 노동 시장 정책에 관한 보고서다.

이 보고서에서 '노동행동'은 이른바 제3의 노동 시장을 활성화할 것을 선전했다. 보조성의 원리에 의하면 이것은 노동 시장에서 탈락한 사람을 일시적으로 수용하는 기능Auffangfunktion만 지녀야 한다. 여기서 이 개념을 세 단계로 요약하면 다음과 같다.

1. 우리의 제안에 따르면 실제 기회가 있는 곳, 곧 보조금이 필요하지 않은 일자리(제1의 노동 시장)가 가장 중요하다. 국가의 영향력이 요구되지 않는 곳에서는 국가가 개입할 필요가 없다.

2. 실업 상태에서 정규직 조건으로 전환하는 일에 어려움을 겪는 사람들은 제2의 노동 시장을 통해 보조금 또는 직업 교육 등을 통해 단기간에 시장에서 요구하는 능력을 회복해야 한다.

3. 예측 가능한 취업 전망이 없는 장기 실업자는 더 이상 노동 생활에서 배제되면 안 된다. 국가는 그들에게 도덕적 의무가 있기에, 제3의 노동 시장을 공적으로 지원함으로써 그들이 노동 생활에 영구적으로 참여할 수 있도록 해야 한다.

실직 상태가 아니라 노동 상태에 보조금을 지급하는 일이 더 의미 있고 무엇보다 당사자들의 책임을 높일 수 있다는 것이 기본 생각이다. 구체적인 구조를 보면 사회보장 법전에 기록된 것처럼 통합된 노동 시장을 체험하는 것이 장애인들에게 혜택이 될 수 있다. 부분적으로 중대하고 다양한 능력 장애가 있는 사람이 노동 과정에 통합되는 것은 (정치적인 의지만 있다면) 이 분야에서 충분히 가능하다. 그러므로 심각하지 않은 능력 장애가 있는 사람이 노동 사회에 참여하는 일은 더 가능성이 높다.

이런 제3의 노동 시장은 물론 질서정책에 따라 이성적으로 실행되고 형성되어야 한다. 그러므로 공적 자금이 지원하는 고용도 민간 기업에 열려 있어야 하고 가능한 한 많은 시장이 제3의 노동 시장을 확보해야 한다. 다시 말해 당사자들은 각종 훈련이나 고용주 등의 제안을 선택할 수 있어야만 한다. 노동자의 취업을 거절하면 해당 고용 기관의 사건 관리자가 제재를 결정해야 한다.

충분한 일자리 공급은 시장에 적합한 방법으로 달성할 수 있다. 비즈니스 지향적인 고용주들에게 인센티브를 주는 방법은 다양하다. 트리어의 보고서는 구체적 제안을 담고 있다. 일자리 통합을 시작하는 비용에 상응하는 투자 지원금을 주는 방법, 실행되는 고용의 임금을 지원함으로써 최소한의 성과에 대한 보조금을 지급하는 방법이 있다. 그리고 우리가 경험한 바로는 장기 실업을 극복하고 노동 세계에 재통합하는 데 꼭 필요한 것이 교육이다. 그러므로 사회교육학적 보조금의 정기 지원 등도 포함된다.

물론 60만 명 이상의 장기 실업자를 잠재적 수혜자로 본다면 이 모든 일에는 큰돈이 들어갈 것이다. 하지만 오늘날 사회복지국가가 이런 실업자들에게 지급하는 돈은 그보다 결코 적지 않다. 새 모델에 따르면 돈의 대부분은 보조금 형태로 참여하는 기업에 흘러들어가 생산적 자본이 된다. 독일에서 산업 경제를 지원하는 보조금은 엄청난 규모로 지급된다. 연방 정부의 보조금 보고서에 따르면 2017년에 산업 기업들은 123억 유로를 보조금으로 받았다. 장기 실업자를 노동 생활에 다시 진입시키는 일은 윤리적으로 가장 중요하기에, 여기에 돈을 더 적게 써야 한다는 주장은 전혀 합리적이지 않다.

우리 제안에 따라 자금을 운용하면 전체 국고에는 긍정적인 영향을 기대할 수 있다. 왜냐하면 '실업급여 II'를 줄일 수 있고 세금 및 사회보장 기여금은 증대되기 때문이다. 그러나 여기에는 실업의 숨겨진 비용은 고려되지 않았다. 이를테면 장기 실업자는 동료들보다 더 자주 중병을 앓는다는 점 등이다. 또한 '실업급여 II'를 받으면서도 당국에 등록하지 않고 일해서 결국 정직한 노동자보다 돈을 더 많이 버는 불법 노동, 이른바 '복지국가 무임승차자'가 줄어들 것이다. 그러면 국가는 매년 수천억 유로의 세금과 기여금 등을 더 걷을 수 있다.

하지만 나는 트리어 교구에서 진행한 '노동행동' 프로그램을 강요하고 싶지는 않다. 여기서 이런 이야기를 자세하게 하는 이유는 이 활동이 내 마음에 매우 깊이 새겨진 주제이기 때문이다. 나는 이 주제가 공개 토론으로 발전하고 정치인이 참여하여 실행에 옮겨지기를 희망한다.

나는 우리가 트리어에서 만든 지혜로운 제안이 최종적인 것은 아니라고 믿는다. 단지 현대 노동 사회에서 버려지고 망각된 사람들을 공개 토론의 주제로 삼고 싶은 것뿐이다. 이 영역은 교회의 과제이기도 하다. 그리고 우리의 부유한 나라에서 '가난한 사람의 우선적 선택'에 대한 그리스도교적 담론이 차지할 자리기이도 하다. 오늘날 우리의 사회적 질문은 물질적 위기가 아니라 사회적 삶에서 배제된 사람들의 숫자가 늘어나는 것과 관련이 있기 때문이다.

교육의 목적

물론 국민 경제 시각에서나 사회윤리 시각에서 바람직한 것은 공적으로 지원받는 임금 노동을 가능한 한 적게 유지하는 것이다. 더 바람직한 것은 사람들의 능력이 노동 시장의 요구에 충분히 부응할 수 있도록 자격을 갖추는 것이다.

　독일에서는 매년 10퍼센트의 학생이 학업을 마치지 못하고 미국에서는 이런 학생이 거의 30퍼센트에 이르는데, 그러면 노동 시장의 문제와 한 사회의 배척 현상은 이미 예고된 것이나 다름 없다. 우리는 이런 학생들이 이미 배척되고 패배자로 낙인찍히도록 두면 안된다. 교육은 운명을 결정한다. 개인의 미래뿐 아니라 사회 전체의 미래도 결정짓는다. 물질적인 면만 그런 것도 아니다. 학교나 교육을 미래의 돈벌이 수단으로 보면 안 된다.

　첫째, 교육은 일종의 '기본 식량'이다. 이는 여러 가지 의미를 담고 있다. 교육은 우선 개인의 계발에 봉사한다. 태어나면서부터 우리는 능력을 부여받았기에 배우고, 계속해서 발전하며, 우리가 궁극적으로 되고 싶은 인간이 되고, 하느님께 부여받은 인간이 될 수 있고 되어야 한다.

둘째, 첫번째와 밀접히 관련된 것으로 필자에게 물론 결정적인 것이다. 교육은 종교적 관점에서도 인간의 계발에 봉사한다. 신을 향한 드높은 교육, 곧 종교宗教, religio는 존엄성과 자유를 깨닫도록 인간을 일깨운다. 인간적 계발이란 태어나면서 완성되는 것이 아니라 평생 동안 관심과 발전을 필요로 한다는 점에서 인간에게 주어진 선물이자 동시에 인간의 과제이기도 하다. 인간은 신의 피조물로서 자신의 인생을 능동적으로 책임지면서 살아야 한다는 도전에 맞닥뜨린다. 이런 도전에 맞서기 위해 재능과 능력을 키우는 것은 교육의 첫째가는 임무다.

셋째, 교육은 사회적 계발에 봉사한다. 우리는 사회적 존재로서 타인과의 관계 안에서 충만히 계발된다. 타인에 대한 의존성은 교육 과정에 반영되어 있다. 우리는 스스로를 교육하지 못하며, 교육을 받으려면 상대가 필요하다. 상대는 우리 삶의 경계를 넘어서서 존재한다. 우리는 우리의 역사에서, 우리의 전통에서 그리고 우리의 미래에서 배운다.

넷째, 교육은 개인과 사회의 경제적 계발에도 봉사한다. 지금까지 언급한 이런 교육관에 기반하여 나는 오늘날 널리 유행하는 교육관, 곧 교육을 경제적 효용의 관점에서만 관찰하는 추세에 반대하고 싶다. 나와 성이 같은 카를 마르크스도 이렇게 순수하게 기능적으로 이해하는 방식으로 교육을 받아들였다. 생산 노동이란 인간의 자기산출Selbsterzeugung에 봉사한다는 생각을 마르크스가 지녔다는 사실을 잊지 말기 바란다. 마르크스는 교육의 모든 측면이 결국 노동 세계로 기능적으로 귀결된다는, '기술적 인본주의^{technischen} Humanismus'를 대표한다.

나는 여기서 교육이란 어떤 목적에서도 자유로워야 하며, 교육 스스로가 목적이라고 생각한 빌헬름 홈볼트^{Wilhelm von Humboldt}와 기꺼이 함께하고 싶다. 홈볼트와 인도주의자들의 생각은 성경에도 잘 드러난 유다-그리스도교적 교육의 이상에 완전히 부합한다. 이런 생각에 따르면 교육은 어떤 외부적 목적을 위해서가 아니라 내면의 인간됨을 위해서 하는 것이다. 그래서 인류 역사에서 교회는 가장 강력한 교육 기관이었다.

나는 그리스도교적이고 인본주의적인 교육의 이상에 충실하고 싶다. 아이들은 학교에 가서 성숙하고 책임 있는 인간이 되어야 한다. 학교는 목적 지향적인 사회가 요구하는 효율적인 기능을 가능한 한 빨리 익히는 곳이 되어서는 안 된다.

교육에는 스포츠가 포함된다. 교육에는 마음을 키우는 것도, 음악, 문학, 예술 그리고 무엇보다 여유도 포함된다. 어린이들은 자신을 둘러싼 시간과 세계를 한 번은 완전히 잊을 수 있어야 한다. 어린이들만 그런 것이 아니라 우리도 그렇다. 그렇지 않다면 어떻게 창의적인 사람이 되고 상상력을 키우겠는가?

하지만 교육 현장에서 이루어지는 교육 전략을 보면 걱정과 불안이 밀려온다. 현장의 '교육 비전'은 학생들이 더 짧은 시간에 (사회적) 기술적 지식을 더 많이 갖추게 하는 것이다. 나는 다시 한번 호르크하이머와 아도르노가 1944년에 저술한『계몽의 변증법』을 상기한다. 그들은 순수한 도구적 이성과 밀접히 결합한 이성 개념과 교육 개념이 빚은 답답한 결과를 밀도 있게 그려냈다.

교육이 할 수 있는 최선의 것은 학생으로 하여금 명확한 가치관을 뿌리내리고, 관계 맺는 능력을 키우고, 내면의 풍부한 인격을 형성하는 것이다. 이런 인격은 책임을 질 수 있다. 단순히 '직업' 조건을 충족시키는 것이 아니다.

이런 견해가 오늘날 거의 취급되지 않아 걱정이다. 지난 세월 교육 정책 토론에서 교육은 언제나 경제적 범주로 이해되었다. 이를테면 효율성, 더 높은 성과, 인적 자본, 노동 시장에서의 경쟁력 등의 개념이 사용되었다. 교육 문제의 경제적 측면도 매우 중요하고 의미 있지만, 앞에서 언급한 관점은 거의 언급되지 않는다. 교육의 지속 가능한 개혁을 이루려면 교육 경제학만으로는 충분하지 않다. 최소한 교육 윤리가 필요하다.

교육이라는 주제를 경제라는 일방향에서만 보는 관점은 무엇보다 교육에 대한 대중적 인식에서 크게 벗어난다. 교육은 시간을 필요로 하는데 시장은 시간이 없다. 경쟁은 가속화를 유발하고, 산업화가 시작된 이후 가속화 과정은 심화되었다. 오늘날에는 소셜 미디어와 세계화 덕분에 거의 모든 삶의 영역에서 숨 막히는 속도에 도달했다. 이렇게 가속화되는 시대에서 교육 체계가 탈출하기는 어렵다. 교육은 그 자체가 목적이라는 프로그램도 더 이상 시간이 없다. 그렇지만 교육은 "뉘른베르크의 깔때기"[6]처럼 주입식으로 이루어지는 것이 아니다.

2000년에 미국 조지타운 대학의 레오 도너번[Leo J. O'Donovan] 총장은 베를린에서 열린 교회의 교육 컨퍼런스에서 매우 흥미로운 주제를 발표했다. 그는 한계를 깨는 수단으로 종교를 권했다. 종교는 심화되는 가속화의 한계를 넘고, 종교는 모든 기능화를 초월한 하느님과 관계를 맺음으로써 기능성에 제한되지 않는다는 것이다. 또한 교육의 지속 가능한 개혁을 위해서 효용성 계산을 제거해야 한다. 비용-효용의 문제를 넘어, 기능화와 목적 지향성을 넘어 우리는 교육을 필요로 하고, 지금 이 순간의 학습이 아니라 '장기 학습'을 필요로 한다. 그러려면 기초 지식을 학습하고 핵심 능력을 습득해야 한다. 무엇보다 '배움을 배워야' 한다.[7]

순수한 경제적 계산에 바탕한 기능화되고 협소한 사고에 반대하여 도너번 총장은 유다-그리스도교의 유산인 전승을 들었다. 바로 창조 시기부터 안식일의 휴식 계명이 시작되었다는 것이다. 안식일 또는 일요일은 하느님이 쉬신 날로서 맨 처음부터 인간이 쉬는 날로

---

6 (옮긴이) 17세기 게오르크 필리프 하르스되르퍼[Georg Philipp Harsdörffer]의 시집에서 유래한 말로, 지식을 엄청나게 일방적으로 주입하는 교육을 표현한다. 이 표현은 흔히 학생의 머리에 깔때기를 직접 꽂고 지식을 주입하는 삽화와 함께 사용된다.

7 레오 도너번, 「가속화 시대의 교육 *Bildung im Zeitalter der*」(2000년 11월 16일 베를린 교회 교육 컨퍼런스), 독일 주교회의 교육 본부 엮음(2000), 13쪽.

지정되었다. 일요일은 얼핏 보면 쓸모없는 기능을 하는 것 같지만 깊은 의미가 있다. 매일 하는 일을 쉬면서 인간은 스스로를 돌아볼 가능성과 스스로 신을 향해 초월할 기회를 얻는다.

철학자 로베르트 슈페만Robert Spaemann은 상점의 24시간 영업과 주말의 생산 노동에 대해 토론하는 자리에서 일요일이라는 종교적 휴식의 의미를 매우 정확하게 묘사한 바 있다. "질문은 '일요일의 비용은 얼마인가?' 또는 '우리는 일요일에 최대한 얼마를 쳐줄 수 있는가'이다. 이는 이미 그 안에 일요일에 대한 결정적 공격을 내포하고 있는 교묘한 질문이다. 일요일은 (경제적 의미에서) 아무 비용도 들지 않고 아무것도 생산하지 않는, 이른바 그저 일요일일 뿐이다. 노동하지 않는 날을 보호하기 위해 드는 비용을 묻는 질문은 이미 우리가 일요일을 노동하는 날로 변화시켰다는 생각을 전제한다. 곧 일요일이라는 노동일을 포기했을 때 우리가 잃어버린 소득을 계산하는 것을 전제한다. 하지만 바로 이 계산은 그리스도교 국가에서 일요일과 유다교 국가에서 토요일과 이슬람 국가에서 금요일에 정의된 기본적 의미를 이미 파괴한 것이다. 이날에 우리는 종이 아니라 주인이다. 무언가 대단히 좋은 일을 또 하는 날이 아니라 그저 쉬는 날이며, 이미 우리에게 다른 모든 것이 충분히 좋은 날이다."[8]

슈페만과 도너번과 함께 나는 경제적으로는 아무것도 생산하지

---

8   로베르트 슈페만, 「한계Grenzen」(슈투트가르트, 2001), 275쪽 이하.

않는 것처럼 보이는 휴일을 널리 광고하고 싶다. 물론 학교에서 갖는 휴식도 그렇다. 교육 과정에서 불필요한 내용으로 보이는 것들, 이를 테면 인문학, 음악, 문화 그리고 무엇보다 종교 영역 등은 결국 장기적 관점에서 보면 매우 높고 중요하며 포기할 수 없는 가치가 있다. 도너번 총장의 말을 들어보자. "단기간에 돈을 벌어야 하는 경제는 결국 우리 모두가 장기적으로 필요로 하는 것을 만들어내지 못합니다. 그러므로 초등 교육 기관과 상급 교육 기관은 교육 내용에 공동체와 개인의 과거를 기억하고 문화적 정체성을 기르는 내용을 명시함으로써 공동체와 개인의 연속성을 보장하고 고용 체계를 돕습니다. 안식일의 역설이 가르치는 바가 있습니다. 곧 음악 교육, 예술 교육, 문학 교육 그리고 특히 라틴어와 그리스어 교육은 장기적이고 총체적인 시각에서 보면 엄청난 효용성과 잠재력이 있어 경제적으로도 결국 쓸모 있다는 것입니다. 아마도 학교 교과목으로 경제학을 도입하는 것보다 더 쓸모 있을 것입니다. 이런 안식일의 내용, 안식일의 공간 그리고 안식일의 시간이 우리 학교에 필요합니다. 이런 것들은 성찰과 자기계발의 고립된 섬이며 지평을 확대합니다. 이런 것들은 결국 장기적으로 고용 체계에 쓸모가 있습니다. 무엇보다 이런 것들은 인생에 쓸모가 있습니다."[9]

학교에서는 사회화 학습, 인간성 형성 그리고 가치 전달을 수행

---

[9]   레오 도너번, 「가속화 시대의 교육」, 15쪽 이하.

한다. 종교 교육은 특별한 방법으로 여기에 봉사한다. 종교 교육은 인간 존재 차원을 성찰하지만 교과 과정에 나오지 않을 때도 있다. 종교 교육을 반대하는 자들은 학교가 지식을 전수하는 곳이며, 믿음은 오로지 교회에만 속한다고 주장한다.

여기에는 지식과 믿음, 이성과 종교가 서로 반대된다는 주장이 있다. 하지만 그런 대립 개념은 학교에서 이루어지는 종교 교육의 일상에도 존재하지 않고, 그 자체가 근본적으로 존재하지 않는다. 피상적으로 봐도 교회와 신학은 믿음과 이성을 서로 상호 건설적인 관계로 설정하고 있음을 알 수 있다. 지식과 이성보다 믿음이 더 나은 대안이라는 주장을 교회는 절대 하지 않는다. 그리스도교 역사에서 초기에 해당하는 1세기에는 그런 성찰을 했다. 하지만 20세기에 교회는 믿음이 지식을 전제한다고 생각한다. 믿음 안에도 이성으로 길어 올리는 지식이 있어서, 모두가 그런 지식에 접근할 수 있다.

이 주제에 관한 가장 아름다운 글은 1998년 요한 바오로 2세 교종이 반포한 회칙 『신앙과 이성*Fides et Ratio*』이다. 이 회칙은 믿음과 이성이 폭력적으로 분리되었던 역사를 언제나 끔찍한 결과를 낳은 드라마로 묘사했다. 오늘날에도 종교와 반종교가 맞서는 위험한 근본주의가 존재한다. 이 점에서 믿음과 이성은 상호 도움을 주는 관계가 되어, 서로 그 기능을 비판적으로 정화하고 시험하며, 진리를 추구하는 길을 가도록 서로 격려할 수 있다.

훗날 베네딕토 16세가 된 당시의 라칭거 추기경은 이 점에 대해 이렇게 썼다. "그리스도교 믿음은 가장 보편적이고 이성적인 종교 문화임이 증명된다. 그리스도교 믿음은 오늘날 도덕적 통찰력의 근본 구조를 이성에 제공한다. 그런 통찰력의 근본 구조는 확실한 증거를 제공하거나 최소한 이성적이고 도덕적인 믿음의 기초를 세운다. 그런 믿음 없이 사회는 존재할 수 없다."[10]

결국 이 질문은 창조의 시작부터 이성적이고 영적인 힘이 있었는지를 물어야 한다. 다시 말해 만물의 시작에 이성 또는 이성적인 것이 존재했는지 여부를 묻는 것이다. 사람들은 수학적 법칙이 이성적이라고 쉽게 받아들인다. 동시에 이 세계와 우주 전체는 비이성적이고 의미가 없다고 생각한다. 그렇다면 수학은 이른바 비이성의 바다에 고립된 섬이 될 것인가? 그리스도교 사상가에게 이 점은 늘 의심스럽게 보였다. 플라톤이나 아리스토텔레스 같은 고대 사상가들과 함께 그리스도교 사상가들은 이성이란 한계가 없고 (하느님처럼) 한계가 없는 존재는 이성적이라고 생각했다.

물론 이성적인 것은 비이성적인 것의 우연한 산물이고, 이성적인 것은 역사 과정에서 출현한 것뿐이라고 주장할 수도 있다. 그러나 그리스도교 신학은 이성의 창조력이 태초에 존재했고 세상이 시작할 때부터 작동하고 있다고 확신한다. 또한 그것에 우선권을 부여함으로써 그리스도교는 태초부터 이성과 동반하는 계몽으로 자신을 이

---

10 요제프 라칭거, 「변화하는 시대의 가치」*Werte in Zeiten des Umbruchs*(프라이부르크, 2005), 64쪽.

해한다.

그리스도교와 계몽, 믿음과 이성은 가장 잘 어울린다. 라칭거 추기경이 소르본 대학에서 행한 연설처럼 그리스도교는 전체적으로 "믿음과 이성의 결합으로, 이웃 사랑의 실천으로, 고통받고 가난하고 약한 사람을 사랑으로 돌보는 행위로 모든 한계를 초월함을 확신한다." 비록 오늘날에는 이성과 믿음과 사랑의 결합이 힘을 잃어버린 듯하고, 그것의 효용을 의심하는 사람이 많아 보이지만, 그래도 그리스도교 전통의 핵심으로 남아 있다.

이 전통에는 매우 근본적으로 정의의 가치도 포함된다. 그러므로 내게 정의란 교육의 중심 주제이자 목적이 된다. 인간이 자신을 충만히 계발하려면 정의의 덕을 사용해야 한다. 또한 타인과의 관계나 사회 구조에서 불의를 자각하고 비판해야 한다. 물론 교육 체계가 정의의 가치를 관찰하고 성찰하는 곳에 국한되어서는 안 되고, 정의가 실현되는 곳도 되어야 한다. 앞에서 언급한 참여 정의를 생각할 때 교육 제도에 두 가지가 요구된다. 첫째는 교육 재정과 관련된 것이다. 교육 체계의 재정 부담은 이 사회 구성원에게 동등하고 공평한 방법으로 분담되어야 한다.

둘째는 교육 참여에 관한 것이다. 개인의 사회적 실현 기회가 점점 더 학력에 의해 결정된다. 그러므로 교육에 접근하는 문제, 차별적 진입 문턱의 제거, 교육적 저항의 해소 등은 미래 교육의 핵심 주제일 뿐 아니라 사회 정의의 주제이기도 하다.

특히 정의의 관점에서 보면 교육의 운명이 가난의 운명과 상당히 밀접히 결합하고 있다. 물질적 가난과 교육의 가난은 매우 긴밀한 관계다. 이런 배경에서 나는 가난이 세대를 통해 '상속된다'는 자각을 다음과 같이 조금 선동적으로 표현해보았다. 가난이 아니라 교육 기회가 부모한테서 자녀들로 계승된다.

실증적 연구에 따르면 자녀의 고등교육 과정과 고등교육 졸업장에 접근하는 기회는 부모의 출신, 학력 그리고 직업에 따라 실질적으로 결정된다. 결정적인 것은 부모의 높은 수익이 아니라 부모의 교육 수준이다. 부모가 높은 수익을 얻는다 해도 자녀의 교육 수준을 보상해주는 정도는 적다. 자녀의 교육 진로를 결정하는 것은 부모의 전기적 경험[11]에 크게 의존한다.

우리 사회는 미래를 어떻게 보장할 것인가 하는 근본적 결정에 직면하고 있다. 그리스도교적 관점에서 근본적 선택은 자명하다. 모든 인간은 사회 발전에 참여해야 한다. 어느 누구도 소외되어서는 안 된다. 라칭거 추기경은 자신의 인터뷰를 묶은 『이 땅의 소금_Salz der Erde_』이라는 책에서 적극적으로 말한다. "누구라도 어떤 경우든 자신의 사명이 있고 특별한 재능이 있다. 어느 누구도 불필요하지 않고 어느 누구도 헛되지 않다."[12] 교육 분야에는 이 점이 무엇보다 중요하다. 돈만으로 가난을 극복하려는 시도는 성공적이지 않았다. 오늘

---

11 (옮긴이) 출생과 성장 배경 등을 뜻한다.

12 요제프 라칭거, 『이 땅의 소금_Salz der Erde_』(슈투트가르트, 1996), 44쪽.

날에는 인간의 머리와 마음에 투자하는 일이 가장 중요하다.

가정 정책

출생과 성장 등의 전기적 배경이 교육 기회와 밀접히 결합되어 있기 때문에 교육 정책은 가정 정책과 결코 떨어질 수 없다. 교육은 가정에서 시작하고 가정 교육을 통해 기초가 잡힌다. 그러므로 가정을 강화하는 일이 가장 중요하다.

제2차 바티칸 공의회의 사목 헌장인 『기쁨과 희망』은 문화, 교육, 가정이 서로 하나임을 분명히 말한다. "이러한 교육의 모체와 양육 기관은 먼저 가정이다. 가정에서 사랑으로 기르는 자녀들은 사물의 바른 질서를 더 쉽게 배워 익히고, 건실한 형태의 인간 문화가 자라나는 젊은이들의 정신으로 이를테면 자연스럽게 젖어들게 된다."[13]

삶의 방향, 가치 형성 그리고 일상의 실천적 성취는 결정적으로 가족에 의해 촉진되는 과정이다. 이 점에서 분명하게 교육 정책적 고려는 사회 정책과 긴밀히 연결되어 있다. 날로 복잡해지는 사회가 제기하는 도전을 맞닥뜨리는 사람은 더욱 강한 인격을 갖추고 근본적 가치에 확고히 기반을 둘 필요가 있다. 만일 가정이 아니라면 다

---

[13] 제2차 바티칸 공의회, 「기쁨과 희망」, 61항.

른 어떤 곳에서 어린이가 이런 요소를 발전시키며 성장해야 할까? 가정을 강화하는 것은 인격성과 개성을 강화하는 것이요, 그것으로 인해서 인간은 더 많은 자기책임감을 자각할 수 있을 것이다. 달리 말하면 '가정 정책은 교육 정책처럼 미래를 내다보는 사회 정책이다'. 그러므로 가정을 강화하는 일은 우리 공동체에 경제적으로도 매우 중요하다.

덧붙이면 카를 마르크스는 가정이 가치를 전달하는 가장 중요한 장소라고 생각했다. 하지만 그에게 가정이란 보수적인 기관으로 부르주아 자본주의 사회 질서를 지탱하는 중요한 기둥이었기에, 그는 가정에 맞서 싸웠다. "가정의 폐지!"는 마르크스주의자들의 핵심 요구 가운데 하나였고, 교회가 처음부터 공산주의자 및 사회주의자와 맞서는 명확한 대립선을 형성했다.

물론 초기 산업사회의 조건에서 노동자들이 정상적인 가정 생활을 영위할 수 없었다고 말한 것은 마르크스가 옳았다. 그리고 나와 성이 같은 마르크스가 사회적 질문에 대해 교회와 다른 해답을 내놓기 위해 노력한 일도 의미가 있었다. 교회는 사회 개혁을 통해 노동자의 권리를 강화할 뿐만 아니라 가정도 지키려고 했다. 그에 반대하여 카를 마르크스는 혁명 이후의 공산주의 사회에서 새로운 사회적 생산관계를 설립할 뿐 아니라 새로운 인간형, 완전히 새로운 인간의 공존 방법을 창조하려고 했다. 이에 대한 그의 의견은 흐릿하지만, 신마르크스주의 '68혁명 세대'가 이런 마르크스의 가르침을 독특하게 해석했다는 점은 잘 알려져 있다.

또한 마르크스주의뿐 아니라 공산주의, 파시즘, 국가사회주의 등 20세기의 모든 전체주의 이데올로기가 가정에 반대하고 다른 공동체, 이를테면 프롤레타리아트 공동체나 국민 공동체 등을 유일한 표준 척도로 선포했다는 점을 주목해야 한다. 처음부터 교회는 이런 탈선에 단호하게 반대했다. 이는 교회 역사에서 잘 볼 수 있고, 완전히 옳았다. 가톨릭 사회론에 따르면 가정은 자연법적 제도이며, 완전한 인간 존재에 속한다.

이미 1891년에 반포한 『새로운 사태』에서 레오 13세 교종은 마르크스주의, 자본주의, 그리고 국가주의 이데올로기가 가정을 무시하고 있음을 밝혔다. "가정은 가족 사회로서 작은 사회이기는 하지만 다른 모든 사회에 우선하는 진정한 사회이고 국가와는 독립된 권한과 의무를 지닌 사회이다."[14]

오늘날 이 사실을 기억하는 일이 다시금 중요해졌다. 몇 년 전 독일의 유명 정치인이 국가의 부담을 줄여주기 위해 양육 보조금[15] 일부를 삭감하라고 주장하며 "어린이 침대의 권리"에 대해 불만을 제기했다.[16] 나는 이런 주장의 전제를 전혀 받아들일 수 없다. 왜냐하

---

14 레오 13세, 「새로운 사태」, 9항.

15 (옮긴이) 부모가 수령하는 양육 보조금을 가리킨다.

16 (옮긴이) 독일 사회민주당SPD 소속 올라프 숄츠Olaf Scholz가 2002년 3월 11일 라디오 인터뷰에서 "정부는 아동의 '하루 종일 돌봄 지원Ganztagsbetreuung'을 폐지함으로써 일종의 '문화혁명'을 달성할 것이다. 우리는 어린이 침대의 영공권Hoheit을 정복할 것이다!"라고 말한 것을 뜻한다.

면 "어린이 돌봄과 교육은 부모의 당연한 관리이며 그들에게 우선하는 기본 의무"이기 때문이다. 이 말은 가톨릭교회 교리서가 아니라 독일 기본법을 인용한 것이며, 그렇기에 정치적 행위의 근본 방향을 정하는 말이기도 하다.

물론 모든 부모가 성공적으로 양육하는 것은 아니고 매우 끔찍한 사례도 일부 존재한다. 이 경우 국가는 아동 복지를 위해 개입해야 한다. 그렇다고 부모의 양육 능력을 근본적으로 불신하고 국가의 돌봄 제도를 더 우선시하는 것은 정당화될 수 없다. 산업 밀집 지대에서 선출된 정치인의 입에서, 부모들이 자기 본연의 임무를 자각하지 못한다는 말을 들었을 때 나는 경악했다. 사실 우리는 그 이유가 무엇인지, 스스로 돕는 자를 돕는다는 의미에서 가난한 가정을 지원하는 이유가 무엇인지 물어야 한다. 우리는 목욕물을 버리다가 아이까지 쏟아버려서는 안 되고, 부모를 국가로 대치해서도 안 된다.

오직 활력 있는 가정이 충분히 존재할 때에만 국가의 미래가 활력이 있다. 국가는 이 생명의 자원을 창출할 수 없고, 오히려 그 생명력 위에 세워지는 것이다. 자유 국가의 운명은 가정의 손에 달려 있다. 가정에서 후손을 길러내기 때문에 가정 없이 국가는 지속할 수 없다는 이유만은 아니다. 가정에서 자녀는 성숙하여 개성을 갖추게 되고, 자유주의 국가와 자유주의 사회는 바로 그 개성에 의지한다. 헌법학자인 파울 키르히호프는 2002년 '요제프 회프너 회'에서 행한 연설에서 이 점을 인상 깊게 표현했다. "가정 없이 효과적인 교육은 없고, 교육이 없으면 인격이 성숙하지 않습니다. 인격이 없으면 자유도 없습니다.”

이런 사실을 고려할 때 독일이 지난 30년간 극적으로 낮은 출산율을 기록한 것은 매우 걱정스러운 일이다. 키르히호프 교수의 말을 계속 들어보자. “독일은 이 세상에서 가장 가난한 나라 가운데 하나입니다. 가난과 관련한 통계를 보면 우리 나라는 전 세계 191개국 가운데 180등으로 거의 꼴찌나 다름없습니다. 개발 원조는 기대할 수도 없습니다. 저는 어린이 가난에 대해 말하는 것이지 풍부한 자본에 대해 말하는 것이 아닙니다. 우리가 이 풍부한 자본을 과연 어디로 전달해야 할지를 알지 못한다면, 그 자본이 지닌 빛은 바랠 것입니다.”

그 밖에 키르히호프가 이 경고성 호소를 위해 ‘요제프 회프너 회’를 찾은 것은 올바른 선택이었다. 쾰른 대교구의 회프너 추기경은 최초로, 말하자면 1970년대 초에 이미 이런 문제를 언급한 인물이었다. 그는 독일에서 ‘요람보다 더 많은 관’을 장기간 셀 수 있다면 그 결과가 어떠할지를 경고했다.

유감스럽게도 그 시대 사람들은 회프너 추기경의 권고를 듣지 않았다. 그리고 인구 변화의 극적 결과가 점차 확산되는 오늘날에도 별로 변하지 않았다. 그때나 지금이나 어린이는 순수한 ‘사적 기쁨’으로 간주되고, 국가의 가정 정책 활동은 가정에 보조금을 지급하는 것뿐이다. 여기서 핵심은 일반 대중이 어린이를 위한 비용을 이익으로 인식하는 것이다.

가정 정책은 미래를 대비하는 중요한 정책이다. 이미 50년 전 선견지명을 지닌 분들의 말을 들었더라면 오늘날 우리가 처한 이런 불안정한 상황을 피할 수 있었을 것이다. 나는 이미 앞에서 키일의 사회학자 게르하르트 막켄로트가 1952년에 가정의 부담을 조정하는 일에 대해 "20세기 정치사회의 주요 과제"라고 표현했음을 기술했다. 하지만 정치는 이 점을 놓쳤고 우리는 지금 21세기에 이 심각한 문제와 싸우고 있다. 막켄로트가 말하길 가정의 부담을 조정하는 것이 "사회적 부담을 조정하는 가장 의미 있고 유일한 정책이다. 조정해야 할 가정의 부담을 재는 척도는 과거의 손실이 아니라 현재의 부담이다. 젊은 세대 없이는 어떤 국민이나 문화도 그 가치를 보존하지도, 후세에 전승하지도 못한다. 그러므로 젊은 세대를 키우는 부담은 정의롭게 분배되어야 하며, 이 부담을 잘못 배분하면 국민의 존립이 위태로워진다."[17]

가정 정책은 가정을 단순히 후견하는 데 그치지 않고 가정을 유지할 수 있도록 사람에게 '힘을 실어주어야' 한다. 이 점에 대해 정치인들은 많은 말을 쏟아내지만, 실제로 행동하는 이들은 언제나 거의 없다. 지난 수십 년간 사람들은 가정이 가난으로 추락하는 모습을 그저 나태하게 바라볼 뿐이었다. 지난 40년간 독일에서 국가의

---

17 게르하르트 막켄로트, 「독일 사회복지를 통한 사회 정책 개혁」, 에리크 뵈트허 편집, 『사회 정책과 사회 개혁』, 61쪽.

각종 보조금에 의존하는 가정의 비율은 1.5퍼센트에서 20퍼센트로 증가했다.

이렇게 된 근거는 오늘날에도 이 나라와 사회의 많은 사람들이 여전히 프리드리히 리스트Friedrich List, 1789~1846의 구호를 따르기 때문이다. 독일 초창기의 위대한 경제 이론가였던 리스트는 이미 150여 년 전에 동시대인들을 이렇게 질책했다. "돼지를 키우는 사람은 생산적이다. 그러나 인간을 키우는 사람은 우리 사회의 비생산적 구성원이다." 조금 심한 표현이긴 하지만 사실 우리 사회의 질서에는 가정에 불이익을 주는 체계가 존재한다. 이것은 정의가 부족한 것이 아니라 정의가 완전히 몰락한 것이다. 국가나 사회를 위한 가정의 활동을 세금이나 사회 체계로 적절하게 보상해주지 않고, 특히 아이가 많은 가정은 국가적 자선 활동의 수혜자로 격하되었다. 오늘날 독일에서 어린이는 가난으로 떨어지는 위험 요소다. 이 사실이 가장 부끄러운 점이다.

연금보험을 생각해보자. 사회보장 체계에 돈을 지불하고 자녀를 가진 사람은 이중으로 기여하는 셈이다. 미래에 연금을 낼 자녀를 보살피고 양육하기 때문에 자녀가 없는 사람에 비해 훨씬 많은 돈을 납부하는 셈인데, 이 점은 충분히 고려되지 않고 있다. 이런 활동은 사회적인데 각자의 납부액은 '개인적'이다. 현재 연금을 붓는 개인의 서로 다른 납부액은 개인적으로만 계산되기 때문이다.

당시 헌법재판관이었던 파울 키르히호프가 이끌던 연방헌법재판소는 우리의 사회보장제도가 지닌 이런 결점을 제거하라고 입법부에 여러 번 권고했다. 하지만 매우 소극적인 생색내기용 교정 외에는 아무것도 실행하지 않았다. 그래서 묻는다. 우리는 우리의 어린이와 청소년에게 법을 신뢰하는 시민으로 성장하라고 어떻게 말할 수 있는가? 헌법재판관은 국가에게 결점을 제거하라고 권고했지만, 정치인들은 정말 아무것도 하지 않았다. 우리가 정말 필요로 하는 것은 사회보장제 내부에서 가정이 지는 부담을 실제로 조정해주는 것이다. 그것이 바로 정의의 계명이다.

불쌍한 가정의 처지를 은밀히 돌봐주자는 이야기가 아니다. 카페에 앉아서 케이크를 먹다가 마지막 남은 조각을 누가 먹느냐를 두고 다투는 일도 아니다. 사회보장제도 이외에도 다양한 분야에서 가정에 불이익이 주어졌고, 이제 인구학적 변화로 인해 그 결과가 불가피한 상황에서, 지난 50년 동안 저질러진 불의를 제거하자는 것이다.

가정의 정의 문제는 교회가 매우 특별한 관심을 쏟고 있기 때문에 우리 독일 주교회의 '사회와 공동체 문제 위원회'에서는 연금보험을 가정의 정의라는 관점에서 개혁할 것을 의뢰했고, 그 결과 경제학자인 요르그 알트함머$^{Jörg\ Althammer}$ 교수가 2006년에 보고서를 내놓았다.

알트함머 교수의 결론은 다음과 같다. "사회적 노령 보장 시스템이 가정에 정의로운 체제가 되려면 가정의 교육적 활동이 지금까지 실제로 이루어진 것보다 훨씬 더 깊이 고려되어야 한다. 정의롭지 않고 부당한 처우를 피하려면 모든 출생은 (출생 시기, 부모의 소득 정도, 교육자의 직업 경력 등에 상관없이) 일관되고 조건 없는 연금 수급권을 발행해야 한다. 이런 요구와 비교해보면 연금보험 체계에서 가정 활동에 대한 보상은 매우 불충분하고 개혁할 필요성이 높다. [...] 가장 문제가 되는 사실은 교육자의 소득 활동이 원칙적으로 자녀 양육 시기를 전제한다는 것이다. 이런 기준으로는 가정의 활동이나 가정의 부담을 조정하지 못한다."

이 보고서에서 알트함머 교수는 오늘날 연금보험 체계의 약점을 제거할 수 있는 모델을 제안했다. 그는 모든 교육자의 독립적인 연금 요구권을 제안했다. 그것은 연금보험에 대한 교육 활동의 외부 효과로 산정되는 것이다. 또한 그는 육아 시기의 기한을 연장하라고 주장했다.

노동 시장 정책에 대한 트리어의 제안처럼 이번에도 세부 사항을 충분히 언급하기는 어렵다. 또한 가정, 부모, 자녀가 받는 다른 불이익을 정확히 논하지도 못했다. 우리 사회에는 이런 불이익이 엄청나게 많은데도 말이다.

가정의 정의라는 주제를 다루면서 나는 우리 사회의 정의가 훼손되었음을 인지하고 정치인들이 이를 더 단호하게 다루기를 희망한다. 그렇다고 자녀가 없는 사람들에게 '징벌적 세금'을 도입하자는 것도 아니다. 오늘날 우리의 조세 체계와 사회보장 체계를 보면 오히려 자녀를 가진 부모들이 아이를 위해 '징벌적 세금'을 납부하는 모양새다. 아동수당, 부모수당, 소득세 중 아동 혜택은 부모가 자녀를 낳고 양육하는 비용에 훨씬 못 미친다. 그리고 계속 인상되는 소비세와 지방세도 무엇보다 가정에 짐을 늘리고 있다.

정치적으로는 무엇보다 가정에 대한 기존의 재정적 불이익과 차별을 일관되게 철폐해야 한다. 둘째 단계는 가정을 직접 강화하는 조치가 있어야 한다. 여기에는 가정 교육을 지원하고 보육 체계를 개선하는 일이 포함된다. 가정의 보육과 관련해서는 가정 스스로가 "어린이 침대의 권리"[18]를 지녀야 한다고 본다. 무슨 말이냐 하면 만 1세 이상 된 자녀들을 육아 시설에 보낼 것인지 여부를 부모들이 재정적으로 자유롭게 결정해야 한다는 말이다. 어떤 부모는 자격을 갖춘 보육 인력이 제대로 된 시설에서 아이를 돌봐주기를 선호할 것이다. 하지만 자녀를 직접 오래 돌보고 싶은 부모의 바람도 실현 가능해야 한다. 설문 조사를 해보면 예나 지금이나 이렇게 직접 돌보고 싶은 사람이 다수다. 나는 남성과 여성을 생각한다. 부모가 서로 시간제로 일하기를 원하는 사람들이 있다. 이는 수익의 큰 부분을 잃지 않고 또한 취업 경력에 불이익을 받지 않고 가능해야 한다. 그리고 이 점에서 적절한 양육수당 지원도 이성적으로 이루어져야 한다.

끝으로 가정과 관련된 전체 사회 분위기를 짚고 싶다. 만일 조세

---

18 (옮긴이) 원문에는 앞에서 언급한 올라프 숄츠의 "어린이 침대의 영공권領空圈"이 쓰였다.

보장의 권리, 사회보장의 권리, 양육 제도, 가정 친화적인 직장의 분위기 안에서 결국 가정을 이루고 사는 삶이 훨씬 나아졌음을 우리가 실제 경험할 수 있다면, 그리고 가정의 부담에 대해 더욱 적게 말하고 오히려 자녀와 함께 사는 기쁨에 대해 더 많이 말할 수 있다면, 그렇다면 우리는 더욱 많은 사람들이 자녀를 가질 것이라고 확실히 체험으로 알 수 있다. 결국 가장 중요하다고 생각되는 점은, 부모들이 자신의 생각과 자녀의 필요에 따라 직장에서 활동하는 시간과 가정에서 보내는 시간을 병행하거나 순차적으로 배열할 수 있어야 한다는 것이다. 이렇게 많은 자유가 존재해야 한다.

7장

자본을 위한 윤리

기업의 사회적 책임

국제화된 자본과 노동

"들어라, 최후 결전 투쟁의 외침을! 인터내셔널 깃발 아래 전진 또 전진!"

이런 구호 아래 사회주의자들과 공산주의자들은 100년 넘게 전 세계 노동자의 형제애를 노래했다. 1864년 유럽과 미국의 13개국 사회주의자들은 카를 마르크스의 지도로 '제1차 인터내셔널First International(국제노동자협회International Workingmen's Association, IWA)'을 결성했다. 하지만 잘 알려졌듯이 그동안 국제노동자 연대의 노래와 이념은 시대에 뒤떨어진 것이 되었다. 모든 경계를 초월하는 노동자의 형제애는 이제 세계화된 경제 시대에 설 자리가 거의 없는 것 같다. 오늘날에는 기업들만 서로 경쟁하는 것이 아니라 사업장끼리도 경쟁하고, 그곳에서 일하는 사람들도 서로 경쟁한다. 글로벌기업은 다양한 국가에 지부를 두었고 그곳에서 일하는 노동자들은 동료이기 이전에 경쟁자다(물론 이걸 원하지는 않았지만). 더 싼 임금으로 일하는 사람이 우선권을 잡는다. 비싼 임금을 받으면 경영 합리화 조치의 대상이 된다.

대기업이 생산 기지를 독일보다 더 싼 외국으로 이전한다고 발표하여 수천 개의 일자리가 사라질 때마다 수많은 대중이 이런 쓰라린 사실을 거듭 고통스럽게 자각한다. 2008년 초엽에 노키아NOKIA 그룹은 독일의 보훔 공장을 폐쇄한다고 발표했다. 이는 곧 2300명의 직원이 해고되고 1000명의 계약직도 무사하지 않으리라는 것을 의미했다. 결국 2008년 6월 말에 보훔의 노키아 공장은 문을 닫았다. 그리하여 그곳에서 일하던 대부분 사람들의 미래가 순식간에 불확실해졌다.

대기업의 결정에 항의하는 사람들은 보훔의 노키아 공장 정문 앞에 모여 무력한 시위를 하며 절망하며 울부짖었다. 그때 루마니아는 큰 기쁨을 느꼈다. 정확히 말하면 트란실바니아 지역의 클루지나포카 인근 주쿠 부근에 이른바 보훔의 생산 시설이 이전될 예정이었다. 핀란드의 핸드폰 제조업체인 노키아는 2007년 여름에 새 공장을 건설하기 시작했다.

루마니아 중앙 정부와 클루지나포카의 지방 정부는 노키아가 정착하는 데 비용을 지불했다. 90헥타르의 땅을 공장 용지로 무상 제공했고, '테타롬 III^{Transilvania Equipment and Technologies made in Romania}'이라는 새 산업 단지를 조성했다. 수도 부쿠레슈티 정부는 이런 결정을 위해 2300만 유로를, 지방 정부는 1000만 유로를 협상 테이블에 올려놓았다. 게다가 중앙 정부는 클루지나포카 동쪽의 공항을 확장하고, 2010년까지 클루지나포카 시와 새로 조성될 '노키아 빌리지' 사이에 고속도로도 건설하겠다고 약속했다.

루마니아 사람들은 이런 투자가 성과를 거둘 것이라 확신했다. 노키아는 핸드폰 공장에 6000만 유로를 투자하기로 약속했다. 주쿠에는 2008년 말까지 1000명이 휴대전화 생산에 채용될 예정이며 2010년까지 3500명으로 늘어날 것이다. 새 산업 지대에는 다양한 노키아 협력업체들이 들어서 핸드폰 공장에 부품을 공급하며 더 많은 일자리를 창출할 것이다. 핀란드 사람들의 투자 총액은 2억 유로에 달할 것이다. 클루지나포카 시의회 의장인 마리우스 니코아라 Marius Nicoară는 트란실바니아 지역의 '노키아 빌리지'가 새 일자리를 총 1만 5000개 제공할 것이며, 궁극적으로 루마니아의 조세 수입을 매년 1억 유로 끌어올릴 것이라 희망한다고 말했다.

나는 니코아라 의장과 그를 따르는 시민들이 몇 년 안에 보훔 사람들이 느꼈던 실망을 똑같이 느끼지 않기를 바란다. 보훔시와 노르트라인베스트팔렌주 정부는 수년 동안 이 핀란드 대기업의 눈높이를 맞춰주기 위해 무척 노력했다. 1995년부터 1999년까지 주정부는 노키아에게 5000만 유로의 보조금을, 연방 정부는 추가로 2800만 유로를 지급했다. 이런 지원은 보훔에서 일자리 3000여 개를 유지하는 조건과 관련 있었는데, 그 약속 기한이 2006년 9월에 만료되었다.

이런 일련의 과정을 보면 노키아 경영진은 어떤 것도 의욕적으로 시도하지 않았고 약속 기한이 끝나자마자 가능한 한 빨리 보훔 공장을 처분하려 했다는 인상을 준다. 이 핸드폰 생산 기업은 2006년 초에 이미 루마니아와 협상을 시작했고, 양측은 2007년 초에 부쿠레슈티에서 트란실바니아의 생산 기지 건설과 관련해 양해각서에 서명했다.[1]

노르트라인베스트팔렌 주지사인 위르겐 뤼트거스Jürgen Rüttgers는 노키아의 이런 기업 행태를 두고 "보조금 메뚜기 떼Subventionsheuschrecke"라고 표현했다. 이 말은 연방재무장관 페어 슈타인브뤼크Peer Steinbrück가 사용한 "캐러번 자본주의Karawanenkapitalismus"라는 표현보다 아름답지도 않고 내용상 우호적이지도 않다. 하지만 실제로 누군가 보조금만 챙기고 나가면 결국 황량한 대지만 쓸쓸히 남겨진다는 인상을 준다.

노키아 대변인은 독일에서 루마니아로 생산 시설을 이전하는 이유를 이렇게 밝혔다. 독일의 생산 비용이 너무 높고 공장 위치도 수익성과 경쟁력이 없다고 말이다. 인건비만 해도 독일은 루마니아보다 열 배나 높다. 하지만 인건비가 차지하는 비중이 전체 휴대폰 생산에서 5퍼센트밖에 안 되고, 노키아는 2007년 511억 유로 매출에 72억 유로 순익이라는 기록적 성과를 올렸기에 이런 주장은 납득되지 않는다.

당시 핸드폰 분야에서 40퍼센트의 시장점유율을 지닌 이 핀란드 기업은 세계 시장의 확실한 선두주자였고, 보훔 공장의 수익성은 절대 낮지 않았다. 경영진은 경제적 압력을 언급하며 보훔 공장의 문을 닫겠다고 했지만, 그들은 그보다 더 많은 이익과 더 높은 수익률을 원했던 것이다. 그들은 15퍼센트의 마진율로는 충분하지 않았다.

---

1   《프랑크푸르터 알게마이네 차이퉁》, 2008년 1월 19일자.

2007년 말에 그들의 목표는 17퍼센트에서 20퍼센트로 상승했다. 이 목표를 달성하기 위해서 그들은 단돈 1센트라도 쥐어짜야 했고, 아주 미세한 비용 절감 요소도 철저히 따져야 했다.

노동자가 무능한 경영의 대가를 지불하다

물론 나는 축하하는·마음도 크다. 최근 몇 년간 시련을 겪었던 루마니아 사람들이 새 일자리를 얻은 기쁨을 기꺼이 나누고 싶다. 또한 노키아가 들어와 새로운 희망으로 부푸는 그들의 마음이 진정으로 충만하기를 기원한다. 하지만 그들도 불쾌한 경험을 하게 될까 봐 걱정하는 마음도 든다.

동유럽에서도 임금은 가파르게 상승한다. 분명히 몇 년 안에 노키아는 주쿠가 생산지로서 수익성을 상실해 다시 이전해야 한다는 슬픈 소식을 발표할 것이다. 더 동쪽이나 더 남쪽으로, 더 싼 임금으로 생산할 수 있는 곳으로, 사람들이 거의 임금을 받지 않고 일할 수 있는 곳이면 어디든 갈 것이다. 언제나 이런 일이 똑같이 반복된다. 그동안 신문을 대강 읽은 사람이라도 이런 식의 보도는 익숙할 것이다.

노키아는 고립된 사례가 아니다. 휴대전화 분야에 관한 한 이 핀란드 기업은 독일에서 가장 오래 '버텼다.' 2007년 여름에 이미 미국 핸드폰 회사 모토로라^{Motorola}가 독일에서 떠났다. 업계 2위였던 이 회사는 슐레스비히홀슈타인주의 플렌스부르크에 있던 생산 기지 및 물류 센터를 폐쇄했다. 그 공장은 1998년 문을 열 당시에 유럽에서 가장 현대적인 핸드폰 공장이라고 축하받았다. 전성기에는 3000명을 고용했다. 덧붙여 모토로라도 수백만 유로에 달하는 지원금을 국가로부터 받았다.

심지어 그 이전인 2006년 9월에는 대만의 벤큐^{BenQ} 그룹이 독일에서 핸드폰 생산을 중단한다고 발표했다. 이는 곧 3000명의 사람들이 일자리를 잃었음을 의미했다. 당시 이 사건이 대중을 더욱 자극했던 이유는 벤큐 그룹이 1년 전에 지멘스^{Siemens}의 상표와 특허까지 모두 인수하면서 한 푼도 지불하지 않았기 때문이다. 오히려 독일의 전통 그룹 지멘스는 약 3억 5000만 유로의 '지참금'까지 얹어 주었다.

그런데도 벤큐 모바일$^{BenQ\ Mobile}$은 파산했고, 이 일은 특히 지멘스에게 매우 당혹스러웠다. 노동조합과 정치인들은 독일을 선도하는 기업인 지멘스가 직원들을 배신한 것이 아닐까 하는 의혹의 눈길을 보냈다. 이런 거래를 통해 결국 직원들을 넘겨주지 않았느냐는 것이다. 이것을 보고 흥분한 벤큐의 직원들은 뮌헨의 지멘스 본사 앞에서 시위를 했다. 그들은 대만의 핸드폰 기업에 인수되는 과정에서 임금의 30퍼센트를 삭감당했다. 이제 그들은 완전히 빈털터리가 되었다.

하지만 같은 시기에 지멘스 임원의 급여는 30퍼센트 인상되었다는 소식을 듣자 사람들의 분노가 치솟았다. 지멘스의 160년 역사에서 이처럼 모든 방면에서 차갑고 모진 비난을 감내해야 하는 경우는 드물었다. 물론 이 사건은 예고편에 불과했다. 독일의 전통 대기업인 지멘스는 그 이후로 지금까지 거액의 뇌물 사건이 들통나 비난을 받고 있다.

하지만 분명히 지멘스는 벤큐 파산의 희생자였다. 지멘스 측의 설명을 들으면 벤큐가 핸드폰 사업 부분을 인수하면서 독일의 생산 기지를 유지하고 강화할 것을 약속했다. 하지만 이 약속은 깨졌다. 지멘스 임원들은 벤큐에 신호를 보냈고, 본래 주기로 했던 지원금의 증가분을 취소했다. 그렇게 아낀 약 500만 유로의 돈과 3000만 유로의 추가 돈이 과거 지멘스 직원이었다가 벤큐로 이직한 사람들을 지원하는 기금에 흘러들어갔다. 이 돈은 무엇보다 실직자들이 새로운 직업을 찾도록 도와주는 이직 전문업체를 지원하는 데 쓰였다. 지멘스는 벤큐 직원 가운데 330명을 다시 채용했다. 파산한 지 1년 뒤에 대략 3분의 2의 직원이 새 일자리를 찾았다. 이는 본래 예상 수치보다 높았다. 하지만 핸드폰을 만들던 직원 가운데 1000명가량은 모든 노력에도 불구하고 실직 상태로 남았다.

벤큐는 사람들에게 어떤 도움도 주지 않았다. 한 회사를 인수하고, 1년 이내에 벽에 부딪히게 한 다음, 3000명의 사람들을 매서운 비바람 속에 몰아넣어버렸다. 이토록 무능한 경영과 사회적 책임감의 결여가 지독하게 결합한 예는 거의 볼 수 없다. 이 이야기에서 가장 불의한 점은 잘못된 경영의 대가를 해고된 노동자들이 치러야 했다는 것이다. 그들은 직업적·사회적 존재 근거를 잃어버렸다.

　이런 이야기에 대중이 자극받는 것은 당연하다. 기업을 경제적 혼란 또는 파산으로 유도한 경영진은 책임을 져야 하는데도 오히려 엄청난 전별금을 받고 '명예퇴직golden handshake'을 한 다음 집으로 편안히 돌아간다. 반면에 노동자들은 거리로 내쫓긴다. 벤큐 경우에는 더욱 심한 의혹도 받았다. 그룹 경영진이 지멘스의 핸드폰 사업 부분을 인수한 직후 첫 1분기 경영 실적을 발표하기 전에 주식을 대량으로 팔아서 거액을 챙겼다는 것이다.[2] 이런 불공정 사례들 앞에서 기업의 사회적 책임과 부의 사회적 의무에 대해 깊이 성찰하고 이야기하는 자리가 꼭 필요하다.

중소기업과 기업가 정신의 중요성

기업과 경영진의 책임은 주주총회를 넘어서 확산된다. 기업 경영의 성공은 사회적 틀에 적잖이 좌우된다. 그래서 우리는 경영을 책임지는 사람에게 기업 내에서 요구되는 사회적 책임을 넘어서 사회적

2　《한델스블라트Handelsblatt》, 2007년 9월 4일자.

이고 정치적인 환경을 조성하는 데도 기여할 것을 기대할 수 있어야 한다. 자유주의적인 경제 질서와 사회 질서 안에서 기업가들은 본연의 임무인 경제적 기능만 충족시켜서는 안 된다. 그들은 질서 보존과 발전을 위해 도덕적 책임을 훨씬 많이 져야 하는 사람들이다.

기업에는 본래적 효용도 있고, 그 위에 기업과 경영진의 사회적 책임이라는 목적도 분명하다. 하지만 나는 여기서 예수님의 말씀을 인용하며 다른 차원도 있음을 말하고 싶다. "많이 주신 사람에게는 많이 요구하시고, 많이 맡기신 사람에게는 그만큼 더 청구하신다." (루카 12,48). 「루카 복음서」의 저자는 이 두 가지 말씀을 복음서에 적으며 초기 그리스도교 공동체의 지도자들을 떠올렸을 것이다. 물론 우리는 이 권고를 오늘날의 맥락에 따라 훨씬 넓은 의미로 이해한다. 개인적으로 특별한 재능을 지닌 사람은 물론이고 돈과 권력을 갖춘 사람들, 곧 기업가, 경영진, 주주 등은 훨씬 많이 요구받고 훨씬 많이 청구받는다. 그들은 이 사회와 복지를 위해 최선을 다해야 할 의무가 있다.

나는 낭만적 유토피아를 말하려는 것이 아니다. 독일과 다른 오래된 산업 국가들에는 기업과 기업가들이 시민적 참여를 이룬 풍부한 역사가 있다. 그들이 살아가는 곳이자 경영 활동을 펼치는 공동체에 참여하는 것은 경영계를 이끌어온 인물들에게 몇 세대 동안 너무도 당연한 일이었고, 삶의 철학의 일부였다.

여기서 우리는 헤르만 요제프 압스 Hermann Josef Abs를 생각한다. 그는 2차 세계대전 후 도이체 방크 최초 경영자로서 '재건을 위한 신용준비Kreditanstalt für Wiederaufbau'를 실행했고, 당시 콘라트 아데나워 연방 수상의 의뢰로 1953년 런던의 채무 협정을 체결하는 등 전후 경제가 안정화되는 데 기여했다. 압스의 후계자인 빌프리트 구트Wilfried Guth도 기억한다. 그는 오일쇼크가 정점을 찍던 1975년에 당시 연방 수상인 헬무트 슈미트Helmut Schmidt의 의뢰로 세계 경제정상회의[3]를 최초로 준비했다. 그때 슈미트 수상은 《디 차이트Die Zeit》 신문에서 이렇게 물었다. "만일 전 세계적 위기가 닥친다면 오늘날 연방 정부는 어느 은행가에게 조언을 구하고 행동을 요구할 것인가?"

물론 나는 이 질문에 답할 수 없다. 그러나 그동안 수많은 사람들을 만나본 결과, 수많은 중소기업 경영자와 노동자가 오늘날에도 동료 노동자와 공동체에 대한 사회적 책임을 매우 진지하게 받아들이며 실천하고 있음을 알고 있다.

그리고 중소기업은 대기업과 달리 국가 보조금을 지원받지 못한다. 그런데도 그들은 여전히 개인 책임의 위험을 감수한다. 만일 어떤 중소기업이 파산한다면 그 기업을 소유한 오너 경영자와 인격적으로 관련된 파트너가 (대기업의 대주주나 경영진과는 달리) 그들의 자산으로 기업 경영의 결정에 직접 책임을 진다. 달리 말하면 중소기업을 소유한 오너 경영자가 경제적으로 실패하면 법적 집행관이 기업

---

3 (옮긴이) 현재의 G8.

의 사장실뿐 아니라 그의 안방까지 쳐들어간다는 것이다.

이런 높은 위험에도 불구하고, 그리고 기업 경영의 성공에 '실존적으로' 의존하는 삶에도 불구하고, 중소기업의 오너 경영자들은 대부분 노동자와 사회에 대해서 노키아 같은 대기업보다 훨씬 강한 책임감을 보여준다. 노키아는 기업 경영의 위기가 전혀 없음에도 보훔의 생산 기지를 폐쇄하여 수천 명을 실업 상태로 내몰았으며 동시에 수억 유로의 순익을 발표했다. 두 집단은 여기서 분명히 다르다. 내가 아는 대부분의 중소기업 운영자들은 벤큐나 노키아 경영진과 같은 범주로 묶일 공통점이 하나도 없다.

오히려 반대다! 이번 기회에 나는 매우 똑똑히 말해두고 싶다. 이 수많은 장인과 중소기업 운영자 들은 세계화된 경쟁 속에서 사업 성공을 위해 매일매일 투쟁하며 그들의 삶을 바치고 있다. 이들이야말로 감사해야 할 존재다. 이들이야말로 재화와 서비스를 제공하고, 견습생을 양성하며, 젊은이들에게 미래 전망을 제공하는 등 우리 사회의 실질적 '가치를 창출한다.' 풍부한 아이디어와 용기로 사업장의 성공을 보증하는 이들이야말로 일자리를 창출하는 사람들이다.

나와 성이 같은 카를 마르크스는 사업가의 이런 성과를 인식하지 않았다. 『자본론』에서 그는 국가 경제가 흘러가는 과정을 서술하고 그 일반 법칙을 알아내려고 노력했다. 하지만 그는 무엇보다 경제적 진보란 실제로 개별 사업가의 개척자 정신으로 이루어지며, 따라서 경제는 언제나 새로운 길로 가고, 우리 인간은 언제나 새로운 가능성에 열려 있음을 느끼지 못했다. 공산주의적 중앙 통제가 실패한 실질적 이유는 그 체계 안에서 기업가 정신이 억눌렸고, 경제가 기술 관료나 일반 관료의 손에 맡겨졌기 때문이다.

그렇다. 우리는 기업가가 절대로 필요하다. 우리는 기업가 정신이 필요하다. 질서자유주의의 대가 빌헬름 뢰프케의 서술은 전적으로 옳다.

이렇게 기업가들은 진짜 경쟁적인 시장 상황에서 그들에게 맡겨진 생산 수단의 수탁 관리자로서 근본적으로 드러난다. 시장 상황을 온몸으로 떠안는 기업가들은 이 사회의 (관료주의적 국가 경제와 비교할 때 비용이나 효용이 평균적으로 매우 저렴한) 주역인 반면, 정치인들은 그저 '신과 역사' 앞에 책임을 질 뿐이다. 국가 보조금이나 독점 같은 편법의 유혹을 거부하는 기업인들이야말로 천한 반자본주의의 모든 공격에서 보호되어야 한다.[4]

노동의 우위성

물론 여기서 나는 고용된 전문 경영자와 오너 경영자를 흑백 구도로

---

4 빌헬름 뢰프케, 『경제론 *Die Lehre von der Wirtschaft*』(베른/슈투트가르트, 1972), 258쪽.

대비하려는 것이 아님을 분명히 해두고 싶다. 많은 가족경영 기업이 전문 경영자에 의해 운영되어 소유주와 전문 경영자 간에 의견 차이가 있는 경우도 많지만, 훌륭한 성과를 내는 경우도 많다는 것을 안다. 또한 중소기업 경영진도 잘못된 결정을 내려 경제적으로 몰락하는 경우도 있음을 안다. 그런 경영자는 직장을 빨리 잃고 새로운 직장을 얻기도 쉽지 않다.

결국 기업의 사회적 책임과 관련해 내가 걱정하는 대상은 중소기업이 아니다. 오히려 거대 자본을 지닌 기업이 최근 발전하는 과정을 보면 더 걱정된다. 소유의 사회적 의무, 곧 소유주와 기업가가 종업원과 공동체에 지는 사회적 책임은 사회적 시장경제를 구성하는 핵심 요소다. 하지만 주요 상장 기업들이 이런 기본 원칙을 고려하는가? '주주 자본주의'의 법칙에 따라 언제나 '주주 가치Shareholder Value'만 따진다. 거대 그룹의 경영은 국제적 '성과Performance'를 최적화하고, '비용 절감Cost-Cutting'을 촉진한다. 그래서 생산 기지와 노동자는 언제나 순수한 비용 요소로만 취급된다.

물론 거대 그룹의 경영진이 주식이나 곁눈질하는 나쁜 사람들이라는 뜻은 아니다. 여기서도 잘 구별해야 하고, '자본주의 비판'을 싸잡아 할 필요는 없다. 현실은 훨씬 복잡하고 우리는 원망만 해서는 안 된다. 반드시 해결책을 찾아야 한다는 점을 이해해야 한다.

나는 독일의 닥스DAX5에 등록된 대기업 임원진도 만나서 좋은 대화를 나누었다. 그들은 상당한 개방성과 진정성을 보여주었다. 또한 많은 경영진이 나의 비판적 목소리에 귀를 기울이고 있으며, 최근 이런 발전상에 대해 그들도 불만이 많아서 자신들의 활동에 더 많은 여지를 두고 싶어 한다는 것도 안다.

주요 주식회사의 여러 이사와 경영자 들은 최근 공격적인 투자기금의 압력을 받고 있다. 물론 그 주식회사들은(우리는 그 이름을 이미 알고 있다) 주주를 필요로 한다. 그러나 몇몇 투자기금은 일부 정도를 벗어난 재정적 방법을 동원하여 단기적 이익에만 관심을 보인다. 그러므로 기업을 지속 가능하게 키우고 싶은 경영진과 경영자들은 '정상적' 주주들과 '정상적' 투자기금에 의지해야 하므로, 이런 문제적 투자자들과 거리를 유지하는 데 점점 더 많은 시간을 사용하고 있다. 또한 오늘날은 높은 주가로 적대적 인수합병이 이뤄지는 일을 조심하고 방지해야 한다.

물론 나는 이것이 절대 쉬운 사업이라고 생각하지 않는다. 이런 맥락을 인지한다면 이익이 늘어나는데도 생산 기지를 이전하고 대규모 해고를 단행하는 일을 쉽게 설명할 수 있을 것이다. 그러나 내 생각으로는 이런 맥락을 안다고 해도 그저 어깨나 한 번 으쓱하고 어쩔 수 없다는 태도로 그냥 인정할 수만은 없다. 국제 금융 시장은 기본적으로 선하지만 그곳에서 악성 종양 같은 것이 자라나 (연방 대통령 호르스트 쾰러가 단호하게 표현했듯) 어떤 '괴물'로 발전했다면, 정치

---

5   (옮긴이) 독일의 주요 30개 기업으로 구성된 종합 주가 지수.

가 나서서 선명한 한계를 설정해야 한다. 2008년에 우리는 세계 금융 체계가 붕괴하기 직전까지 갔다. 지금까지 이 분야에서 이성적인 질서정책을 막았던 사람들조차 이제는 깨어나지 않을 수 없을 것이다.

나는 그렇게 되기를 희망한다. 나는 열린 시장을 긍정하고 열린 금융 시장도 찬성하지만, 그곳에는 서로 다른 정당한 이해관계를 고려하여 질서를 잡는 틀이 필요하다.

현재 일어나는 일은 장기적으로 좋을 수 없는 것들이다. '주주 가치'의 절대화 이데올로기 안에서 자본은 자기독립verselbständigen을 이룬다. 동시에 다른 이해와 공동선은 희미해지고, 노동하는 인간은 오직 위협으로 인식된다. 자본이 이룬 이런 결과 앞에서 우리는 이미 카를 마르크스가 계급투쟁을 공격적으로 묘사한 말을 생각해본다.

이렇게 자본의 권력이 자라나면서, 실제 생산자와 대척되는 사회적 생산 조건의 인격화가 자본가 안에서 자기독립을 이룬다. 자본은 언제나 점점 더 사회적 권력으로서 스스로를 드러내고, 그 인격화의 담당자는 자본가이다. 그리고 그런 권력은 노동이 개별적이고 개인적 형태로 창출하는 것과 더 이상 아무런 가능한 관계를 맺지 않는다. 오직 소외되고 자기독립화된 사회적 권력으로서, 사실로서 그리고 자본가의 권력으로서 존재하며 언제나 사회와 대척한다.[6]

마르크스에게는 드디어 공산혁명의 시간, 자본과 생산 수단을 사회화할 때가 도래한 것이다. 하지만 역사는 이 시대가 얼마나 어둡고 끔찍했는지를 보여준다. 1917년 러시아의 10월 혁명은 수백만의 목숨 위로 수십 년간 가장 어두운 밤을 드리웠다. 이런 일은 다시는 일어나지 말아야 한다.

그런데 바로 이 점이 우리가 자본과 자본의 이해를 절대화하는 현재 추세에 반대해야 하는 이유다. 노동과 노동하는 인간은 자본에 우선한다. 이 말은 자본의 이해가 고려되지 말아야 한다는 뜻이 아니다. 물론 자본은 인간에 속하며, 인간의 이해도 같은 방식으로 고려되어야만 한다. 나는 마르크스주의자가 아니라 가톨릭 사회교리의 열렬한 대변자다. 그러므로 나는 소유를 옹호하고, 소유자의 권리 곧 자본 소유자의 권리도 옹호한다.

그러나 자본이 어느 순간 황금 송아지가 되어 인간이 그 둘레에서 춤을 추는 식으로 미화되어서는 안 된다. 무엇보다 노동을 그저 단순한 비용 요소로서 자본보다 격하해서는 안 된다. 오히려 반대다. 낮추어 보아서도 안 된다. '노동이 자본에 우선하는 원리'가 옳다. 이 원칙은 가톨릭 사회론의 핵심으로 자주 오해되기도 한다. 이 말이 무엇을 말하는지는 요한 바오로 2세 교종이 1981년 반포한 유명한 회칙 『노동하는 인간』에 상세히 설명되어 있다.

---

6   카를 마르크스·프리드리히 엥겔스, MEW 25권, 274쪽.

노동은 언제나 인간 노동이기 때문에 우선한다. 인간은 돈, 자본을 외적 사물로 소유한다. 그러나 노동은 인간에게서 분리될 수 없고, 인간은 노동을 실행하며, 인간과 노동은 매우 깊이 관련된다. 그러므로 노동은 인간 존엄성의 일부를 이룬다. 요한 바오로 2세 교종은 이 점을 간결하게 표현했다. "노동의 존엄성은 그 근거를 객관적인 차원이 아니라 원칙적으로 주관적인 차원에서 찾아야 한다."[7]

교종은 자본 소유주의 권리를 절대 부정하지 않는다. 교종은 단지 노동의 존엄성과 자본의 이해가 대립하는 곳에서 자본의 이해가 양보해야 함을 강조한 것뿐이다. 이익은 노동 조건의 존엄성을 박탈하는 일을 정당화하지 않는다. 이는 계급투쟁의 수사와는 아무런 관련이 없다. 요한 바오로 2세 교종은 분명히 말한다. "자본이 노동에서 분리될 수 없다는 사실을 명백히 알게 된다. 결코 노동이 자본에 대립되거나 자본이 노동에 대립되는 것일 수 없으며 [...] 더구나 이러한 개념의 이면에서 활동하는 사람들이 서로 대립될 수는 없다."[8]

그리고 이 위대한 교종은 폴란드인으로서 마르크스주의와 레닌주의 이데올로기를 매우 잘 알고 있었기에 회칙에서 이렇게 밝혔다. "변증법적 유물론에서도 인간은 무엇보다도 노동의 주체가 아니며, 생산 과정의 동인도 아니고, 다만 물질적인 것에 예속되어, 주어진

---

7   요한 바오로 2세, 「노동하는 인간*Laborem Exercens*」(1981), 6항.

8   요한 바오로 2세, 「노동하는 인간」, 13항.

기간에 목적을 달성하는 경제적이고 생산적인 관계에서 '결과'를 내는 어떤 것으로 이해되고 취급될 뿐이다."[9]

내부의 이해 당사자들

오늘날에도 인격의 존엄성이 중심에 놓여야 한다. 그것이 올바른 방법이다. 그리고 '주주Shareholder'에서 '이해 당사자Stakeholder'로 접근법을 확장할 필요가 있다. 한 기업의 이해 당사자는 사회에 기본 권리를 주장할 수 있는 사람들로서 기업과 관련된 특정한 정보가 필요하거나 관심이 있는 사람들이다. 더 쉽게 말하면 대기업의 경영자들은 주주의 수익만을 파악해서는 안 되고 직원, 고객, 사회 전체 그리고 환경의 합법적 이익도 추구해야 한다. 이해 당사자를 인식하는 기준은 그들 요구의 윤리적 정당성이다.

최근 기업 조직이 자기 조직의 한계를 넘어서 다양한 사회단체에 책임을 진다는 의식이 확산되고, 특히 대기업의 기업 정책이나 기업 정관 등에 이런 인식이 성문화된 형태로 반영되고 있다. 여기서 기업은 이른바 '시민Citizenship'으로서, 곧 사회 구성원으로서 의무를 아는 사회경제적 단위로 표현된다. 기업의 사회적·경제적·문화적 의무

---

9 요한 바오로 2세, 「노동하는 인간」, 13항.

는 이해 당사자와의 관계에서 드러난다. 물론 지금까지 일어난 수많은 사건들로 볼 때 정관은 그저 종이에 쓰인 것일 뿐이며, 성문화된 내용마저도 인간 존재의 약함에 비추어 보면 충분하지 못한 것이 사실이다. 정당하고 중요한 요구는 권리와 법으로 보호받아야 한다. 그리고 법으로 금지하지 않았다고 해서 모두 윤리적으로 허용되는 것도 아니다.

그렇다면 어떤 이해 당사자가 있을까? 기본적으로 기업 안과 밖을 나누어야 한다. 어떤 규모의 기업이든 기업 내 가장 중요한 이해 당사자는 (자본) 소유주, 경영진 그리고 직원이라는 세 부류로 나뉜다. 소유주의 우선적 이해는 투자한 자본의 보전과 수익의 문제, 곧 회사의 지속적인 발전과 성공, 그 결정 범위의 확대에 초점을 둔다. 법적 형태에 따라 요구와 이해는 다르다.

그리고 직원의 이해가 있다. 그들은 우선 적절한 임금 조건과 노동 조건 그리고 안정된 일자리 보장을 중시한다. 여기서 노동자의 이해는 소유주의 이해와 다양한 방법으로 서로 내적으로 얽혀 있다. 양측은 기업의 선한 발전이라는 공통의 이해가 있다. 노동과 자본의 노골적 대립은 실제와 부합하지 않는다.

노동은 타고난 인간 존엄성과 부합하며 개인의 인격 계발에도 봉사한다. 게다가 지속적인 교육 및 재교육 그리고 참여적이고 협조적인 기업 구조의 보장도 포함한다. 이것은 전 종업원의 주어진 가능성이 온전히 시현되는 것이기에 기업에도 의미 있는 일이다. 적정한 임금을 보장하고 직원에 책임을 부여하고 인정하는 일은 직원의 동기 부여와 회사에 대한 충성도를 높인다. 여기서도 윤리적 행동이 결국 성과를 거둔다. 덕윤리학^{Tugendethik} 10의 원칙과 경제적 지혜의 격언들 사이에는 아무런 모순이 없다.

경영진, 이사회 그리고 감사는 이해 당사자 모델에서 결정적 위치를 차지한다. 이 그룹이 합법적으로 지닌 판단권과 재량권은 기업의 의사결정에서 큰 부분을 차지하는데, 이들은 다른 이해 당사자의 이해를 실현할 책임도 있다. 이는 매우 중요한 과제이므로 그에 상응해서 보수가 지급되어야 한다. 나는 경영진의 보수를 제한해야 한다는 포퓰리즘적 선동과는 상당히 거리를 둘 것이다. 정치와 경제와 사회에서 지도층의 임무를 자각하는 사람들은 그에 상응하는 보수를 받아야 한다. 그리고 모두의 이해관계를 공통으로 충족시키려면, 이렇게 노력과 시간과 신경을 많이 소모하는 자리에 가장 적절한 자격을 지닌 사람을 앉혀야 한다.

경제 분야에서는 무엇보다 미국에서 최근 몇 년 동안 경영진의 임금이 과잉되었고, 그것도 극한 형태로 발전했다. 나는 그런 발전에 동의하지 않는다. 독일에서도 다양한 사건이 발생하여 여러 차례 비판을 받았다. 이전에는 독일 경영진이 사회적 균형이라는 의미에서 스스로 임금을 억제하는 등 신중한 태도를 보였지만, 유감스럽게도

---

10 (옮긴이) 행위나 결과보다는 행위자의 인격에 깃든 덕윤리가 중요하다고 보는 윤리학을 말한다.

그런 태도는 이제 많은 대기업에서 과거의 일이 되어버렸다. 이것은 사회에 엄청난 신호를 보냈다. 이제 해당 기업은 국제 경쟁을 위해 최고의 경영진을 채용할 필요성과 계약의 자유라는 원칙을 즐겨 언급한다.

그러나 이게 무슨 의미일까? 오래되고 명예로운 민법상의 원칙이 있다. 그것은 계약이 도덕을 거스르면 무효라는 것이다. 즉 어떤 법률 행위가 정상적으로 사고하는 사람들의 윤리적 느낌을 거스르면 그 법률 행위는 선한 도덕을 거스르는 것이고, 전통적으로 말해서 '법을 거스른다'는 뜻이다. 미국에서 흔히 일어나듯 경영진이 노동자의 1000배에 이르는 보수를 받는 일에 대해 나는 정말로 윤리적 느낌을 거스른다고 느낀다. 내 생각에는 일본에서 하듯 20배 정도면 적당할 것 같다. 그렇다고 일본의 대기업이 국제 경쟁력이 없다는 것은 금시초문이다.

물론 사회의 다른 분야에서는 이따금 평균적 보수보다 엄청나게 높은 수익을 올리는 사례를 본다. 스포츠나 엔터테인먼트 사업 등에서 그런 일이 발생한다. 그러나 경영자를 축구선수나 텔레비전 스타와 비교하는 것은 적절하지 않다고 생각한다. 경영진의 보수는 그가 얼마나 좋은 스타일을 보여주었는지가 아니라 전체 시장경제 체계에 수용되느냐에 따라 결정해야 할 것이다. 그러므로 한 기업의 성공에 직원들이 기여하고 있음을 잘 보여주는 기업문화가 중요하다. 이사들이 받는 보수와 직원들이 받는 보수 사이의 간격이 멀어질수록,

경영진과 직원들 사이에 아무런 관계를 찾을 수 없을 것이다.

이제 나는 경영진의 보수에 대해 더 이상 다루지 않을 것이고, 사회 정의에 앞장서는 투사로 스스로를 내세우는 노동조합도 비판하지 않을 것이다. 다만 노동조합이 지난 세월 발생했던 이사들의 급여 폭등을 막지 않았다는 것을 언급하고 싶다. 노동조합 대표도 거대 자본의 기업 감사위원회에 동등한 위치로 참여하므로 최소한 이를 시도할 수는 있었다. 공동 결정은 공동 책임을 의미한다. 노동조합은 경영진의 보수라는 문제에 대해 공동 책임성을 너무 소홀히 다뤘다.

오늘날 주식회사 관련 법은 이사회 구성원이 그들의 임무와 회사 상황에 따라 적절한 보상을 받을 것을 요구한다. 아마도 미래에는 주주들이 기업 현황에 대해 주주총회에서 추후에 정보를 제공받는 것이 아니라 그 의사결정에 참여하도록 고려해야 할 것이다. 이것은 기업 내부에 보상 구조의 투명성을 높일 것이다.

나는 경영진의 보수뿐 아니라 전체 급여 체계에 대해서 말해야 한다고 생각한다. 보상의 상당 부분이 주가에 연동되어 자본의 이해가 정당화될 수 없을 만큼 우위에 서게 되면 완전히 잘못된 인센티브를 제공한다. 이런 주가 최적화 모델 또는 이익 분배 모델을 통해 경영진과 주주 간에 이해의 조화를 자동으로 달성할 수 있다고 보는 것은 너무 근시안적이다. 최소한 장기적 관점을 갖추고 지속 가능한 기업의 성공으로 이익을 얻고 싶은 주주들은 불쾌한 경험을 할 수 있다.

이는 최근에 발생한 금융 시장의 위기에서 볼 수 있다. 금융 회사의 많은 경영진이 완전히 무책임하게 행동했고, 헤아릴 수 없는 위험 요소를 끌어들였다. 그럼에도 이들은 이익 분배를 통해 정말로 엄청난 보수를 받았다. 그들은 이익을 얻기 위해, 그리고 더 많은 이익을 얻기 위해 무슨 일이든 했다. 대신에 손실 위험은 주주, 채권자 등 다른 사람에게 떠넘겨졌다. 그리고 이들이 모두 실패했을 때에는 국가 곧 납세자가 부담을 졌다. 이런 인센티브 체계에서 한순간의 탐욕이 모든 주의력을 망각시켰다는 사실은 놀라운 일이 아니다.

이는 은행업이 인격적으로 결합된 파트너에 의해 운영되어 이익도 나누고 손실도 공동으로 책임지던 시대와는 달라진 것이다. 은행 가들이 끌어들인 위험은 그들 자신의 위험이며 다른 사람들의 위험이 아니다.

나는 오늘날 보상의 액수와 방법이 문제라는 느낌을 받는다. 그것 때문에 수많은 경영인이 평범한 노동자의 실상을 명백히 보지 못하는 듯 보인다. 그래서 종업원과 기업을 관리해야 하는 사람이 자신의 본분을 제대로 수행해야 할 위기의 시간에 그 결과는 끔찍하게 나타난다. 사람들은 표리부동 또는 이중잣대를 가장 싫어한다. 오늘 수천만 유로의 매상을 올렸다고 자랑하다가 다음 날 갑자기 모두가 허리띠를 졸라매야 한다고 말하는 사람을 이해하기는 어렵다. 물론 나도 이해하기 어렵다. 이는 기업 윤리학의 어떤 거창한 학문적 문제가 아니다. 그저 삶의 실천적 이유를 묻는 것이다.

사목자로서 나는 살아남기 위해 엄격한 재활 과정을 겪은 기업의 경우도 경험했다. 나는 그 기업의 직원들과 노사협의회가 강하게 연대하는 모습도 직접 보았다. 구조조정의 필요성을 설득력 있게 설명하면 대부분의 사람들은 재활 과정에 참여할 준비를 한다. 결국 이것은 그들의 일자리와 관련된 문제이기 때문이다.

다만 사람들은 이런 조정 과정에서 공정함을 원한다. 이때 어떤 번들거리는 말이나 화려한 수사로는 사람들을 설득하기 어렵다. 구조조정의 부담은 공정하게 분배해야 한다. 그리고 여기에는 유효한 원칙이 있다. 바로 강한 어깨에 더 많은 짐을 지워야 한다는 것이다. 경영진은 스스로 좋은 사례를 보여주며 전진해야 한다. 그들 스스로 믿음을 주려면 그들의 말과 행동이 일치해야 한다. 거대 기업의 이사진은 중소기업 경영자에게 많이 배워야 한다고 나는 생각한다.

외부의 이해 당사자들

이해 당사자는 기업 내부에도 있지만 외부에도 있다. 기업 외부의 관계 네트워크는 내부 영역보다 훨씬 다양하다. 외부 이해 당사자로 강조되어야 할 주체는 '고객', '외부 투자자', '공급업체', '경쟁자' 그리고 정확히 파악하기 힘든 '국가'와 '사회'를 들 수 있다.

　고객은 가장 중요한 이해 당사자다. 고객이 없다면 기업은 아무런 활동도 할 수 없다. 고객은 질적으로나 양적으로 만족스러운 시장 활동 또는 편리한 조건에서 이루어지는 서비스 제공을 기대한다. 이와 달리 외부 투자자는 매력적인 차익금 또는 수익성에 관심을 두고, 대출금의 안전과 자본 상태의 안정이라는 목표를 따른다. 공급업체는 안정적이고 공정한 공급 조건과 지불 조건에 가치를 둔다. 경쟁자들도 무시하면 안 되는 이해 당사자들이다. 그들은 기존 경쟁의 원칙을 준수하고 불공정한 거래 행위를 자제하는 데 관심이 있다. 그리고 국가와 사회는 서로 구별하기 어려운 거대하고 포괄적인 이해 당사자다. 여기에는 국가와 지방의 다양한 행정 기관, 정당, 이익 단체와 교회, 학문 기관, 문화 기관이 포함된다. 그리고 사회적·문화적·생태적 그리고 다른 정당한 사회적 관심사를 기업에 전달하는 매우 폭넓은 시민운동 단체도 포함된다.

　내부와 외부의 이해 당사자 목록은 관계의 복잡성을 드러내고, 때에 따라 크게 갱신되기도 한다. 이해 당사자 접근법의 목적은 기업 활동에 참가하고 영향받는 사람이 다양하다는 인식을 우선 높이는 것이다. 윤리적 관점에 따르면 정당한 관심사를 처음부터 의식적으로 은폐하는 일은 받아들이기 어렵다.

　개별 이해 당사자의 관계는 이를테면 직원이나 고객이나 공급업체 경우처럼 계약에 따른 것일 수도 있고 아닐 수도 있다. 조직화될 수 없거나 거의 조직화되지 않은 이해 당사자와의 관계는 특별히 기업 윤리의 수준을 드러낸다.

무엇보다 지역을 기반으로 활동하는 중소기업의 경우, 순수하게 비용 대비 수익 계산으로 생산 기지를 선택하는 많은 다국적 기업보다 현지의 정당한 요구를 훨씬 진지하고 의미 깊게 인식한다. 이런 다국적 기업은 '조국을 모르는 녀석'이 될 위험이 높아 여러 면에서 국가와 사회에 대한 책임감을 상실할 수 있다.

물론 기업에게 이해 당사자를 광범위하게 보증하고 그들의 관심사와 이해를 빈틈없이 고려하라는 의무를 법적으로 강제하기는 어렵다. 이해 당사자 접근법이라는 윤리적 주장은 순수한 법적 의무 이상의 것이고, 이런 '상위성'으로 말미암아 기업에 방향성을 제공한다. 곧 기업이 자신의 사회적 참여와 역할을 더 잘 충족시킬 수 있도록 돕는 것이다.

나는 이렇게 이해 당사자를 인정하라고 널리 외치고 싶다. 하지만 유명한 경제윤리학자 페터 울리히Peter Ulrich는 내 견해와 달리 이해 당사자들의 요구가 전제되지 말아야 한다고 강조한다. "기업이 영웅적 자기기만에 빠지면, 성공과 이익 추구를 뒤로하고 이타적 자선단체가 될 것이다. 그러면 당연히 기업의 수익과 이익은 자선단체가 합법적으로 추구하고 요구할 수 있는 것 가운데 하나가 될 뿐이다. 특히 기업에 더 많이 요구될수록 더욱 그렇게 된다. 그러면 기업 자체는 물론이고 기업 경영을 직간접으로 책임지는 사람은 윤리적 관점을 우선시해야 하고, 기업에 쏟아지는 수많은 요구들을 무조건 미룰 수만은 없을 것이다."[11]

물론 경영자의 가장 중요한 사회적 책임은 그의 기업을 계속 유지하면서 성공적으로 이끄는 것이다. 그렇게 그는 전체 사회의 복리에 실질적으로 기여한다. 그럼에도 기업의 경제적 결정은 오늘날 주주의 이익에만 배타적으로 집중할 수 없다. 주주 가치를 절대적으로 중시하는 사고는 윤리적으로 그릇될 뿐 아니라 경영적 측면에서도 현명하지 못하다.

고객과 소비자는 각종 비정부기구[NGO]와 매체에서 정보를 얻어 어떤 기업이 직원과 환경에 그리고 개발도상국에 책임 있게 행동하는지 점차 더 주의를 기울이고 있다. 그리고 불법 행위가 드러나는 기업들을 점점 더 심각하게 처벌한다. 그러므로 오늘날 기업 윤리는 비용 요소가 아니라 성공 요소로 인식되어야 한다. 윤리적 행동이 긍정적 느낌을 가져올 뿐 아니라 기업의 좋은 성과로 이어진다면 이해 당사자 가치와 주주 가치는 서로 대립하지 않을 것이다. 이해 당사자 개념은 주주 가치 접근법이 시대에 맞게 윤리적 책임성을 강화하는 형태로 발전한 것이지 경쟁 모델의 하나로 해석되어서는 안 된다.

게다가 모든 주주가 동등하지 않고, 모든 투자자가 동일하지

---

11 페터 울리히, 『통합적 경제윤리*Integrative Wirtschaftsethik*』(베른, 1998), 439쪽.

않다. 다시 한번 강조하면 자본주의에 대한 원시적 비판은 현실을 직시하지 못하고 정치적 포퓰리즘을 뒷받침하는 설문 조사에나 쓰일 뿐이다. 문제를 실질적으로 해결하고 싶다면 지나친 일반적 판단의 위험을 멀리하고 복잡한 관계를 꿰뚫어 봐야 할 것이다.

실제로 오늘날에는 문제를 일으키는 금융 투자가 존재한다. 그들은 오로지 단기 이익 극대화 전략만 추구하기에 노동자에게만 부담을 주는 게 아니라 장기적이고 긍정적인 기업 발전에도 악영향을 끼친다. 나는 이미 앞에서 개발도상국의 예나 독일의 '소형 주택 건설업' 사례에서 어떻게 이런 의심스러운 사업의 희생자가 탄생했는지 기술했다. 이런 투자는 기업 자체도 위험하게 만들 수 있다. 나는 앞에서 주식회사의 이사진들이 어떤 압력을 받고 있는지도 짧게 언급했다. 대형 상장회사뿐만 아니라 중소기업도 이런 문제에 영향을 받는다.

사모펀드Private Equity Fund, PEF는 이렇게 작동한다. 프란츠 뮌테페링Franz Müntefering은 막강한 자금력을 갖춘 이런 투자기금을 "메뚜기 떼"라고 표현한 적이 있다. 그러나 이런 인상적 표현도 논의의 객관화보다는 극단화에만 기여했다. 실제로 이런 기금이 저평가된 건전한 기업을 사들여서, 그 기업을 끝까지 착취하여 결국 새하얀 뼈대만 앙상하게 남겨 미래의 전망을 완전히 사라지게 한 사례가 있다. 그러나 이런 일이 조건 없이 일어나는 것은 아니다. 이런 일이 일어난 기업은 반드시 그전에 어떤 일이 분명히 잘못되어가고 있었을 것이다.

　기본적으로 이성적 체계에서 악성 종양이 자라나면 그것만 도려내면 되지 전체 체계를 폐쇄할 필요는 없다. 자본 시장도 불필요한 현상을 제거할 질서 체계가 필요하다. 세계적으로 성장하는 시장에서 기업이 자본을 더욱 필요로 한다는 점은 분명하다. 그리고 사적으로 참여한 자본, 곧 '사적 자본Private Equity'이야말로 바로 이 기금의 성격을 잘 드러내는 이름이다.

　중소기업이 맞닥뜨린 세계화라는 커다란 도전은 성장하는 외국 기업과의 경쟁을 뜻하지 않는다. 독일 제품과 서비스의 질은 세계적 경쟁력이 있다. 그러나 많은 중소기업이 세계적으로 확산한 고객과 함께 성장하는 데 어려움을 겪고 있고, 그런 면에서 경쟁력을 잃지 않도록 요구받고 있다. 독일 기업들의 자기자본 비율은 그다지 높지 않고, 은행들은 신용 대출에 더 신중해졌다. 여기서 사적으로 참여한 자본은 성장 자본을 제공하므로 도움이 될 수 있다. 장점은 그 기업들이 신용 대출과 달리 이자를 지불하지 않아도 되고 참여하는 회사를 통해서 경영상의 지원을 받을 수 있다는 점이다. 필요한 재활 과정과 구조조정 과정에 외부의 노하우가 사용된다면 이를 반대할 이유가 없다.

　하지만 다른 문제가 있다. 많은 사모펀드 투자자들이 사실상 자기자본이 별로 없기에 빚을 내서 기업을 인수한 다음, 취득한 기업을 좌초시킨다는 것이다. 더욱 심각한 문제는 많은 자본을 보유한 헤지펀드다. 그들은 금융과 조세를 감독하는 기능이 제대로 작동하지 않는 나라에 적을 두고 있으며, 주주총회나 감사회 등도 두지 않고 운영되는 일이 흔하다. 이런 헤지펀드들은 내부 통제나 외부 통제가 충분히 이루어지지 않는다.

이 모든 것을 규제해야 하고, 규제할 수 있다. 궁극적으로는 국제 협약이 필요하다. 유럽연합 차원에서 최소한의 투명성 기준을 정하는 지침도 필요하다. 사실 많은 투자회사가 큰 적자를 본다고 한다. 그들은 열린 사회에서 기업이 생존하려면 소통이 필수적임을 인식해야 한다.

시사 주간지 《디 차이트》는 2007년 초엽에 특집 기사를 실었다. 그 기사에서 헬무트 슈미트 전 수상은 이렇게 요구했다. "새로운 대형 투기꾼을 감독하라!" 독일에서는 작은 상호금융 기관을 비롯해 모든 은행이 금융감독원의 감시를 받는데, 그보다 수백 수천 배나 더 큰 기금이 카리브 국가에 적을 두고 아무런 통제도 받지 않는 현실이 참으로 괴이하다고 슈미트 전 수상은 말한다. "세계적 해상 교통이나 항공 교통이 엄격한 안전 규정과 교통 통제를 받듯이 세계 자본의 이동도 규제를 받아야 한다. 그렇지 않으면 대형 참사가 일어날 것이다. 이는 품위나 도덕의 문제가 아니다. 이성적으로 미리 예방해야 한다는 계명이다." 나는 이 호소를 강력히 지지하고 싶다.

요한 바오로 2세 교종은 누군가 자신이 소유한 자본을 인간과 노동에 거스르는 방식으로 사용한다면 그는 "하느님과 인간 앞에서 부당한 남용"을 저지르는 것이라고 강력히 말씀하신 적이 있다.[12] 오늘날 국제 정치 공동체의 과제는 인간 존엄성과 정의의 이름으로 소유의 사회적 의무와 노동과 자본의 올바른 관계를 보장하는 것이다. 이는 1864년 카를 마르크스가 국제노동자협회 발기문에서 쓴 생각과도 통한다. "노동 계급의 해방은 지역적 과제도 국제적 과제도 아닌 사회적 과제로서, 근대 사회가 존재하는 모든 나라를 포괄한다. 노동 계급 해방의 열쇠는 이론적으로나 실천적으로 가장 진보한 나라의 협력에 달려 있다."[13] 물론 이 해방은 나와 성이 같은 마르크스가 주장한 혁명이 되어서는 안 된다. 오히려 세계화된 사회적 경제 질서로 발전하는 일종의 진화가 되어야 한다. 우리 나라의 법률(노동법, 소비자보호법, 공정거래법 등)이 이해 당사자의 이해를 법적으로 다양하게 보호하듯 국제적으로 구속력 있는 법적 기준이 생겨야 한다. 그리고 이해 당사자 가치라는 사상은 법적으로 다양하게 지원받을 필요가 있다. 그리하여 사회적으로 책임감 있게 행동하는 기업이 양심 없는 더러운 경쟁으로 인해 부당한 결과를 맞이하지 않도록 해야 한다.

단 이해 당사자 모델도 모든 정당한 이해를 문제없이 해결하는 것은 아니며 모든 참여를 보장하는 것도 아니라는 점을 분명히 해두고 싶다. 그 이유는 다양하다. 첫째로 어떤 조직의 이해나 공개적 주장

---

12 요한 바오로 2세, 「백주년」, 43항.

13 카를 마르크스 · 프리드리히 엥겔스, MEW 17권, 440쪽.

을 해결하기 매우 어려울 때가 있다. 이를테면 실업자 문제나, 선진국에서 사회적으로 배척된 다른 집단의 문제나, 국제 경제적으로 주변부에 속하는 나라들에 사는 사람들의 문제도 있다. 다른 면에서는 스스로 부당한 처우를 받았다고 주장할 수 없는 사람들도 있다. 삶의 조건이 때로 무자비하게 착취당하는 다음 세대가 아마도 이 경우에 해당할 것이다.

이런 집단의 이해는 언제나 일반적 인식에서 밀려날 위험이 있다. 그리스도인의 사명을 자각하는 나는 교회가 무엇보다 이런 약자들의 대변자 역할을 맡아 이해를 대변하고 보호해야 한다고 생각한다. 그리스도께서 맡기신 사명에 따라 교회의 사회적 선포에서 언제나 '가난한 사람의 우선적 선택'이 중심이 되어야 한다.

정치의 사회적 책임과 윤리

이 장에서 나는 기업의 사회적 책임에 대해 논했다. 이 주제는 우리를 경제 세계화라는 더 넓은 맥락으로 이끌었고, 다음 장에서 이어서 더욱 깊게 논의할 것이다. 여기서는 정치와 정치인의 사회적 책임이라는 주제를 다루고 싶다. 물론 지금까지 다룬 주제와 밀접한 관련이 있다.

많은 68세대가 추종했던 이른바 '국독자(국가독점자본주의)[14] 이론'

에 따르면 우리 체제에서 정치의 제국주의적 열망과 경제의 자본주의적 이해는 서로 떨어질 수 없이 얽혀 있다. 나는 이 시각이 말이 안된다고 보지만, 이 이론 자체도 나와 성이 같은 카를 마르크스에게서 오지 않았다. 오히려 그의 아류인 블라디미르 일리치 레닌^{Wladimir Iljitsch Lenin}에게서 기원했다. 레닌은 1차 세계대전을 경험한 뒤 이 이론을 발전시켰다. 그에 따르면 세계대전의 발발은 자본주의의 최종 단계를 예고하는 것이었고, 거대 독점 자본은 국가와 군대를 종속시켜 자본의 목적에 봉사하도록 만들었다.

내가 이 주제를 다루고 싶은 이유는, 정치 권력과 경제 권력이 파멸적으로 결합한 이 생각이 매체 등에 다양한 방법으로 계속 등장함으로써 익숙해졌고, 이른바 중산층 안에서도 어느 정도 인기를 누리고 있기 때문이다. 비슷한 표현으로 '군산복합체'가 있다. 미국 대통령 드와이트 아이젠하워^{Dwight D. Eisenhower}는 1961년 고별 연설에서 정치와 군대와 군수 산업이 얽힌 현상을 경고했는데, 그 이후 이 말이 유명해졌다.

현재 경제 분야의 로비스트, 특히 군수 산업체의 로비스트들이 영향력을 발휘하여 그들에게 유리한 결정을 내리도록 시도하고 있음은 분명하다. 베를린, 워싱턴 그리고 세계의 다른 수도에는 선출된 국회의원 수보다 더 많은 로비스트가 존재하는데, 그들은 돈을

---

14 (옮긴이) '국가독점자본주의^{Staatsmonopolistischer Kapitalismus}' 개념을 한국의 386세대는 '국독자'로, 독일의 68세대는 '슈타모카프^{Stamokap}'라는 약자로 불렀다. 마르크스 추기경은 여기서 '슈타모카프'를 썼다.

지불하는 사람들의 이익을 위해 분위기를 조성한다. 이 자체는 사실 문제가 아니다. 이는 민주주의의 일부다.

정부와 의회가 공동선의 요구에 따르지 않고 경제 산업 분야의 이익을 위해 결정한다는 나쁜 인상을 줄 때가 있다. 이런 모든 일을 삼가거나 중지하는 것은 정치의 매우 중요한 임무다. 경영진은 기업의 정당한 주인만 볼 것이 아니라 스스로 높은 도덕성을 지녀야 한다는 점이 중요하다. 그리고 정치인들은 믿을 만하고 신뢰할 수 있어야 한다. "민주주주의는 덕이 필요하다 Demokratie braucht Tugenden." 라는 말은 독일 개신교회와 독일 가톨릭 주교회의가 2006년에 공동으로 내놓은 권고안의 제목이다. 민주주의란 다양한 그룹이 정치적으로 활동하면서 서로 다른 책임을 지는 것이다. 모든 참여자는 공동선에 봉사할 의무가 있다. 이 공동의 의무는 크게 네 가지 집단이 지는데, 이들은 서로 정치적으로 고립되어 있지 않고 다양하게 관련을 맺고 있다. 시민은 유권자로서 특별한 임무가 있고, 정치인과 언론인과 협회 등 '특별한 이해를 대변하는 사람들'이 있다. 이들은 다른 주체들과 함께 공동선, 연대성 그리고 정의를 책임진다.

특히 정치적 개혁이 필요한 시기에는 많은 사람들이 부당한 요구를 느낄 수 있다. 그런 힘든 시기일수록 반드시 명심해야 할 점이 있다. 궁극적으로 이런 개혁 과업의 성공은 그 과정을 담당하는 정치인들의 신뢰성에 달려 있지 않다는 것이다. 어떤 정치인이든 공동선과 사회 정의를 실제로 변호할 때에만, 어떤 사안을 다루든 공동선과 사회 정의에 따라 적절히 처신할 때에만 사람들에게 받아들여질 수 있다. 반대로 어떤 개인이나 개별 기업이 나쁜 일을 저지르면 정치와 국가 제도는 함께 지속적으로 그런 기업이나 개인을 신용하지 말아야 한다. 그러므로 정치의 독립성과 공동선에 대한 의무 안에서 사람들의 신뢰가 훼손되지 않는 것이 매우 중요하다. 그래서 폐쇄적 동아리 정치Klientelpolitik나 친족 경영Vetternwirtschaft의 인상을 주는 행위는 가능한 한 피해야 한다.

이와 관련하여 독일 연방의회가 2005년에 모든 국회의원으로 하여금 그들의 부업을 공개해야 한다고 결정한 일은 정당하다. 나는 이 결정이 올바른 형태로 진행되고 있느냐 하는 논쟁에는 참여하고 싶지 않다. 물론 변호사, 세무사 또는 의사 등으로 여전히 일하는 국회의원들이 어떤 고객을 상대하고 개별 고객에게 얼마나 돈을 버는지 공개하도록 요구하지 말아야 할 수도 있다. 그러나 시민과 유권자로서 나는 국회의원들이 결정을 내리는 과정에서 어느 시점에 그들의 재정적 이해관계가 어떤 영향을 끼치는지 알고 싶다.

미국은 우리 유럽인들에게 많은 분야에서 빛나는 모범으로 소개된다. 이제 우리 정치인들은 미국의 정치인들이 하는 일을 따라야 할 것이다. 워터게이트 사건 이후 미국의 하원의원과 상원의원은 정부윤리법Ethics in Government Act을 제정하여 자신의 소득과 부채를 모두 공개하고 있으며, 부분적으로는 배우자와 자녀도 그렇게 한다. 미국 의회는 의원이 다른 직업을 가질 경우 의원수당의 최대 15퍼센트까지만 허용하고, 이해관계가 충돌하는 특정 직업의 경우 의원직과 병행할 수 없도록 제한한다.

국회의원이 고급 레스토랑에서 음식을 먹는데 로비스트가 식사비를 지불한다면, 또는 정부의 공무원이 휴가 여행을 가는데 경제계의 친구가 비용을 댄다면, 그들은 정치에서 사람들의 신뢰를 훼손하는 것이다. 정부의 장관으로 일했던 사람이 퇴임하자마자 자신이 정치적 책임을 졌던 바로 그 분야에서 활동하는 기업에 자리를 얻을 때도 역시 똑같이 신뢰가 훼손된다. 내 견해로는 국가 기관의 완전성에 대한 이해 안에서, 재직할 당시 내렸던 결정과 퇴임하고 맡은 자유경제 시장의 활동 사이에 어떤 연관성도 존재해서는 안 되고, 절대 그렇게 여겨지는 것도 허용해서는 안 된다. 그래서 나는 퇴임하는 공무원에게 요구되는 행동 강령이 필요하다는 점을 충분히 이해한다. 그 강령은 정부 공무원이나 국회의원이 재임 시 활동했던 분야에 다시 직업을 얻을 경우 일정한 대기 기간을 명시해야 한다.

8장

정의의 세계화

연대성의 세계 질서를 변호하다

자본주의와 공산주의의 그늘

"하나의 세계, 하나의 꿈"

북경에서 열린 제29회 하계올림픽의 슬로건이다. 거대하게 연출된 이 꿈은 그러나 많은 사람들에게 1년 내내 엄청난 악몽으로 지속되었다. 오늘날 중국의 어두운 면을 밝혀준 언론인들에게 감사하다. 그들은 티베트인의 슬픈 운명과 그리스도인 같은 거대한 제국의 소수자들을 세계인들이 다시금 강하게 인식하도록 해주었다. 그들은 (중국의 엄격한 검열에도 불구하고) 스포츠 선수들뿐만 아니라 중국 일반 사람들의 일상에도 카메라와 마이크를 들이댔다. 그래서 우리는 민속적으로 연출된 나부끼는 깃발과 중국 무희들의 웃는 얼굴만을 보지 않게 되었다. 세계가 많은 중국인들의 고통받는 삶에 주의를 돌리자 중국의 공산당 권력자들은 크게 짜증을 냈다.

빛나는 경기장을 세운 건설 노동자들을 보자. 그들은 힘든 노동의 대가로 매우 적은 임금을 받았다. 그들은 완공되지 않은 숙소에서 잠을 자야 했고, 적절한 위생 시설을 이용할 수 없었다. 직접 지은 경기장에서 경기 관람권을 살 수 있는 사람은 그들 가운데 없었다. 건설 작업이 끝나자 경기장뿐 아니라 북경 전체에 그들을 위한 자리란 없었다. 올림픽 준비를 위해서 수십만의 사람들이 신속하게 도시에서 제거되었다.

'강제 퇴거·주거 인권 감시단체'Centre on Housing Rights and Evictions,

COHRE'에 따르면 올림픽을 개최하고자 '도시 근대화'의 일환으로 북경 일대에서 약 150만 명이 이주했다고 한다. 대부분 본인의 의사가 아니었고 적절한 보상도 받지 못했다고 전한다. 공산주의 나라인 중화인민공화국에서 토지는 국가의 소유이므로 언제나 건설용으로 사용할 수 있다. 올림픽 이전에는 쇠락하는 지역에 사는 노인과 가난한 사람들을 주로 덮쳤다. 그들의 고통은 엄청났고 외국 방문객은 이 사실에 당황했다. 국제 언론은 세계를 놀라게 한 중국의 경제 기적 이면에서 희생당한 이들을 앞장서 보도했다. 중국의 지도층은 이미지의 힘을 잘 알고 있었다. 웃음의 나라에서 어떤 눈물도 보여서는 안 되었다. 그러나 언론도 세계화된 세상이다. 예전처럼 독재자들이 백성의 위기를 쉽게 감추기는 어렵다.

그래도 올림픽 건설 현장의 노동자들은 비교적 좋은 편이었다. 세계의 이목이 하계 올림픽 준비에 쏠려 있을 때 중국 정부 당국자는 최악의 잔악 행위가 감춰져 있음을 알고 있었다. 중국 노동자의 일상은 공포로 점철돼 있었다. 세상의 중앙이라는 나라中國에서 수백만의 농민공農民工, 곧 하급 이주 노동자들이 존재했고, 사람들은 그들의 임금을 속이고 있었다. 한 해 동안 일을 해주고 약속된 임금을 받지 못하는 농민공은 수많았다. 그런데 그들이 일했다는 사실을 증명할 계약서는 존재하지 않았다. 부패한 관리는 파렴치한 기업가들의 거짓말을 덮어준다. 불평하는 노동자는 도움을 얻기는커녕 더욱 큰 어려움을 겪는다. 최악의 경우 그들은 공공질서를 방해했다는 이

유로 투옥되거나 심지어 구타를 당해 죽음에 이르기도 한다.

2007년 3월 인권 단체 국제앰네스티는 중국 농민공들의 운명에 대한 충격적인 보고서를 내놓았다. 그 보고서에 따르면 세상의 중앙이라는 나라의 경제 기적을 가능하게 만든 약 2억 명의 사람들이 기초적 노동권뿐 아니라 인권을 부정당하고 있었다. 2015년에는 이런 고난의 무리가 3억으로 성장할 것이었다. 그들은 중국 전역에서 새로운 산업 중심지로 이동하고 있는데, 이는 세계적으로 평화 시기에 일어난 가장 거대한 규모의 이주 운동이다.

중국은 지난 25년간 경제 자유화라는 방법으로 큰 발전을 이루었고 이제는 세계에서 가장 강한 경제 대국 가운데 하나가 되었다. 이를 통해 전체 경제의 복지는 대폭 향상되었다. 중산층이 성장하여 증가하는 복리를 누리고, 생활 수준도 이제는 서구 기준에 접근했다. 가난한 사람의 숫자도 통계에 의하면 이 시기에 감소했다. 그러나 유럽의 19세기처럼 중국 자본주의의 그늘도 심각하다. 이는 사회적 시장경제의 그림과는 거리가 매우 멀다.

농민공들의 삶과 노동의 조건은 유럽의 초기 산업화 시대처럼 암울하다. 일주일에 7일 동안 14~16시간씩 일하고 휴일은 한 달에 하루뿐이며, 노동 조건은 비인도적이고 의료보험도 없으며, 임금은 겨우 육체적으로 생존 가능한 정도다. 이런 일이 일상의 질서다. 앰네스티 보고서는 차궈쿤^{Cha Guoqun}의 이야기를 들려준다. 그는 시골 출신으로 중국 동부의 항저우로 이주하여 공장에서 일했다. 그런데 다리를 다쳐 상처가 났고 염증이 악화되자 국립병원에 갔다. 그는 의료보험이 없었고, 의사는 양자택일을 제안했다. 병원에서 치료받으며 매일 1000위안을 내던가, 다리를 절단해야 했다. 1000위안은 대략 95유로 정도인데[1] 차귀쿤이 받는 월급의 두 배 정도 되는 돈이다. 하지만 운이 좋았다. 그는 그리스도교 구호 단체가 운영하는 병원에서 무료로 치료받았다. 다행히도 그의 다리는 구원받았지만 중국의 모든 노동자가 이런 행운을 누리는 것은 아니었다.

스물한 살의 재봉사 여성 장Zhang 씨는 지난 4년간 아홉 개의 공장을 전전하며 일했고 그때마다 나쁜 일을 겪었다. 그녀는 홍콩에서 발행하는《중국노공통신中國勞工通訊, China Labour Bulletin》에 자신이 겪은 일을 글로 썼다.

우리는 매일 잔업을 해야 했으며 빨라야 밤 11시에 끝낼 수 있었다. 새벽 2~3시까지 일해야 할 때도 많았다. 그래도 그다음 날 정확히 출근해야 했다. 매일 아침 7시 30분에 시작해서 점심 시간은 12시였다. 점심 식사와 휴식 시간은 30분이었지만, 다들 식사가 끝나면 곧바로 다시 일해야 했다. 일요일이 가장 좋았다. 일요일에는 밤 9시 30분이면 일이 끝났다. 우리는 모두 완전히 지쳐버렸다. 일부는 완전히 고갈되어 세상을 떠났다. 어떤 여성은 너무 피곤하여 재봉틀에 손가락이 밀려 들어갔다.

---

1   (옮긴이) 현재 환율은 대략 130유로이고, 한화로 17만 4000원 정도다.

그녀는 어떻게 그런 일이 일어났는지 모르겠다고 말한다. 완전히 지쳤는데 잠도 제대로 자지 못해서 그런 일이 일어난 것이었다. 매일 아침 점호가 있었다. 어느 날 한 여성이 아침 점호 중에 쓰러졌다. 우리는 그녀를 일으켜 세우려고 했지만 그렇게 할 수 없었다. 결국 내가 속한 분반에서 일하는 그녀의 남편이 그녀를 집에 데려갔고, 하루를 쉴 수 있었다.

장씨는 경제 기적을 이룬 중국에서 이렇게 4년 동안 상황이 심각한 여러 공장을 전전하다가 안전 상태가 엉망인 어떤 기계에 중상을 입게 되었다. 그녀를 고용한 기업은 널리 알려진 패션 업체로서 이 노동 사고에 중대한 과실이 있었다. 하지만 병원 치료비 가운데 일부만 부담했는데, 이것도 장씨와 그 친척들이 거세게 항의했기 때문이다. 이 젊은 여성은 이제 노동자를 위한 상담센터에서 일한다. 그녀는 사람들에게 권리를 일깨워주고 권리를 실현하도록 돕는다. 하지만 농민공은 중국에서 법률의 보호 바깥에 놓인 처지라서 쉽지 않다. 이는 중국의 엄격한 거주 관리 제도인 '호구户口'와 관련이 있다. 중국은 국가에 등록한 거주지 밖에서 거주하면 불법이다. 그렇게 하려면 국가의 허락을 받아야 하는데 관련 서류를 얻기가 간단하지 않다. 먼저 경찰의 증명서, 고향 공무원의 허가서 그리고 좋은 노동 계약서가 있어야 한다. 관청에서 서류를 만들려면 돈이 필요한데, 공무원의 월급이 적어서 대부분 뇌물을 요구한다. 시골에서 살기 어려워 도시로 이주하는 수천만의 절망적인 사람들은 허가를 받는 데 필요

한 돈도 없고 노동 계약서도 없다. 그래서 자기 나라에서 불법자가
된다.

공장주들은 이 사실을 아주 잘 알고 있기에 노동자들의 무력한
상황을 양심 없이 악용한다. 중국에는 국가에서 정한 최저임금이 있
고 다른 법으로 정한 최소 노동 조건도 있다. 그러나 정당한 거주등
록증이 없는 사람은 관청에 가서 침해당한 권리에 대해 쉽게 불평할
수가 없다. 그리고 노동 계약서가 없는 사람은 상황을 개선할 기회
자체가 없다.

특히 우울한 문제는 따로 있다. 고맙게도 국제앰네스티 보고서는
이 점을 두드러지게 강조했다. 그것은 농민공 자녀들의 운명이다. 부
모가 도시에서 불법 체류하기 때문에 자녀들은 원칙적으로 그 도시
의 어떤 학교에도 갈 수가 없다. 중국에서 아이들은 모두 9년간 의무
교육을 받는데, 그러려면 관청에서 지정한 거주지 증명서가 있어야
한다. 많은 부모들이 스스로 돕거나, 그중 일부는 아이들을 보낼 사
립학교를 스스로 조직하기도 한다. 그러나 이런 시도는 국가의 요구
사항을 충족시키지 못하고 관청에 의해 폐쇄된다. 북경에서 일하는
한 아버지의 절망 어린 목소리를 들어보자.

나는 기분이 무척 더럽다. 중국 각지에서 온 우리는 북경의 발전에 기여
했다. 하지만 시청이나 다른 곳에서 전혀 지원을 받지 못한다. 보통의 국
립학교는 농민공의 아이를 받지 않는다. 그러므로 우리는 아이들이 조

금이라도 배우기를 바라는 마음에서 아이들을 직접 가르친다. 지금 우리는 힘들게 살더라도 우리 아이들이 이렇게 힘들게 살 것이라고는 전혀 생각하지 않았다.

도시의 학교도 가기 어렵고 공공 보건 혜택도 받기 힘들기 때문에 많은 농민공이 아이들을 시골로 다시 데려간다. 북경 인민대학의 연구에 따르면 농민공으로 일하는 엄마의 80퍼센트는 아이를 1년에 한 번이나 두 번만 보며, 12퍼센트는 그보다 더 적게 만난다.

중국 정책 입안자들도 나라가 큰 도덕적 빚을 졌을 뿐만 아니라, 이런 부담이 미래에 폭력적으로 발전할 가능성을 점차 깨달아가는 듯 보인다. 국제앰네스티 보고서는 중국의 의회격인 국가인민회의의 한 위원의 말을 보도한다.

농민공 부모들은 무시당하고 그 자녀들은 다시 차별당한다. 자녀들의 영혼은 황폐해져 그들이 성장하는 이 사회를 증오하게 된다. 그러므로 그들은 언젠가 이 사회의 위협이 될 것이다.

이 모든 것이 명목상 공산주의 국가에서 일어난다. 나와 성이 같은 카를 마르크스나 중국에서 그를 완고하게 추종했던 마오쩌둥毛澤東이 오늘날 공산주의 깃발 아래 중국에서 일어나는 일을 안다면 아마 무덤에서 벌떡 일어날지도 모른다. 오늘날 중국의 지도부는 공산주의와 자본주의의 가장 어두운 면을 유례없이 종합하여 달성했다는 인상을 줄 수도 있다.

모든 힘을 동원해 세계 시장에 진출하여 주요 경제국이 되려는 거대 제국 중국의 사례에서 분명히 드러나는바, 오늘날 국가적 시야는 오직 경제에만 갇혀 있고 사회적 질문은 막다른 골목으로 밀려나고 있다. 중국의 공장들이 노동자의 권리를 짓밟는 일은 우리와 무관하지 않다. 도덕적인 이유뿐 아니라 우리 나라의 경제적이고 사회적인 미래를 봐서도 그렇다. 노동자에게 시간당 10센트 이하를 지불하는 중국의 섬유회사는 그 결과 경쟁할 수 없을 정도로 싼 제품을 세계 시장에 공급할 수 있다. 그들은 중국의 사회적 평등을 위협할 뿐만 아니라 유럽과 미국에서도 그렇게 한다. 이제는 제1세계, 제2세계, 제3세계가 서로 역할을 나누어 일하지 않고 오직 '하나의 세계'가 있을 뿐이다. 이 세계에서 발생하는 모든 것은 곧바로 우리에게 영향을 끼친다.

연대성의 다양한 얼굴

우리도 소비자로서 다시 한번 생각해야 한다. 길거리 의류 할인 매장에서 값싼 청바지를 판다면, 그 청바지를 손에 잡기 전에 도대체 어떻게 이런 가격으로 판매할 수 있는지 한번쯤 생각해봐야 한다.

또 비싼 섬유 제품을 살 때도 역시 라벨을 주의 깊게 보고 어디서 어떤 조건으로 생산되었는지를 따져야 할 것이다. 소비자로서 우리는 자신의 권리를 훨씬 깊이 자각하고 책임을 져야 한다. 만일 어떤 회사의 제품 라벨에서 현대판 노동 노예들의 피와 눈물을 볼 수 있다면 그런 제품을 구매하지 말아야 한다. 우리의 돈으로 그런 노동 관계를 지원하면 안 된다. 또한 나는 소비자들에게 현대의 착취가 어떻게 발생하는지 알려주고, 그런 착취 회사들의 이름을 고발하는 비판적 매체의 활동을 환영한다.

「마르코 복음서」를 보면 예수님께서 "그분께서는 노기를 띠시고 그들을 둘러보셨다. 그리고 그들의 마음이 완고한 것을 몹시 슬퍼하"셨다(3,5)는 말씀이 있다. 나는 우리 세계의 불의를 볼 때 이 말씀이 마음에 남는다. 어떤 경우에도 분노는 죄라고 말하는 사람이 있다. 분노는 눈먼 광기와 증오를 일으키는 죄로서 실제로 칠죄종七罪宗² 가운데 하나다. 그러나 분노 중에도 특정한 대상을 거스르기보다 선한 이들이 고통받는 모습을 보며 생겨난, 파괴하지 않고 오히려 자각시키고 변화시키려는 목적으로 행하는 분노는 죄가 아니라 덕목이다. 이런 분노에 따르면 우리는 불평만 해서는 안 된다. 우리는 함께 많은 것을 조정하고 바꿀 수 있다.

---

2 (옮긴이) 가톨릭교회에서 말하는 일곱 개의 큰 죄를 일컫는다. 전통적으로 교오驕傲, superbia(교만), 간린慳吝, avaritia(탐욕), 미색迷色, luxuria(색욕), 분노忿怒, ira, 탐도貪饕, gula(식탐), 질투嫉妬, invidia, 나태懶怠, acedia를 말한다. 이것들은 그 자체가 큰 죄이자 다른 죄를 일으키는 역할도 하기에 죄원罪源이라고도 하며, 라틴어 머리글자를 모아 'SALIGIA'라고도 한다.

1995년 수십억 달러 규모의 세계적 대기업 셸Shell이 무릎 꿇은 사건을 예로 들어보자. 원유 저장 탱크인 '브렌트 스파Brent Spar'를 북해의 바닥에 폐기하는, 이른바 '해저 폐기' 계획에 반대해서 유럽 전역의 운전자들이 셸의 주유소를 보이콧했다. 독일에서 셸 주유소는 매출이 30퍼센트에서 70퍼센트까지 감소했다. 그러자 결국 이 기업은 해저에 폐기하려고 이미 출발한 배를 되돌려 결국 내륙에서 원유 저장 탱크를 해체했다. 이는 기업이 자연만을 위협한 것이 아니라 사회 정의도 위협한 경우에 해당한다.

우리는 생태적이고 사회적인 책임을 수행하려면 시장과 싸우기보다 오히려 시장의 법칙을 이용해야 한다. 기업가로서 고용주로서 사회적 공평함을 증명한 사람들은 소비자에게 보상을 받아야 하고, 비사회적인 시장 참여자가 일으키는 불공정 경쟁으로부터 보호받아야 한다. 반대로 국제 경쟁에서 최소한의 기준마저도 거스르는 주체는 만인이 보는 가운데 형틀에 매달리듯 매체에 공개되어 시장에서 쫓겨나야 한다.

우리의 상점과 슈퍼마켓에는 유기농 라벨이 붙은 상품이 점점 더 많아지고 있다. 그런데 왜 정의의 라벨은 없을까? 그런 라벨이 붙는다면 소비자들이 생태적인 면뿐 아니라 사회적인 면에도 책임을 질 수 있지 않을까?

젊은이들은 브랜드에 애착을 잘 느낀다. 어떤 젊은이는 그것을 불평한다. 그런데 '정의의 브랜드'가 있다면 젊은이들이 유행시킬 것이라고 확신한다. 젊은이들을 많이 만나보면 베네딕토 16세 교종이 하신 말씀이 정확히 옳다는 것을 알 수 있다. 그는 선출 직후에 이렇게 말했다. "젊은이들이 소비와 재미만 생각한다는 것은 절대 진실이 아니다. 그들이 물질적이고 이기적이라는 말도 진실이 아니다. 진실은 그 반대다. 젊은이들은 큰일을 원한다. 그들은 불의를 저지하고 싶어 한다. 그들은 불평등을 극복하고 이 세계의 선한 일에 참여하고 싶어 한다. 그들은 억압받는 사람들이 자유를 얻기를 원한다. 그들은 큰일을 하길 원하고, 선한 일을 하고 싶어 한다."

전 세계의 많은 젊은이들이 세계화가 제공하는 새로운 가능성을 적극적으로 받아들인다. 그들은 외국어를 배우고 낯선 나라를 방문한다. 이것은 좋은 일이고 내게는 희망이다. 세계의 모든 사람이 서로를 더 잘 이해하고, 낯선 사람이나 타인을 위협이 아니라 풍요로움으로 지각할 때, 세계적인 연대성이 실현될 것이다. 이런 태도는 실제 인간이 서로 만나야 가장 잘 자라난다. 이를테면 전 세계 모든 청년이 교회라는 하나의 지붕 아래 모여 함께 기도하고 잔치를 여는 세계청년대회World Youth Day, WYD가 이런 만남의 자리가 될 것이다.

물론 사람을 사귀는 최선의 방법은 그들이 사는 곳, 곧 그들의 집을 방문하는 것이다. 더 좋은 방법이 있다면 한동안 그들과 함께 사는 것이다. 학교를 졸업하고 선교사로서 1년이나 그 이상을 라틴아메리카, 아시아, 아프리카 등에 가서 그곳 본당이나 사회복지 시설이나 학교에서 가난한 사람과 살고 기도하고 일하는 젊은이들을 나는 예찬한다.

내가 어렸을 때는 이런 가능성이 존재하지 않았다. 그러나 1999년 내가 파더보른의 보좌주교였을 때 독일 주교회의 정의평화위원회가 주최한 '노출 프로그램Exposure-Programm'의 일환으로 필리핀을 방문한 적이 있었다. 이 체험은 내게 매우 인상 깊었다.

노출이란 밖에 내놓는 것, 벗겨버리는 것, 있는 그대로 보여주는 것을 의미한다. 노출 프로그램은 부유한 세계에서 온 사람들이 저개발 나라의 가난한 사람들을 직접 만나는 것이다. 참가자들은 현지 가정에 머물며 며칠을 보낸다. 함께 일상을 보내는 시간은 짧지만, 그 시간 동안 참가자들은 가난과 저개발의 실상에 노출된다. 그리고 문제를 바라보는 새로운 시각을 얻는다. 이제 가난은 뉴스에서 보거나 숫자로 이해하는 추상적인 모습이 더 이상 아니다. 그들이 한 식탁에서 함께 식사한 사람들, 함께 먹고 이야기하고 기도하고 웃던 실제 인간의 실존적 문제가 된다. 그래서 가난은 얼굴을 갖게 된다.

나는 라고노이 지방 자핫의 한 가정에서 며칠을 살았다. 며칠 안 되는 기간 동안 거기서 받은 인상은 내 마음에 깊이 새겨졌다. 그 집에는 아이와 손자를 키우는 과부가 살았다. 내가 거기 갔을 때, 며느리 때스시애Tessie는 몇 주 동안 집에 머물러 있는 상태였다. 그녀는 지인을 통해서 쿠웨이트의 가정부 자리를 잡았고 그곳에서 버는 수익이 남편보다 많았다. 남편은 버스 운전사로 매일 열 시간씩 일하며 마닐라를 왕복했다. 그는 집에 거의 들어오지 않는데, 집에 있을 때는 잠만 잤다. 때스시애는 5년간 쉬지 않고 일했고, 그동안 아이를 보지 못했다. 그녀는 당시 휴가를 받아 자햣에 와 있었고 몇 주 뒤에는 다시 쿠웨이트로 돌아가야 했다. 그러면 최소 3년 동안에는 돌아오지 못할 것이었다. 그녀는 돈을 많이 벌어서 고향으로 돌아가 가족 모두가 살 작은 집이라도 장만하고 싶은 꿈이 있었다. 그때면 장남은 성인이 될 것이었다. 8~10년 동안 그녀는 장남을 이렇게 아주 가끔 몇 주만 보게 될 것이었다. 필리핀에서 보낸 이 시기 이후 내게도 가난은 이름이 생겼고, 인간의 얼굴로 다가왔다.

세계화의 다양한 얼굴

물론 나는 이런 개인적 체험에 머물러 있지는 않을 것이다. 그것은 이 프로그램의 본래 의도와도 맞지 않는다. 노출 프로그램은 개발 정책의 일부로, 작은 만남이 큰 행동으로 이어지는 것이 목적이다. 우리는 가난과 배척의 결과를 직접 체험함으로써 연대성의 동기가 생겨난다. 그리고 세계적 연대성이 필요하다는 사실을 깨닫게 된다.

정치인들은 이것을 "잘 이해한다."라고 말한다. 하지만 세계화에 직면하여 자국의 이익만 변호하는 그들은 억지로 꾸며낸 오류투성이 반명제를 추종한다. 새로운 사회적 질문과 지속 가능한 성장을 보증하기 위한 생산적 해답이란 오직 넓은 시각에서 세계적 이해를 상호 비교함으로써 달성될 것이다. 자국의 이익만 단기적으로 비교하고 계산하는 정치로는 달성하기 어렵다. 남반구와 북반구, 동방과 서방, 가난과 부유함이 하나의 세계에서 상호 의존적이라는 점은 더욱 명백해지고 있다.

나는 세계화를 전혀 반대하지 않는다. 세계화는 인류를 한 가정으로 보는 사상과도 부합하며, 그런 사상은 교회도 강하게 지지한다. 세계 경제가 동반 성장하는 것도 사실이지만, 이는 비가 오고 해가 뜨는 것처럼 자연적으로 이루어지는 현상이 아니다. 세계화는 야생의 자연처럼 그저 자라나는 것이 아니라, 인간이 손을 대서 형성해나가야 하는 과정이다. 세계적으로 유명한 노벨 경제학상 수상자이자 세계은행 부총재를 역임한 조셉 스티글리츠 Joseph Stiglitz는 이 세계화 과정이 양면성을 지녔고 미래에 열린 모습을 지녔다고 두 권의 책을 통해 서술했다. 바로 2002년에 나온 『세계화의 그늘』과 2006년에 이어 나온 『세계화의 기회』이다.[3]

그리스도인으로서 세계화에 대해 생각할 때, 내게 결정적인 것은 그리스도교 신앙의 보편적 지향이다. 모든 인간은 하느님의 모상에 따라 창조되었다. 그러므로 우리 그리스도인은 인간을 하나의 공동체로 이해한다. 그 공동체 안에서 각자는 침해받을 수 없는 존엄성

---

3 (옮긴이) 독일어로 『세계화의 그늘Die Schatten der Globalisierung』, 『세계화의 기회Die Chancen der Globalisierung』로 번역된 스티글리츠의 저서 원제는 각각 "Globalization and Its Discontents", "Making Globalization Work"이며, 국내에는 『세계화와 그 불만』과 『인간의 얼굴을 한 세계화』로 번역돼 있다.

을 부여받았고 서로 연결되어 있다. 이 공동체 안에 연대성의 원리가 기초한다. 연대성은 원칙적으로 어떤 가정, 어떤 개인적 생활 환경, 어떤 이해집단이나 국가나 연합체의 구성원에 국한되지 않는다. 그래서 앞에서도 언급한 제2차 바티칸 공의회는 "인간에게 날로 더 나은 봉사를 하고 개인과 집단이 본연의 존엄을 긍정하고 발전시키도록 도와주는 그러한 정치, 사회, 경제 질서를 확립하는 것이 인류의 의무"라고 말한다.[4]

그리스도교적으로 이해한 연대성은 세계적 차원에서 이루어진다. 그러므로 세계화에 대한 현재의 논쟁에 두 가지 논점을 짚고 싶다. 첫째는 세계화가 '하나의 세계'에 점점 더 집중하는 것으로 이해된다고 해서, 그리스도인이 그것을 종말의 도래를 예언하는 것으로 생각해서는 안 된다. 오히려 세계화는 우리 믿음의 보편적 지향과 보편적 전망으로 분명히 연결될 것이다. 사회학자 프란츠자베르 카우프만이 옳게 말했듯, 가톨릭교회는 가장 오래된 '세계적 행위자global player'였고, 언제나 세계적 임무를 이해하는 기관이었다.

둘째, 우리는 믿음 안에서 인류 가족의 세계적 일치를 만인이 동등하게 존엄하고 상호 연대성의 의무가 있다는 범주와 절대 떼어서 생각할 수 없다. 그래서 그리스도인들은 세계화의 구체적인 과정이 모든 인간의 존엄성과 기초적 권리를 정당화하는지 늘 측정해야

4　제2차 바티칸 공의회, 「기쁨과 희망」, 9항.

한다. 선종하신 요한 바오로 2세 교종이 말했듯이 우리의 기준은 연대성의 세계화요, 정의의 세계화이다. "만인의 공동선은 연대성의 문화를 의미한다. 그 문화의 목적은 이익과 고통의 세계화와 연대성의 세계화를 늘 대조하여 이해하는 것이다."

가톨릭 사회론은 언제나 연대성이 개인의 행동 지침일 뿐 아니라 사회적이고 정치적인 질서의 목표이자 원칙임을 주장했다. 이미 경제적 세계화가 시작되었을 때부터 그 결과가 엄청나리라는 것은 예견되었다. 그래서 일찍이 세계적 차원의 정치질서 형성도 요구되었다. 이를 일반적으로 '글로벌 거버넌스Global Governance'라고 부른다. 한편으로는 세계화된 경제 틀을 만들기 위해 세계금융 시장을 발전시켜 만인의 공정한 경쟁을 실현하자는 의미가 있다. 그러나 '글로벌 거버넌스'는 경제적 차원에만 관련된 용어가 아니다. 오히려 세계화된 도전에 맞춘 일반적 제도와 규칙의 체계를 만들자는 것이다. 여기서 주의할 점은 '모든 사람이' 물질적이고 문화적인 재화에 참여할 권리가 있고 정치권력에 참여할 권리도 있다는 것이다. 이미 1965년에 바오로 6세 교종은 유엔 연설에서 제도적으로 보장된 국제 협력의 필요성을 언급했다. "법적 그리고 정치적 차원에서 세계적으로 행동할 수 있는, 국제적으로 광범위한 권위를 점진적으로 세워야 할 필요성을 보지 못하는 사람은 누구입니까?"

세계적 질서정책의 핵심은 유엔과 이미 존재하는 국제기구가 되어야 한다. 국제기구들은 유엔과 완전히 하나의 체계로 결합해 있거나 어떤 계약으로 연결되어 있다. 이런 맥락에서 언급해야 할 기구는 세계무역기구, 경제협력개발기구, 국제통화기금, 세계은행 그리고 국제노동기구^{ILO}이다. 이런 기구들은 경제 세계화를 정치 세계화로 보완해야 할 임무를 요청받는다. 그들은 세계적으로 네트워크화된 경제에 비해 세계적 정치가 평가절하되는 현상에 맞서 활약하고 봉사한다.

그러나 이런 국제기구들의 현실에 눈을 돌리면 연대성을 지향하는 '글로벌 거버넌스'가 되어야 한다는 그들의 임무는 아직 시작 단계임을 알아야 한다. 국제통화기금, 세계은행, 세계무역기구 등이 과거에 저지른 실수를 보면 그들이 월가를 위해 애썼다는 혐의를 완전히 부정하기 어렵다. 그들은 근시안적인 이해관계에서 정치를 했지, 질서정책의 책임을 떠안으려고 하지 않았다.

가령 1990년대 말에 아시아에서 일어났던 금융 위기를 생각해보자. 조셉 스티글리츠는 지난 30년 동안 경제 분야를 연구했고, 다른 사람들도 당시의 사건 경과를 자세하게 분석했다. 물론 해당 국가에서는 잘못된 경제 정책이 존재했다. 많은 곳에서 측근들의 부패와 편파적 인사가 퍼져 있었다. 그렇다고 해도 국제통화기금은 큰 실수를 저질렀다.

국제통화기금은 경제가 급성장한 아시아 국가들에게 금융 시장과 자본 시장을 너무 빨리 개방하라고 주문했다. 이 주문은 무엇보다 아시아의 호황에 참여하고 싶은 미국과 유럽의 자본 산업의 이해를 대변한 것이었다. 국제통화기금은 이런 자유화 정책으로 아시아 나라들에 외국 대출이 급증하고 거대 자본이 유입되어 결국 외환 위기의 가능성이 커지고 유사시 거대 자본 유출의 위험이 급증할 것이라는 분석을 소홀히 했다. 그들은 이들 나라에서 외환 체계와 은행 체계가 매우 취약하다는 점을 분석하지 못했다.

화려한 성장률의 빛에 홀려 많은 은행이 아시아의 기업에 확실하지 않은 외환 대출을 관대하게 그리고 자주 승인해주었다. 그래서 국제 외환 시장에서 아시아 국가들의 경제가 환율 위기에 노출되었다. 미국과 유럽의 투기꾼들도 아시아의 호황에 한몫 잡기를 원했고, 아시아의 증시와 부동산에 현실적인 선을 넘어서 투자했다. 이것은 거대한 투기적 호황으로 발전했고 재정에 엄청난 거품을 조성했다. 이런 일이 1929년에 어떻게 끝났는지 사람들은 명백히 망각했다.

그래서 일어나야 하는 방식으로 사건이 일어났다. 주가 상승세가 약화되자 외국 은행과 투자자들이 냉정하게 발걸음을 끊었고, 관대하게 승인했던 대출을 더 이상 연장해주지 않았다. 그리고 이 지역에서 그들의 자본을 재빠르게 철수시켰다.

설상가상으로 위기는 통화 투기꾼을 불러들였다. 미국과 유럽의 몇몇 헤지펀드와 투자은행은 쉬운 먹잇감의 냄새를 맡았다. 굶주린 늑대 무리처럼 그들은 태국에 달려들었다. 그들은 수십억 달러를 들여 태국의 바트화에 투기했다. 태국 중앙은행은 거의 300억 달러를 투입하여 방어전을 치렀지만 화력은 약했고, 결국 일격을 맞아 바트화가 평가절하되었다. 통화 투기꾼들은 불과 몇 주 만에 80억 달러를 벌었고, 태국은 전국으로 고통이 퍼져나가며 나락으로 떨어졌다.

이 상황에서 국제통화기금은 또 한 번 실수했다. 태국 바트화가 52퍼센트, 한국 원화가 42퍼센트, 인도네시아 루피화가 77퍼센트의 가치를 잃어버리는 경제적 재앙 한가운데서, 국제통화기금이 이들 나라에게 재정 긴축과 고이자 정책을 확고하게 주문한 것이다. 그렇게 되면 국민 경제는 더 취약해지고, 사회적 문제는 더욱 첨예해질 것이었다. 태국에서는 실업률이 세 배로 치솟았고 한국에서는 네 배로, 그리고 인도네시아에서는 무려 열 배가 되었다. 특히 인도네시아에서는 사회 균형이 완전히 무너지면서 폭력 사태가 발생했다. 상점은 약탈당했고, 수년간 잠잠하던 민족 갈등이 격화되었으며, 테러 공격이 급증했다. 결국 독재자 수하르토 $^{Haji\ Mohammad\ Suharto}$가 32년 만에 인도네시아 정상에서 내려와야 했다.

물론 아시아 금융 위기의 맥락에서 국제통화기금의 정책을 비판적으로 평가하여 잘못된 결론을 이끌어내서는 안 될 것이다. 아시아 금융 위기 이후에 사람들은 더 현명해졌고, 국제통화기금은 실수를 인정했다. 또한 인도네시아, 태국, 그리고 한국에 1000억 달러가 넘는 돈을 대출해줘서 이들 나라의 중앙은행을 파산에서 구제하기도 했다. 국제통화기금의 지원은 자발적이지 않았지만, 그래도 이런 도움이 없었더라면 통화 투기꾼들은 높은 확률로 아시아의 호랑이 국가들을 더 강도 높게 공격했을 것이다. 국제통화기금의 도움이 없었더라면 경제적이고 사회적인 결과는 훨씬 더 파괴적으로 나타났을 것이다.

세계화를 반대하는 많은 사람들이 국제기구를 증오한다. 하지만 아시아 금융 위기에서 잘 볼 수 있듯, 우리는 이런 국제기구와 맞서 싸우지 말고 오히려 그들을 강화해야 한다. 다자주의적 기구가 없다면 '글로벌 거버넌스'는 불가능하다. 사회적으로 공정한 세계 질서라는 목표를 이루는 방법으로 다자주의의 길을 가는 것 외에 다른 대안은 없다. 순수한 양자주의의 길, 곧 양국 정부의 규제만으로 해결하는 방법은, 양국의 대립이 점차 격화되면 결국 강자가 이기는 쪽으로 기울 것이다. 이 세계의 가난한 사람들의 이해를 대변하고 요구하려는 사람은 강력한 국제기구와 더 나은 세계적 규칙을 지지하는 편이 낫다.

그래서 나는 앙겔라 메르켈Angela Merkel 연방 총리가 2007년 12월 19일에 중요 국제기구 대표자들과 환담하며 공식적으로 발표한 입장을 지지한다.

공정한 정치적 틀이 없다면 세계화 과정의 안정성과 지속 가능성은 장기간 보장되지 않을 것입니다. 역동적이고, 사회적으로 정의롭고, 생태적으로 지속 가능한 세계 경제를 이루어야 하기에, 이에 어울리는 합당한 틀과 조건을 만드는 데 무엇보다 선진 공업국들 그리고 점차 신흥경제국들도 책임과 주도권을 지녀야 합니다. 세계화 과정을 형성하는 데 따르는 정치적 책임은 정부들 간의 조정을 강화하는 것뿐 아니라 주도적인 국제기구들 간의 더 큰 일관성을 요구합니다. 곧 세계무역기구, 국제노동기구, 경제협력개발기구, 국제통화기금 그리고 세계은행은 사회적 시장경제, 자유 경쟁 그리고 환경 보호, 소비자 보호, 노동자 보호라는 근본 가치의 일관성을 지녀야 합니다.

여기서 핵심 키워드는 '일관성'이다. 국제기구들이 지금까지 슬플 정도로 효력을 제한적으로 발휘한 이유는, 세계적 경제 구조와 사회 구조가 실제로 너무나 복잡하게 얽혀 있는 것에 반해 이런 기구와 세계 정치의 조정력이 턱없이 부족했기 때문이다. 정치가 현실에 너무 뒤떨어져 있었다. 어제 또는 글피의 수단으로 오늘과 내일의 문제에 대응하는 격이다. 물론 그런 수단으로는 잘될 수가 없다.

예를 들어 국제노동기구가 유엔 산하의 최소 노동 기준을 만들었다면, 그 기준은 세계무역기구의 관행 안에서 무시되면 안 되고 오히려 실행되어야 하며, 필요하다면 국제노동기구가 제재도 가해야 한다. 독일이나 다른 나라처럼 국가 제도가 제대로 기능하는 민주 국가에서 만일 경제부 장관이 노동부 장관이나 복지부 장관이 만든 조치를 영구적으로 좌절시킨다면 시민이 그 정부를 쓸어버릴 것이다.

세계화를 비판하는 이들이 내거는 대중적 슬로건은 너무 단순하다. 그들은 세계화된 시장 때문에 가난한 사람이 더 가난해진다고 싸잡아서 거듭 주장한다. 그러나 이 주장은 틀렸다. 물론 세계화된 시장의 질서를 잡는 틀이 존재하지 않고 경쟁의 조건이 불가능하다면 가난한 사람에게는 아무런 기회가 없을 것이다. 그러나 또한 분명히 말해야 한다. 가난한 사람들이 고통받는 이유는 세계 시장을 부유한 나라들이 조종하고 있기 때문이다. 선진국들은 보호관세 등 모든 종류의 무역 장벽을 세워 개발도상국의 수출 경제를 방해하고 그들에게 기회가 돌아가지 못하도록 한다. 여기서 무엇인가를 바꿔야 한다.

2001년 유럽연합 집행위원회^{EC}가 내린 결정은 올바른 방향으로 나아가는 예라고 할 수 있다. 유럽연합은 2009년까지 최빈국을 대상으로 모든 기여금과 관세, 할당을 폐기했다. 파스칼 라미$^{Pascal\ Lamy}$ 유럽연합 외무위원은 '무기를 제외한 모든 것의 계획$^{Everything\ But\ Arms\ Initiative,\ EBA}$', 곧 이 나라들에서 생산한 (무기를 제외한) 전 품목에 대해 유럽 시장을 완전히 개방하려는 계획을 선언했다.

그러나 여전히 시장 경쟁은 심각한 왜곡을 겪고 있다. 개발도상국이 선진국과 경쟁할 수 있는 몇 안 되는 분야가 바로 농업인데, 유럽연합은 매년 500억 유로의 보조금을 농업에 지원한다. 그래서 가난한 나라를 돕자는 이 계획을 비판하는 사람들은 '농업을 제외한 모든 것의 계획$^{Everything\ But\ Farms\ Initiative}$'이라고 이름을 바꿔 부른다. 개발도상국 사람들 가운데 70퍼센트 정도가 농업에 직접 혹은 간접으로 의존하고 있다는 사실을 생각하면, 이것은 치명적이다.

물론 나는 단순하게 생각해서 유럽의 모든 농업 보조금을 완전히 철폐하자고 주장하는 것이 아니다. 독일과 오스트리아와 폴란드와 다른 유럽 국가들에서 농민들의 삶이 간단하지 않고, 그들이 미래를 위해서 싸우고 있음을 잘 안다. 국가의 지원이 없다면 그들 가운데 많은 수가 포기할 것이고, 농업 지역은 경제적으로, 인간적으로, 환경적으로 그리고 문화적으로 재난을 맞을 것이다. 삶을 유지할 수 있는 농업 경제는 선진국에도 경제적 측면을 넘는 의미가 있다.

그러나 많은 국가가 농업 정책과 관련해 최근 수십 년간 합리적인 질서정책의 수단을 잃어버렸다. 이는 가난한 나라뿐 아니라 부유한 나라에도 피해를 준다. 유럽연합 국가들, 미국, 캐나다 그리고 일본은 매년 3500억 달러에 이르는 보조금을 농업에 지급한다. 하루에 10억 달러꼴이다. 선진국들은 무엇보다 세계 시장에서 경쟁 우위를 차지하려고 보조금 경쟁을 벌이고 있다. 비정부기구의 추정치에 따르면 선진국들은 생산 비용의 대략 3분의 1의 가격으로 자신의 농업 생산물을 시장에 내놓는다.

상황이 이러하니 개발도상국은 따라갈 수가 없다. 개발도상국은 농업 생산물을 수출할 기회를 빼앗길 뿐만 아니라 국내 농업 시장마저 위협받는다. 보조금을 많이 받은 선진국의 농업 생산품이 밀려들어오기 때문이다. 이런 왜곡된 현상 때문에 (결국 가난한 나라의 농업은 파산하므로) 수년간 한쪽에서 기아가 발생한다면 세계적으로는 식량이 과잉 생산되는 것이다.

보조금 경쟁은 선진국의 발전에도 바람직하지 못하다. 사실상 세계 농업 시장의 점유율을 높이기 위해 막대한 수출 보조금을 지급한다. 그리고 이로 인해 연쇄적으로 촉발되는 치열한 경쟁은 농업 생산물의 가격을 불안정하게 만들고 일부 파괴적인 경쟁을 초래하며, 그 결과 생태적으로나 경제적으로 필요한 조정이 이루어지지 않는다. 이로써 중소 규모의 농업 회사가 이미 수없이 망했다. 이들에게 보조금 정책은 도움이 되지 않고 명백히 손상을 입혔다.

그러므로 재검토가 시급하다. 독일 주교회의 정의평화위원회는 가톨릭 농민 운동 및 가톨릭 지방 청년 운동과 함께 이 문제에 대해 2005년 공동 의견서를 내고 토론에 기여하고자 했다. 제목은 "공정한 세계 무역 조건을 위한 시험으로서 농업 무역"이었다. 우리 생각에 농업 시장의 완전한 자유화는 옳은 길이 아니다. 그것은 남반구와 북반구에서 농업 생산물의 집중화를 초래하여 결국 거대 농업 기업으로 귀결될 것이다.

선진국에서 살기 좋은 농촌 지역과 문화 경관을 보존하고 싶다면, 그리고 가난한 나라에서 가난과 효과적으로 싸울 수 있도록 지역을 발전시키고 싶다면, 양쪽 모두 농업 경제에 참여하는 농부의 특성을 보존해야 한다. 그래서 국가 보조금과 개입을 폐지하는 일은 별로 바람직하지 않다. 우리는 농업 정책을 발전시킬 새로운 생각을 해야 한다. 수출 보조금의 '상승 구조'를 깨고, 대신에 질서정책적 목표를 추구하며, 선진국과 개발도상국의 농업이 지역적 의미를 다시 강화할 수 있도록 해야 한다. 농업 정책에서 일방적인 수출 지향성을 극복해야 한다. 그래야 지역의 경제 순환 구조를 강화하고, 개발도상국의 식량 공급을 개선하며, 선진국의 경관이 지닌 가능성과 농업 경제가 지닌 생태학적 잠재력을 더 잘 이용할 수 있을 것이다.

연대성의 세계 경제 질서

조셉 스티글리츠가 말하듯 세계 무역의 자유화는 '비대칭적'이다. 그러나 현재의 모습과는 정확히 반대되는 모습으로 비대칭적이어야 한다. 현재 선진국은 국제 경쟁에 유리한 산업과 서비스 시장을 개방하라고 개발도상국에 압력을 가한다. 그러면서 개발도상국이 주도하는 제품이나 서비스를 부유한 나라는 언제나 봉쇄한다.

스티글리츠는 2006년 저서 『세계화의 기회』에서 선진국이 (이른바 개발도상국을 위한 '관세 선호도'에도 불구하고) 다른 선진국에 부과하는 관세보다 개발도상국에 부과하는 관세가 평균 네 배나 더 많다고 밝혔다. 그리고 이렇게 주장했다. "부유한 나라가 무역 장벽 때문에 가난한 나라에 안기는 손해는 선진국이 전체 개발도상국에 제공하는 원조금의 세 배나 된다."[5] 이런 불공정한 관계는 시장과 자유 무역 때문에 발생하는 것이 아니라 시장과 자유 무역을 정치적으로 훼손했기 때문에 발생한다. 개발도상국이 세계 시장에서 비교우위를 실제로 실현할 기회를 지닌다면 세계는 다른 모습을 지닐 것이다.

장기 목표는 실질적인 자유 무역, 공정한 경쟁이어야 한다. 장기 목표를 이루기 위한 중간 단계의 목표는 가난한 나라, 개발도상국이 불이익을 얻는 세계 무역 질서를 그들이 우위를 누리는 세계 무역 질서로 탈바꿈하는 것이다. 이는 개발도상국이 아니라 선진국이 시장을 개방해야 함을 의미한다. 무엇보다 효율적인 산업 기지를 세울 기회가 개발도상국에 열려 있어야 한다. 물론 성장하는 신흥경제국도 단계적으로 자신의 시장을 개방해야 할 것이다. 그렇지 않으면 경제적 진보를 이루는 데 필요한 자본의 접근과 혁신적 지식을 얻을 수 없을 것이다. 그러나 '단계적으로' 해야 한다. 아시아 금융 위기 직전의 투기 호황은 세계적으로 경제적 안정성을 해쳤다. 그런 투기 호황은 수백만 명의 미래를 마치 투기판의 판돈으로 보는 "월가의 도박꾼"을 제외하고는 누구에게도 도움이 되지 않는다.

물론 나는 잘 알고 있다. 대부분의 선진국에서 실업률이 여전히 높게 유지되는 상황에서 사람들은 개발도상국을 원조함으로써 세계 시장의 경쟁 상황이 악화되고 그 결과 부유한 나라의 일자리가 더욱

---

5 조셉 스티글리츠, 「세계화의 기회」(뮌헨, 2006), 109쪽.

위협받을 것이라고 걱정한다. 이기적으로 보일지 모르지만 실업이 일으키는 다양한 고통을 생각하면 나도 이 점을 이해할 수 있다.

그러나 우리를 양심의 가책에서 해방시키는 좋은 소식이 있으니 바로 이런 생각이 잘못된 경제적 가정에 기초한다는 것이다. 이 세계에 투자 가능한 자본은 고정되어 있지 않다. 돈은 늘 순환하고 돌아다녀야 하므로 독일이 10만 유로를 신흥경제국에 투자하면 그 돈은 단순히 독일에서 잃어버린 돈이 되지 않는다. 그리고 부유한 나라에서 생산되는 재화와 서비스를 요청하는 개발도상국 사람들이 점점 많아진다.

이렇게도 말할 수 있다. 이미 구워진 과자를 나누기보다 더 큰 과자를 굽는 일이 중요하다. 가장 큰 규모의 재화와 서비스를 교환하는 일이 선진국들 사이에 발생하고, 그들은 그런 교환을 통해 서로의 부를 유지한다. 그리고 미래에 더 역동적인 무역을 통해 부유한 나라들이 더 늘어날 수 있다면 장기적으로 서로 더 번영하게 될 것이다. 그러면 소수의 부유한 사람만이 아니라 만인이 그 번영을 누릴 수 있을 것이다. 이것은 1867년 카를 마르크스가 예언한 내용이 실현되는 것이다. 다만 그에게는 두려움이었지만 오늘날 우리에게는 희망이다. "산업적으로 더 발달한 나라는 그보다 덜 발달한 나라에게 오직 자신들의 미래상을 보여준다."[6]

---

6   카를 마르크스·프리드리히 엥겔스, MEW 23권, 12항.

세계의 가난과 싸우기 위해 우리의 부를 완전히 포기할 필요는 없지만 가난한 사람이 더 부유해질 수 있도록 도와야 한다. 그러려면 가난한 나라에 대한 개발 원조를 제공하는 형태로 나눌 준비가 되어 있어야 한다. 부유한 나라가 그런 원조를 제공함으로써 가난한 나라가 실질적으로 개발될 기회를 제공하는 것은 장기적으로 볼 때 도덕적으로 정당할 뿐 아니라 경제적으로도 손해를 끼치지 않을 것이다. 우리는 연대성에 기반하여 우리 스스로 늘 새롭게 적응해야 한다.

하나의 세계라는 이 비전, 곧 만인이 부를 누리거나 최소한 그 기회가 만인에게 열려 있어야 한다는 이 전망은 불행하게도 오늘날 우리에게 환상이거나 영원히 도달할 수 없는 꿈처럼 느껴진다. 오늘날 전 세계에는 67억의 인구가 산다. 그 가운데 3분의 1, 곧 25억 이상이 매우 가난하게 존재한다. 그들은 하루 2달러 미만의 돈으로 살아야 한다. 10억 명의 사람들이 하루에 1달러 미만의 돈으로 산다. 그리고 8억 5000명 이상의 사람이 기아에 시달리며 매일 2만 4000명의 사람이 영양실조 때문에 죽는다. 어린이가 대부분이다.

개발 원조의 올바른 개념에 대해 말하려면 천벌을 받고도 남을 이런 불의를 직시해야 한다. 수억 명의 삶의 현실은 중장기 개발 기회와는 관련이 없다. 그들은 장기 전망을 세울 형편이 전혀 안 되고, 매일매일 벌거벗은 가난과 싸워야 한다. 그래서 스스로 돕는 자를 돕는다는 전략이 일단 실질적으로 출발하려면 먼저 이 극단적 가난을 제거해야 한다.

지난 수십 년간 미제레오르Misereor 같은 교회 구호 단체들은 가난에 맞서 싸웠다. 그러나 기부금과 원조 프로젝트만으로는 이런 싸움에서 승리하기 어렵다. 바로 여기에 인류의 이름으로 이런 문제를 최우선으로 다루는 정치, 곧 세계 정치의 과제가 존재한다!

이런 통찰로 2000년 9월 6~8일에 제55회 유엔 총회가 뉴욕에서 개최되었다. 189개국 국가와 정부 수반(이른바 '밀레니엄 정상회의')은 21세기 4대 정치적 행동 영역 가운데 하나로 개발과 빈곤 제거를 명시한 선언문을 발표했다(나머지는 다음과 같다. '평화, 안보와 군축', '우리 공통의 환경 보호', '인권, 민주주의 그리고 선한 정부 운영'). 이 '밀레니엄 선언'에 여덟 가지 개발 목표가 명시되었다. 이른바 '밀레니엄 개발 목표'는 정량화 가능한 결과를 2015년까지 도달해야 한다고 선언했다.

1. 세계 인구 가운데 극심한 가난과 기아로 고통받는 비율을 이 기간 동안 절반으로 줄여야 한다.
2. 모든 어린이가 적어도 하나의 초등 교육을 받아야 한다.
3. 여성의 권리는 강화되어야 하고 양성 평등이 촉진되어야 한다.
4. 5세 미만 아동 사망율은 3분의 2로 감소되어야 한다.
5. 산모 사망율은 4분의 3으로 감소되어야 한다.
6. 에이즈, 말라리아 그리고 다른 중대한 질병은 확산이 정지되고 점차

감소되는 추세를 달성해야 한다.

7. 환경 보호, 곧 천연자원의 지속 가능한 사용과 접근은 심각히 개선되어야 한다.

8. 세계적인 개발 협력 관계가 수립되어야 한다.

2007년 유엔은 지금까지의 성과를 감안하여 냉정한 중간 보고서를 발표했다. 반기문 유엔 사무총장은 무엇보다 선진국이 약속한 개발 원조가 이루어지지 못했다고 호소했다. 그는 1970년에 이미 약속하고 2002년에 갱신한 수치, 곧 국내총생산의 0.7퍼센트를 개발 원조로 제공하겠다는 수치를 상기시켰다. 겨우 다섯 국가만이 이 수치를 달성했다. 덴마크, 룩셈부르크, 네덜란드, 노르웨이 그리고 스웨덴이다. 이런 식으로는 잘 운영되는 개발도상국조차 밀레니엄의 목표를 달성하기가 어렵다.

이 점에서 나는 분노한다. 우리 소득의 겨우 0.7퍼센트에 불과하다! 그 정도면 우리 지갑에서 거의 느끼지 못할 돈인데, 이 세계의 심각한 고통을 제거할 충분한 돈이다. 부유한 자가 가난한 자에게 풍요의 0.7퍼센트만 제공하면 수백만의 생명을 구원할 수 있다. 그런데 우리 정부가 왜 이 돈을 제공하지 않았는지 나는 이해할 수 없다. 이 돈을 지불한다고 해서 재정 안정화에 실패하지는 않을 텐데 말이다. 그렇다고 이 돈을 더 좋은 곳에 투자한 것도 아니었다. 이 돈으로 삶에 꼭 필요한 것을 지불할 수 있었다는 점이 중요하다. 사람들에게 물을 제공할 수 있는 우물, 농부를 위해 수확량이 많은 종자, 우리에겐 이미 사라져버린 질병에 대응하는 백신 및 의약품, 어린이 교과서 그리고 말라리아 퇴치를 위한 모기장 등이다. 이상은 몇 가지 예일 뿐이다. 물론 이 0.7퍼센트만으로 모든 문제가 해결되지 않는다는 것도 안다. 그러나 우리에겐 최소한의 기부금이라고 할 수 있는 이 돈마저 없다면 정치적으로 화려하게 선언했던 밀레니엄의 목표는 빈말로 남을 수밖에 없다.

투명성, 국제 공동선, 세계적 공공재

물론 가난한 나라의 개발 기회는 부유한 나라의 연대성과 원조에만 의존하지 않는다. 개발 원조가 지속적으로 성공을 거두는 경우는 오직 스스로 돕는 자를 도울 때뿐이다. 그러므로 개발도상국이 중장기적으로 자신의 경제적 능력으로 부를 창출할 때에만 우리의 목표를 달성할 수 있다. 그래서 이들 나라에는 상응하는 사회 기반 시설이 필요하고, 이를 위해 제대로 기능하고 부패하지 않은 행정이 필요하다. 그러므로 이런 요소들을 논의하는 키워드는 '선한 거버넌스'이다.

많은 나라가 가난한 이유는 친족 경영과 족벌주의로 부패한 사람들이 다스리기 때문이다. 이 문제에 관한 한 세계은행에서 25년간 일한 페터 아이겐Peter Eigen만 한 인물은 없다. 그는 남미 담당 행정관이었고 나중에는 동아프리카 지역 책임자였다. 2002년 작고한 그의 첫 부인 유타Jutta가 슬럼 지대에서 의사로 일할 때 아이겐은 정부 대표들을 만나 경제 정책 등 필요한 조치들을 협의했다. 이 이상주의자 부부는 위기와 가난에 맞선 동일한 싸움의 두 측면을 맡고 있다고 느꼈다. 아이겐은 백성들이 굶주림으로 고통을 받는데도 많은 정치인과 관료들이 뻔뻔하게 자신의 주머니만 불리는 모습을 거듭 경험해야 했다. 그리고 많은 나라가 부패에 지배당하기 때문에 그가 아무리 노력해도 결국 헛수고로 돌아간다는 것을 알았다. 2005년 《바디셰 차이퉁Badische Zeitung》과의 인터뷰에서 그는 이렇게 말했다.

부패는 현저한 경제 현상입니다. 부패는 경제 정책을 왜곡하는 것을 의미합니다. 이를테면 필요 없는 것을 구매하도록 결정하는 것입니다. 그래서 세계은행이 시도하는 많은 사업들은 언제나 무효가 됩니다. 그들은 뇌물을 얼마나 많이 챙길 수 있을까 하는 것만 염두에 두고 쓸데없는 프로젝트를 밀어붙입니다. 사람들이 진짜 필요로 하는 것은 거의 신경도 쓰지 않습니다.

페터 아이겐은 1993년 사임했다. 당시 그는 세계은행 내부에 가장 큰 지분을 차지한 선진국의 입장을 대변하는 위치에 있었기에, 부패 문제와 맞서 싸울 의지를 충분히 펼치기에 곤란했다. 그는 독일로 돌아와 전 세계적 부패와 싸우는 조직인 국제투명성기구Transparency International, TI를 설립했다.

그의 이런 사적인 활약은 꼭 필요했다. 왜냐하면 1990년대 말까지 선진국에서는 자국 기업이 외국의 공무원과 결정권자에게 뇌물을 바치는 것을 금지하지 않았기 때문이다. 여기서 빛나는 예외는 오직 미국뿐이다. 미국은 1977년 이미 '해외부패방지법Foreign Corrupt Practices Act'을 마련했다. 독일에서도 1999년까지는 독일 회사가 외국에서 뇌물 주는 것을 처벌할 수 없었다. 그런 뇌물은 세금을 줄이는 '유용한 경비'로 계산되었다. 1997년 12월 17일에 경제협력개발기구에서 뇌물방지협약Anti Bribery Convention을 체결했고, 이를 근거로 독일 입법부도 법을 만들었는데, 국제투명성기구의 로비 덕분이었다.

그동안 경제협력개발기구 국가들이 행동했지만 개발도상국과 신흥경제국의 부패는 늘 존재했다. 페터 아이겐은 위 인터뷰에서 나이지리아와 콩고처럼 광물 자원이 풍부한 나라를 예로 들었다.

이런 나라들은 천국이 되어야 했지만, 부패한 정부가 수십 년간 폐허로 만들었습니다. 그래서 그들은 단순히 가난할 뿐 아니라 폭력으로 찢겨 있습니다. 콩고는 이 세계에서 가장 부유한 나라 가운데 하나가 될 수도 있습니다. 그런데 오히려 지난 몇 년 동안 300만 명이 죽었습니다. 왜냐하면 자원 분배를 놓고 국민이 폭력적으로 싸우기 때문입니다. 그밖에도 확실히 말할 수 있는 것이, 석유를 보유한 많은 나라가 가장 부패했다는 것입니다. 예외가 있다면 보츠와나와 노르웨이입니다. 다른 산유국에서는, 채굴 승인을 내주는 지역 엘리트를 고분고분하게 만들 목적으로, 완전히 표적을 찍어서 뇌물을 줍니다. 그 결과 국민들의 고통은 목구멍까지 차오를 지경입니다.

그러므로 개발 원조는 재정적 도움을 의미할 뿐 아니라 가난한 나라에 제대로 기능하는 정부 설립을 조직적으로 지원하는 일까지 포함한다. 부패 문제가 잘 보여주듯 경제 발전은 정치 발전과 절대로 떨어져 있지 않다. 오직 민주적 헌법이 있고, 의회가 견제하는 정부가 존재하고, 독립된 사법부와 언론의 자유가 있는 나라만이 부패 문제를 지속적으로 다루었다.

최근에는 부유한 나라에서도 국민 경제의 안정성이 순수 국내 정치적 요인과 영향에만 달려 있지 않다는 점을 점점 더 자각하고 있다. 힘센 산업 선진국의 미래도 이제는 전 세계적 번영 및 파멸과 관련되어 있다. 누구도 더 이상 자신을 고립시킬 수 없다. 우리는 세계적인 운명 공동체 안에 살고 있다.

이미 1965년에 제2차 바티칸 공의회는 국제 협력의 목표로 "국제 공동선"을 말했다. "날로 더욱 긴밀해지고 점차 전 세계로 확산되는 상호 의존성 속에서, 공동선은 [...] 오늘날 더욱더 전 세계적인 것이 되고 거기에 온 인류와 관련되는 권리와 의무를 내포하게 되었다. 어떤 집단이든 다른 집단의 요구와 정당한 열망, 더욱이 온 인류 가족의 공동선을 고려하여야 한다."**7**

국제 공동선은 긍정적으로 또는 부정적으로 규정될 수 있다. 국제 공동선이 실현되려면 반드시 성취되어야 하는 실질적 전제가 있다. 유엔개발계획UNDP은 이에 대해 "세계적 공공재"라는 개념을 발전시켰다. 여기에는 국경과 세대를 초월해서 사용해야 할 모든 재화가 포함된다. 이를테면 건강한 환경, 훼손되지 않은 세계 기후, 평화, 안전, 경제적·사회적 안정, 문화적 유산 등이다. 인류의 미래는 이런 세계적 공공재에 달렸다.

또한 우리는 부정적인 면도 분명히 말해야 한다. 오늘날 세계적 공공재와 국제 공동선이 많은 방법으로 의문시되고 있다. 민족 분쟁과 무력 충돌이 증가하고 있다. 세계적 테러 네트워크는 전 세계를 근심과 공포로 몰아넣었다. 대량 살상 무기의 확산을 통제하기가 점점 더 어려워진다. 국제 금융 시장의 위기는 여러 나라의 국민 경제를 혼란에 빠뜨렸다. 세계 인구 가운데 많은 수가 아직도 극심한 가난에 산다. 기후변화는 인류의 미래를 위협한다. 이런 것들은 세계적 공공재라는 개념에 빗대어, 모든 사람을 무차별적으로 위협하는 세계적 공공악惡이라고도 말할 수 있을 것 같다.

미래에 세계적 공공재가 어떻게 보장될 수 있을지, 그리고 세계적 공공악과 어떻게 싸울 수 있을지, 이 문제에 모든 인류의 미래가

---

7 제2차 바티칸 공의회, 「기쁨과 희망」, 26항.

달려 있다. 그러므로 우리 지구에 존재하는 국가와 민족들의 협력 말고는 다른 대안은 없다. 곧 정의와 연대성의 세계화 외에 대안은 없다. 마르크스는 이 점을 매우 빠르게 인식했기에 1864년 '제1차 인터내셔널'을 설립했던 것이다.

그러나 마르크스와 그의 '제자들'에게 연대성이란 언제나 순수한 계급적 연대성만을 뜻했다. 이 점이 그리스도교와 결정적으로 다르다. 우리 그리스도인은 연대성을 생각할 때 모든 인간을 포함한다. 모든 인간은 하느님의 모상대로 창조되었기에 누구도 배제하지 않는다. 이런 보편적 인간의 연대성은 공산주의 이데올로기에 존재하지 않는다. 공산주의 연대성은 노동 계급 내부의 이해관계 안에서 실질적인 또는 추정된 공동성에 근거한다. 그곳에 인간 존엄성에 대한 생각은 없다. 그러므로 역사의 비극적 재난도 존재하지 않는다. 오히려 마르크스 이데올로기 안에서 설계되고 실제 존재했던 사회주의와 공산주의 국가에서 연대성의 개념은 정치적·경제적 억압 관계를 통해 왜곡되었다

1980년 폴란드에서 저항 노조인 '솔리다르노시치Solidarność', 곧 연대 자유 노조가 설립되면서 공산주의 통치자가 더럽힌 연대성 개념이 폴란드어로 새롭게 부활했다. 연대 자유 노조는 명백히 그리스도교 연대성의 이상을 따랐다. 요한 바오로 2세 교종이 교황으로서 고향을 처음 방문했을 때 그는 고국 폴란드 사람들을 격려하고 연대를 요청했다. 그러자 그단스크 레닌 조선소Gdańsk Lenin Shipyard에서 결성

된 독립 노조의 이름에 이 단어가 들어갔다. 이 노조는 동유럽을 억압하던 공산주의가 몰락하는 신호탄이었다.

연대성은 동유럽 사람들에게 정치적이고 경제적인 자유를 위해 투쟁할 용기를 주기에 충분한 사상이었다. 오늘날 이 세계에는 가난하고 억압받는 사람들이 쟁취해야 할 자유 또한 존재한다. 그러므로 실질적인 연대성의 세계화가 중요하다. 요한 바오로 2세 교종이 1979년 바르샤바에서 올린 미사에서 직접 올리신 기도는 지금도 여전히 유효하다.

"주님, 당신의 성령을 보내시어 이 땅의, 바로 이 땅의 얼굴을 새롭게 해주십시오!"

결
장

인간을 위하여

사 회 적 시 장 경 제 의 세 계 화 를 위 하 여

카를 마르크스의 원죄론과 현실의 죄

카를 마르크스는 『자본론』 첫 권의 마지막 장에서 자본주의가 어떻게 생겨났는지를 물으며, 모든 죄의 시작을 논구하려고 했다. 평생을 철학자로 살아온 그는 이곳에서 원죄를 언급하며 갑자기 신학적이 된다. 마르크스가 종교적 동기를 언급할 때면 늘 그렇듯이 여기서도 그는 냉소적 태도를 취한다. 나는 이 단락을 상세하게 인용하며 이 책의 마지막 장을 시작하고 싶다.

지금까지 어떻게 돈이 자본으로 전환되고 어떻게 자본을 통해 잉여가치가 창출되며 어떻게 잉여가치에서 더 많은 자본이 생겨나는지를 보았다. 자본의 축적은 잉여가치를 전제하고, 잉여가치는 자본주의적 생산을 전제하고, 이는 큰 규모의 자본과 노동력이 상품 생산자들의 손에 존재함을 전제한다. 이 전체 운동은 잘못된 순환 안에서 빙빙 도는 것처럼 보인다. 우리는 이 순환에서 비켜서 있을 뿐이며 이 순환 안에서 자본의 축적이 전제하는 '시초^ursprüngliche' 축적[1](애덤 스미스가 말한 '선행적 축적^previous accumulation') 아래에 놓여 있다. 이 본래적 축적은 자본주의적 생산 양식의 결과가 아니라 그 출발점이다.

정치경제학에서 본래적 축적은 신학에서 원죄와 거의 똑같은 역할

---

1 (옮긴이) 흔히 '원시적 축적'이라고도 한다.

을 한다. 아담이 사과를 한 입 깨물자 인류 위에 죄가 내렸다. 그리고 아담이 왜 그랬는지 핑계를 대자 죄의 본래적 이유가 밝혀졌다. 오랫동안 흘러온 세월 안에서 한편에는 부지런하고 지적이며 무엇보다 절약하는 엘리트가 있었고 다른 한편에는 모든 것을 탕진해버리는 게으른 룸펜이 있었다. 이제 우리는 빵을 먹으려면 이마에 땀을 흘려야 한다. 신학적 원죄라는 이 전설은 인간이 어떻게 저주받았는지를 알려준다. 경제적 원죄의 역사는 전혀 필요 없는 사람이 왜 존재하게 되었는지를 드러내는 것이다. 이렇게 해서 부를 축적한 사람이 처음 생겼고, 종국에는 자신의 몸뚱이밖에는 팔 것이 남지 않은 사람이 생겼다. 이 원죄 이래로 자기 자신 외에는 팔 것이 없는데도 언제나 노동해야 하고 그럼에도 가난해야 하는 많은 사람이 생겨났다. 그리고 노동을 오래전에 그만두었는데도 계속해서 부가 증가하는 소수도 생겨났다. [...] 잘 알려졌듯 실제 역사에서는 정복, 억압, 강도 살인 즉 폭력이 큰 역할을 했다. 온화한 정치경제학에서는 예부터 목가풍의 시가 유행했다. 예부터 법과 '노동'은 부를 늘리는 유일한 방법이었는데, 물론 언제나 '올해만' 그렇지 않다는 예외가 존재했다. 하지만 시초 축적의 모든 방법은 실제로 절대 목가적이지 않았다.[2]

카를 마르크스에게 자본주의는 자체로 나쁜 것이었다. 그의 사상에

---

2   카를 마르크스·프리드리히 엥겔스, MEW 233권, 741쪽 이하

                                                           결장

따르면 자본주의는 시초도 폭력적이고 본질도 폭력적이어서 그 체제를 합리화할 수 있는 것은 없었다. 게다가 자본주의는 인류를 폭력적으로 두 계급, 착취자 계급과 역사에서 점점 더 확대되는 피착취 계급으로 나눌 수밖에 없다.

마르크스의 이 분석이 옳았다면, 정말로 이 분석이 오늘날 우리의 시장경제에 맞서 정확하다면, 그리스도인으로서 나는 자본주의가 아닌 다른 경제 체제를 옹호했을 것이다. 그래도 나와 성이 같은 그분을 무조건 추종하여 대변하기보다 시장경제 외에 실제 어떤 다른 것을 옹호했을 것이다. 이 경우 내가 시장경제를 부인하려는 이유는 그것이 윤리신학의 원칙인 '(죄의) 가까운 원인$^{occasio\ proxima}$', 곧 가장 가깝고 가장 정확한 죄의 기회이기 때문이다. 만일 어떤 사람이 구체적으로 "저는 십계명을 지키지 '않아야만' 경제적으로 성공할 수 있습니다."라고 고백한다면, 나는 시장경제를 결정적으로 거부하는 사람의 편에 설 것이다. 만일 그렇다면 지금 인간은 자신의 고유한 가능성을 펼칠 수 있는 체제에 사는 것이 아니라, 자유롭게 선을 실천할 수도 없고 자신의 존엄성을 빼앗긴 체제에 갇힌 것이 된다. 이런 체제는 해방신학에서 말하는 '죄의 구조'라고 할 수 있을 것이다.

이 전제는 큰 곳이나 작은 곳에 모두 적용된다. 교회에서나 경제에서나 소규모 기업에서나 누구도 면제되지 않는다. 누군가 "나는 죄를 짓도록 강요되는 기업체에서 일한다."라고 말해야 한다면, 곧 타인을 무시하고 그에게 합당한 권리를 주지 않는다면, 인간 존엄성에 반하는 그 기업을 우리는 수용하기 어렵다. 또는 울리히 비케르트Ulrich Wickert의 책 제목처럼, 우리 사회에서 "미련한 자가 훌륭하다."라고 말할 수밖에 없을 것이다.[3] 많은 사람들이 분명 비케르트가 옳은 말을 했다고 느꼈기에 이 책의 반향이 컸을 것이다. 그리고 정말 미련한 자가 훌륭하다면 우리는 그 결과 이렇게 말해야 할 것이다. 잠깐 멈추시오. 여기서 뭔가 잘못되어가고 있으니 우리가 바꿔야 해요. 지금 빨리 방향을 바꿔야 합니다.

이른바 '현실에 존재하는 사회주의'가 저지른 모든 끔찍한 탈선에도 불구하고 마르크스주의가 오늘날까지 수많은 추종자를 보유하고 있는 이유는 자본주의를 자체로 나쁜 체제라고 평가한 마르크스의 견해를 많은 사람들이 아직 옳다고 생각하기 때문일 것이다. 이들을 미련하거나 순진하거나 정보가 모자라는 사람들로 폄하할 수는 없다. 오랜 세월 동안 마르크스주의는 유럽의 자유로운 지역에서도 여러 세대에 걸쳐 가장 똑똑한 사람들의 마음을 매료시켰다.

우리 베네딕토 16세 교종은 2000년 당시 요제프 라칭거 추기경 시절에 이렇게 썼다. "마르크스주의는 자유롭고 서로 다른 방식으로 다양하게 변주되었다. 근본적으로 마르크스주의 구원론은 윤리적 동기를 부여받았고 동시에 학문적 세계관에 기초하여 미래의

---

3   (옮긴이) 울리히 비케르트, 「미련한 자가 훌륭하다*Der Ehrliche ist der Dumme*」(함부르크, 1994).

전망을 제공한다. 그러므로 마르크스주의는 1989년의 (현실 사회주의 몰락이라는) 충격에도 단순히 사라지지 않은 것이다. 하지만 공산주의 노동 수용소인 굴라크Gulag에서 일어난 끔찍한 일들에 대해서, 솔제니친의 목소리가 어떻게 은폐되었는지 거의 이야기하지 않는 현실을 생각해볼 필요가 있다. 이 모든 일에 대해 사람들은 입을 다문다. 그 결과 일종의 수치심이 퍼져나가고 있다. 폴 포츠Pol Pots 정권의 학살에 대해서도 지나가며 슬쩍 언급할 뿐이다. 그래서 실망과 깊은 당혹감이 남아 있다."[4]

복지국가라는 미래

이런 당혹감에 대한 해답이 있다. 1992년 미국 정치학자 프랜시스 후쿠야마Francis Fukuyama는 『역사의 종말The End of History and the Last Man』이라는 책을 냈다. 이 책에서 후쿠야마는 소비에트 연방이 몰락하고 사회주의 위성 국가들이 해방되어, 자유주의, 민주주의 그리고 시장경제가 이 세계에 완전히 확산된다는 테제를 대변했다. 이데올로기가 대결하던 냉전 시대에는 선과 자유가 승리했고, 동시에 역사는 내적 충만함에 도달하여 종말을 맞았다는 것이다. 미래에는 이제 평화와

---

4   요제프 라칭거, 『그리스도교 입문Einführung in das Christentum』(뮌헨, 2000), 10쪽.

자유를 사랑하는 국가들만이 시장을 두고 서로 경쟁할 것이다.

2008년 초에는 미국의 다른 정치학자인 로버트 케이건^{Robert Kagan}이 『역사의 귀환과 꿈의 종말 *The Return of History and the End of Dreams*』이라는 책을 출간하여, 사실은 후쿠야마가 틀렸다고 지적했다. 우리는 요즘 유감스럽게도 자유와 민주주의의 확산을 체험하기 어렵다. 대신에 평화를 사랑하는 행동을 촉진하지 않고, 오직 지정학적 이해에 따라 경제적이고 군사적인 힘을 사용하는 권위주의적 정부의 귀환을 목도한다. 여기에 이슬람 테러리스트가 출현하면서 새로운 정치적 도전과 긴장이 촉발되고 있다. 이런 추세는 이미 새뮤얼 헌팅턴^{Samuel Huntington}이 『문명의 충돌 *The Clash of Civilizations*』에서 언급했다. 시장경제와 민주주의를 정착시키는 것 외에 다른 대안이 없다는 '역사의 종말'은 아무 의미도 없어 보인다. 경제 영역에서도 우리는 보편적 부가 확산하기보다는 빈자와 부자 사이의 격차가 역사상 가장 깊어지는 시대를 체험하고 있다.

1989년 이후 우리는 자유란 매우 값비싼 재화이며, 그것을 잃지 않으려면 부지런히 노력해야 한다는 것을 배웠다. 자유민주주의, 법치국가 그리고 시장경제는 새로운 방법으로 윤리적 요구에 직면하고 있다.

이에 대해 놀랄 사람이 많을 것이다. 냉전이 끝날 때, 무엇보다 경제 분야에서 프랜시스 후쿠야마처럼 생각하는 사람이 많았다. 그들은 시장경제에 대한 대안은 없다고 믿었기에, 경제와 경제인의 윤리적 기초에 대해서 더 이상 아무런 생각도 하지 않았던 것이다. 오늘날 수많은 경제학과 학생들은 특정한 모델 안에서 복잡한 계산을 수행하는 방법을 배울 뿐이다. 기초 지식은 가르치지도 않고 토론하지도 않는다. 젊은 경제학자 가운데 오늘날 빌헬름 뢰프케, 발터 오이켄, 알렉산더 뤼스토프 그리고 프리드리히 하이에크의 저서를 아는 사람은 드물다. 이들의 전문 지식이 사회 안에서 어떻게 소통되는지 배우지 못하고 경제학을 인문학의 한 분야로 어떻게 이해할 수 있는지 전혀 배우지 못한다면, 이는 지적으로 가난하다는 증거일 뿐 아니라 사회정치적 사상 면에서도 빈궁하다는 의미다. 경제학은 본디 삶의 조건이 충분하지 않은 사람의 행동을 연구하는 학문이다.

그러므로 나는 독일과 다른 나라에서 이루어지는 위험한 추세를 걱정한다. 그들은 다시 원시적 자본주의로 탈바꿈하는 것을 두고 시장경제의 발전이라고 부르고 있다. 시장에서 도덕과 윤리를 눈감을 때, 곧 공동선을 지향하도록 시장의 움직임을 통제하는 질서정책을 국가가 포기할 때, 우리가 얼마나 빨리 위험한 처지에 빠질 수 있는지를 2008년 여름 국제 금융 시장의 위기가 정말 잘 보여주었다.

나는 시장경제와 자본주의 사이의 차이를 분명히 해두고 싶다. 투자수익률이 경제의 유일한 지향점일 때(유감스럽게도 더 많은 투자수익률이 늘 지향점이다) 위험을 깊이 인식하는 사람들은 다시 한번 마르크스주의적 이상향으로 도피할 것이다. 그러나 그런 일이 일어나서는 안 된다. 우리는 그 이상향의 나쁜 결과를 보았다. 그런 일이 일어나지 않게 하려면 무언가 해야 한다. 우리는 시장경제가 질서의 틀 안에서 존재하도록 일해야 한다. 공동선을 지향하고, 제대로 기능하는 복지국가에서 제도화된 연대성의 공간을 보장하고, '국제 공동선'을 염두에 두어야 한다.

많은 사람들이 복지국가란 우리가 경제를 잘 운영하면 그저 따라오는 어떤 것으로 생각하지만 절대 그렇지 않다. '우리가 경제를 잘 운영하면 사회적인 것은 그저 따라온다'는 식의 구호도 쉽게 들을 수 있다. 그러나 나는 확신한다. 복지국가는 시장경제의 진보를 위한 윤리적 전제일 뿐 아니라 정치적이고 경제적으로 꼭 필요한 조건이다. 초기 자본주의를 지배했던 계급 갈등을 사회복지로 조정하지 않으면, 시장경제는 사회주의와의 싸움에서 패할 것이다.

복지국가는(범위와 형태는 다양하게 변화할 수 있다) 기업에서 힘껏 노력하며 시장경제에 참여하는 사람을 어떤 위험에서 구원한다. 그 위험은 시장 자체의 위험이기도 하고, 생명 자체가 위험에 빠질 수도 있다. 이를테면 질병, 실업, 노령 같은 개인적 위험이 연대성의 의무로 받아들여져야 한다. 그리고 복지국가는 모든 사람에게 참여하고 교육받고 자신의 힘으로 삶을 형성할 기회를 제공해야 한다. 이것은 공동체 전체에 이익이 된다. 왜냐하면 "실제 중요한 재원은 인간 자신"[5]이기 때문이다.

---

5 요한 바오로 2세, 「백주년」, 32항.

이 모든 일은 언제나 개인을 지향하며 조직되어야 하며 그렇게 유지되어야 한다. 그렇지 않으면 시장경제는 인간을 수용하지 못하고 미래를 잃어버리게 될 것이다. 인간은 스스로 시장의 위험을 기꺼이 무릅쓰고 참여할 준비가 되어 있어야 한다. 존 롤스John Rawls나 오트프리트 회페Otfried Höffe 같은 사회철학자들은 바로 이런 의미에서 복지국가의 사회 계약 이론을 정립했다. 복지국가가 없다면 시장경제는 일반적으로 승인될 수 없고, 사회윤리적으로 정당화될 수 없다. 그리스도교의 고유한 전망은 이 계약 이론에 하나의 생각을 더한다. 곧 모든 인간은 저마다 고유하고 양도할 수 없는 존엄성으로 연대성을 조건 없이 요구할 수 있고, 복지국가는 그런 연대성이 제도화된 형태로 발전한 사회라는 것이다.

물론 복지국가는 개인이 자기 인생을 스스로 책임지는 자기책임성을 무시해서는 안 된다. 모든 것을 해결해주는 배려국가는 위험한 환상이다. 그러나 개인은, 특히 세계 경제 안에서 개인은, 자신의 노동력으로 모든 위험을 감당하지 못한다. 그리고 복지국가는 개인만이 아니라 함께 연결된 사람들을 봐야 한다. 이는 그리스도교 인간형에 기반한 인격성의 원리를 전제한 것이다. 인격성의 원리는 정치적·경제적·사회적 삶의 지향점이자 실천 기준이고, 개인의 삶에서도 강력한 가치 척도다.

생명 정책

나치가 일으킨 2차 세계대전의 참화에서 유럽의 법적·사회적·경제적 질서를 재건한 사람들은 경제란 자체가 목적이 아니며 인간에 봉사해야 함을 잘 알 것이다. 오늘날 신자유주의를 비판하는 사람들은 이 용어를 고안한 알렉산더 뤼스토프가 오늘날 자본주의 비판가들과 똑같은 말을 했다는 사실을 알면 적잖이 놀랄 것이다. 뤼스토프는 자본주의 초기에 횡행했던 과거의 경제자유주의자들을 '고자유주의'라고 이름 붙였고, 자신과 동료들이 대변하는 '신자유주의'는 모든 것을 경제적 가치와 연결하는 것이 아니라 정확히 경제를 경제보다 더 높은 고려 사항 아래에 두는 것이라고 표현했다. 오늘날은 젊은 경제학자뿐 아니라 자본주의를 비판하는 노령의 학자들도 경제철학의 고전을 잘 모른다. 그들은 시장경제의 근본 가치에 대해 아는 것이 너무 적기에, 그런 논의가 이미 구시대의 것이고 현재와 관련 없다고 생각한다. 이것은 큰 오류다!

경제란 삶의 영역에 봉사해야 한다. 하지만 오늘날 우리가 체험하는 것은 반대다. 오히려 철학자 위르겐 하버마스가 말한 대로, 경제의 명령이 점차 삶의 영역을 식민지화하고 있다. 우리는 여기 독일에서 그 과정을 특별히 극적으로 보고 있다. 왜냐하면 가정이 실존을 가장 위협하는 도전과 싸우기 때문이다. 가정의 삶을 유지하기 위해 현대 경제 사회와 노동 사회는 더 많은 것을 요구하고, 가정은 점점 더 어려움을 겪고 있다.

여기에 사회적 틀과 조건을 재조정해야 하는 국가의 임무가 있다. 알렉산더 뤼스토프는 이를 '생명 정책Vitalpolitik'이라고 불렀다. 사회 정책은 인간 삶의 상황을 고려하여 행하며, 생명 정책은 사회정치의 인간학적 근거를 지향한다. 뤼스토프는 이렇게 말했다. "생명Vital은 '인간 생명vita humana', 곧 인간 존엄적 삶을 지원한다. 우리의 신자유주의적 의미에 따르면 시장은 목표를 이루기 위한 수단이며, 시장의 한계는 큰 의미가 있다. 생명 정책, 생명 정치는 시장의 한계와 관련 있다."[6]

가톨릭 주교로서 그리고 그리스도교 사회윤리학자로서 나는 '이런 식의 신자유주의'를 좋아한다. 이런 식의 신자유주의는 경제와 경제인들에게 결정적인 윤리적 기초와 지향을 제공하기 때문이다. 그 지향은 인간의 존엄성이며 '모든' 인간의 동등한 존엄성이다.

위대한 가톨릭 사회학자이자 훗날 쾰른의 대주교와 추기경이 된 요제프 회프너는 이미 1953년에 뤼스토프의 이런 주장을 인정하고 받아들였다. 당시에 그는 이미 이렇게 썼다. "현재까지 사회 정책에서 연금과 다른 혜택의 보장은 너무 일방적으로 전면에 등장해버렸다. 물론 연금이 꼭 필요한 경우가 있다. 직업 생활로 다시 들어오

---

6 알렉산더 뤼스토프, 「고古자유주의, 공산주의 그리고 신자유주의Paläoliberalismus, Kommunismus und Neoliberalismus」, 프란츠 가이스·프리츠 마이어 엮음, 「경제, 사회 그리고 문화Wirtschaft, Gesellschaft und Kultur」(베를린, 1961), 68쪽.

인간을 위하여   385

지 못하거나 너무 오랜 기간 불가능했던 경우다. 그러나 이른바 '재활'이 가능한 모든 인간은 다시 자신의 책임으로 소득을 벌 수 있도록 온 힘을 다해 노력해야만 한다."

50년도 더 넘는 세월 전에 이미 회프너는 이렇게 말했다. 이런 정책이 필요한 이유는 "사회적 부담의 총액과 사회복지 수혜자들의 숫자가 경제적 관계 안에서 신중하게 유지되어야 할 뿐만 아니라 [...] 인간 자신의 의지 때문이기도 하다. 인간이 행복을 공동으로 추구해야 한다면 가장 우선해야 하는 것은 연금과 각종 혜택을 수령하는 일이 아니다. 자신의 능력으로 활동하기, 스스로 책임지며 실현하기이다. 우리는 인간을 전체성 안에서 삶의 조건 안에서 봐야 하며, 그렇기에 우리는 '생명 정책적으로' 사고해야 한다.[7] 이런 지향이 전제하는 인간상에 따르면, 인간은 일상의 상황에 대처하며 스스로를 그렇게 증명하는 존재다.

세계적 연대성을 향하여

모든 인간이 경제, 정치, 문화 그리고 사회 가치에 참여할 수 있어야 한다는 이런 연대성은 국가 공동체에 국한되면 안 된다. 지구의 모든

---

7 요제프 회프너, 「사회보장과 자기책임성」, 카를 가브리엘·헤르만요제프 그로세 크라흐트 엮음, 『요제프 회프너』, 151쪽 이하.

인간을 하느님의 자녀로 보는 것은 그리스도인에게 자체로 윤리적으로 합당하다. 그러나 세계화된 세상에서 정치경제적 격변은 한계 없이 퍼져나가고 있고 국제 공동체 전체에 영향을 미치는 사안이기에, 세계적 연대성이라는 윤리적 요구는 정치적 지혜이자 명령이 된다.

아직까지 세계적 차원의 기관들은 유감스럽게도 이 정치적 과제를 수행할 만큼 충분히 강하지 못하다. 그리고 많은 나라가 국제기구를 강화하는 것을 거세게 반대한다. 왜냐하면 스스로 결정하고 형성할 자유, 곧 자주권의 상실을 두려워하기 때문이다. 이 점에서 베네딕토 16세 교종의 유엔 총회 연설이 중요하다. 그는 자유를 제한하는 국제 질서가 아니라, 오히려 자유를 지원하고 가능하게 만드는 국제 질서를 건설하려고 했음을 기억하자고 요청했다.

이런 질서가 순수한 이상이 아니라 실제로 실현 가능하다는 것을 세계에 보여주는 일이 우리 유럽인들의 특별한 임무일 것이다. 수백 년 동안 유럽의 민족은 불신과 질투에 싸여 마주쳤고, 늘 이기적인 권력욕으로 이 대륙에 전쟁을 일으켰으며 그 결과 수백만의 인간을 형언할 수 없는 고통으로 몰아넣었다. 2007년 파더보른에서 '일치와 평화를 위한 성 리보리오 메달St.-Liborius-Medaille für Einheit und Frieden'이 당시 룩셈부르크의 수상 장클로드 융커Jean-Claude Juncker에게 수여되었다. 5년에 한 번씩 수여되는 이 메달은 그리스도교적 가치에 근거하여 유럽의 평화적 일치에 의미 있게 봉사한 사람에게 주어진다. 나는 영광스럽게도 이 수상식에 축하 연설자로 초대되었다. 융커는 이 상을 수상하며 이 사실을 회상했다. "유럽에 가장 중요한 사실이자 유럽인들이 오랫동안 자랑스러워해야 하는 것은, 고통스럽게 고문당하고 찢겨버린 이 대륙에서 우리가 해냈다는 것입니다. 우리는 '다시 전쟁은 안 된다'는 영원한 전후의 구호에서, 이 영원한 기도에서 정치적 프로그램을 만들어냈습니다."

그러나 유럽은 이런 성공에 안주해서는 안 된다. 우리 자신의 자유와 부를 지닌 유럽인들은 자유가 없고 가난에 묶여 사는 사람들을 향한 의무도 지고 있다. 이 책임을 자각하는 것이 우리의 도덕적 책임이다. 우리는 정치적으로나 경제적으로 우월하며 모든 것을 더 잘 아는 입장이 아니라 아직 더 배우고 스스로 더 변화해야 하는 입장에서 이런 책임을 자각해야 한다. 융커도 이 점을 깊이 공감하며 말했다. "저는 매우 강하게 주장합니다. 유럽은 세계에 제공했던 역사적 선례를 바꿔야 했고, 그 새로운 결과가 무엇인지 가식 없이 세계에 제공해야 합니다. 우리는 세계가 아니기 때문입니다."

국민국가라는 틀의 질서처럼 아직 더 발전해야 하는 유럽의 제도들처럼, 우리는 오늘날 세계적 규제가 필요하고 '세계 차원의 사회적 시장경제'가 필요하다. 이것은 공정한 세계 무역 조건, 국제 금융 시장과 자본 시장의 질서, 필수적인 노동권 보장, 그 밖에 많은 것을 포함한다. 세계적인 연대성과 정의를 위해 일하는 것은 정치뿐 아니라 경제에 참여하는 모든 이들의 사명이다. 그것은 결국 우리 모두의 사명이다.

교회 또한 복음 선포, 교회의 사회적 가르침 그리고 세계적이고 사회적인 참여와 자선 활동의 참여를 이루면서 동시에 이런 사명을 21세기의 중심 과제로 함께 이룰 것이다. 요한 바오로 2세 교종은 소비에트 연방이 몰락한 직후인 1991년에 이 점을 다시 한번 강조했다. "오늘날 해방의 새롭고 진정한 이론과 실천을 추구하는 이들에게 교회는 교회의 사회적 가르침과 그리스도에 의하여 구원된 인간에 대한 가르침뿐 아니라, 인간의 배척과 고통이 극복되도록 구체적으로 참여하고 보조적 역할을 제공한다."[8] 주교로서 나는 이런 약속에 특별히 의무감을 느낀다. 가톨릭 사회론은 교회와 주교들의 선포 사명에 속한다. 가톨릭 사회론은 성령에 기반하고 있고 신학에 기초하고 있으며 이성과 모든 이의 선한 의지에 기초하고 있어서, 모든 인간의 인격적 존엄성을 수호하고 계발하는 데 실질적으로 기여할 것이다.

우리는 지금 특히 유럽에 도전하는 시대적 과제를 실질적으로 직면하고 있다. 우리가 이 도전에 올바르게 대처하지 않을 때, 카를 마르크스라는 역사의 좀비Wiedergänger를 마주칠 것이라고 깊이 확신한다. 그러나 인간을 위하여 그런 일이 일어나서는 안 된다. 그는 평안히 쉬어야 한다.

---

8   요한 바오로 2세, 「백주년」, 26항.

참고 문헌

Die Bibel. Altes und Neues Testament. Einheitsübersetzung, Freiburg 2008.

교종 회칙 및 기타 교회 문헌(연대순)

RERUM NOVARUM, Enzyklika von Papst Leo XIII. vom 15. 5. 1891 (Bundesverband
der Katholischen Arbeitnehmerbewegung Deutschlands [Hrsg.], Texte zur
katholischen Soziallehre. Die sozialen Rundschreiben der Päpste und andere
kirchliche Dokumente, 8. Aufl., Kevelaer 1992, 1–38).

QUADRAGESIMO ANNO, Enzyklika von Papst Pius XI. vom 15. 5. 1931
(Bundesverband der Katholischen Arbeitnehmerbewegung Deutschlands [Hrsg.],
Texte zur katholischen Soziallehre. Die sozialen Rundschreiben der Päpste und
andere kirchliche Dokumente, 8. Aufl., Kevelaer 1992, 61–122).

MATER ET MAGISTRA, Enzyklika von Papst Johannes XXIII. vom 15. 5. 1961
(Bundesverband der Katholischen Arbeitnehmerbewegung Deutschlands [Hrsg.],
Texte zur katholischen Soziallehre. Die sozialen Rundschreiben der Päpste und
andere kirchliche Dokumente, 8. Aufl., Kevelaer 1992, 171–240).

PACEM IN TERRIS, Enzyklika von Papst Johannes XXIII. vom 11. 4. 1963
(Bundesverband der Katholischen Arbeitnehmerbewegung Deutschlands [Hrsg.],
Texte zur katholischen Soziallehre. Die sozialen Rundschreiben der Päpste und
andere kirchliche Dokumente, 8. Aufl., Kevelaer 1992, 241–290).

GAUDIUM ET SPES, Pastoralkonstitution des Zweiten Vatikanischen Konzils vom 7.
12. 1965 (Rahner, Karl/Vorgrimler, Herbert [Hrsg.], Kleines Konzilskompendium,
25. Aufl., Freiburg i. Br. 1994, 494–552).

POPULORUM PROGRESSIO, Enzyklika von Papst Paul VI. vom 26. 3. 1967 (Bundesverband der Katholischen Arbeitnehmerbewegung Deutschlands [Hrsg.], Texte zur katholischen Soziallehre. Die sozialen Rundschreiben der Päpste und andere kirchliche Dokumente, 8. Aufl., Kevelaer 1992, 405–440).

LABOREM EXERCENS, Enzyklika von Papst Johannes Paul II. vom 14. 9. 1981 (Schriftenreihe *Verlautbarungen des Apostolischen Stuhls*, Bd. 32).

GERECHTIGKEIT SCHAFFT FRIEDEN. Hirtenwort d. Deutschen Bischöfe vom 18. 4. 1983 (Schriftenreihe *Die deutschen Bischöfe. Hirtenschreiben und Erklärungen*, Bd. 34).

WIRTSCHAFTLICHE GERECHTIGKEIT FÜR ALLE. Die katholische Soziallehre und die amerikanische Wirtschaft. Hirtenwort der Nationalen Konferenz der katholischen Bischöfe der Vereinigten Staaten von Amerika von 1986 (Schriftenreihe *Stimmen der Weltkirche*, Bd. 26).

SOLLICITUDO REI SOCIALIS, Enzyklika von Papst Johannes Paul II. vom 30. 12. 1987 (Schriftenreihe *Verlautbarungen des Apostolischen Stuhls*, Bd. 82).

CENTESIMUS ANNUS, Enzyklika von Papst Johannes Paul II. vom 1. 5. 1991 (Schriftenreihe *Verlautbarungen des Apostolischen Stuhls*, Bd. 101).

FÜR EINE ZUKUNFT IN SOLIDARITÄT UND GERECHTIGKEIT. Wort des Rates der Evangelischen Kirche in Deutschland und der Deutschen Bischofskonferenz zur wirtschaftlichen und sozialen Lage in Deutschland vom 22. 2. 1997 (Schriftenreihe *Gemeinsame Texte*, Bd. 9).

FIDES ET RATIO, Enzyklika von Papst Johannes Paul II. vom 14. 9. 1998. (Schriftenreihe *Verlautbarungen des Apostolischen Stuhls*, Bd. 135).

MEHR BETEILIGUNGSGERECHTIGKEIT. Beschäftigung erweitern, Arbeitslose integrieren, Zukunft sichern: Neun Gebote für die Wirtschafts-und Sozialpolitik. Memorandum einer Expertengruppe, berufen durch die Kommission VI für gesellschaftliche und soziale Fragen der Deutschen Bischofkonferenz, vom 29. 10. 1998 (Schriftenreihe *Die deutschen Bischöfe. Erklärungen der Kommissionen*, Bd. 20).

GERECHTER FRIEDE. Hirtenwort der Deutschen Bischöfe vom 27. 9. 2000 (Schrift-enreihe *Die deutschen Bischöfe. Hirtenschreiben und Erklärungen*, Bd. 66).

GLOBAL GOVERNANCE. Unsere Verantwortung, Globalisierung zu einer Chance für alle werden zu lassen. Ein Bericht an die Bischöfe der ComECE, hrsg. von der Kommission der Bischofskonferenzen der Europäischen Gemeinschaft (ComECE), Brüssel 2001.

DAS SOZIALE NEU DENKEN. Für eine langfristig angelegte Reformpolitik. Im-pulstext der Kommission für gesellschaftliche und soziale Fragen der Deutschen Bis-chofskonferenz vom 12. 12. 2003 (Schriftenreihe *Die deutschen Bischöfe. Erklärungen der Kommissionen*, Bd. 28).

AGRARHANDEL ALS TESTFALL FÜR GERECHTE WELTHANDELSBED-INGUNGEN. Gemeinsames Positionspapier der Deutschen Kommission Justitia et Pax, der Katholischen Landvolkbewegung und der Katholischen Landjugendbewe-gung, hrsg. v. d. Deutschen Kommission Justitia et Pax (Schriftenreihe *Gerechtigkeit und Frieden*, Bd. 108), Bonn 2005.

DEUS CARITAS EST, Enzyklika von Papst Benedikt XVI. vom 25. 12. 2005 (Schrift-enreihe *Verlautbarungen des Apostolischen Stuhls*, Bd. 171).

DEMOKRATIE BRAUCHT TUGENDEN. Gemeinsames Wort des Rates der Evan-gelischen Kirche in Deutschland und der Deutschen Bischofskonferenz zur Zukunft unseres demokratischen Gemeinwesens vom 20. 11. 2006 (Schriftenreihe *Gemein-same Texte*, Bd. 19).

KOMPENDIUM DER SOZIALLEHRE DER KIRCHE, hrsg. v. Päpstlichen Rat für Gerechtigkeit und Frieden, Freiburg i. Br. 2006.

SPE SALVI Enzyklika von Papst Benedikt XVI. vom 30. 11. 2007 (Schriftenreihe *Ver-lautbarungen des Apostolischen Stuhls*, Bd. 179).

FAMILIENGERECHTE RENTE. Gutachten im Auftrag der Kommission für gesells-chaftliche und soziale Fragen der Deutschen Bischofskonferenz zu einer familien-gerechten Reform der gesetzlichen Rentenversicherung; Bonn April 2008 (Schrift-enreihe *Arbeitshilfen der deutschen Bischofskonferenz*, Bd. 214).

Benedikt XVI., Eine menschlichere Welt für alle. Die Rede vor der UNO. Kommentiert von Gernot Erler, Udo Di Fabio, Klaus Töpfer, Freiburg 2008.

CARITAS IN VERITATE, Enzyklika von Papst Benedikt XVI. vom 26. 6. 2009 (Schriftenreihe *Verlautbarungen des Apostolischen Stuhls*, Bd. 186).

AUF DEM WEG AUS DER KRISE. Beobachtungen und Orientierungen. Stellungnahme einer von der Kommission für gesellschaftliche und soziale Fragen der Deutschen Bischofskonferenz berufenen Arbeitsgruppe zur Finanz- und Wirtschaftskrise vom 4. 12. 2009 (Schriftenreihe *Die deutschen Bischöfe. Erklärungen der Kommissionen*, Bd. 30).

기타 문헌

Albert, Michel, Kapitalismus contra Kapitalismus, Frankfurt a. M. u. a. 1992.

Althammer, Jörg, Erwerbsarbeit in der Krise? Zur Entwicklung und Struktur der Beschäftigung im Kontext von Arbeitsmarkt, gesellschaftlicher Partizipation und technischem Fortschritt (Soziale Orientierung, Bd. 13), Berlin 2002.

Amnesty International (Hrsg.): People's Republic of China. Internal migrants: Discrimination and abuse. The human cost of an economic 'miracle', London 2007.

Anzenbacher, Arno, Christliche Sozialethik. Einführung und Prinzipien, Paderborn u. a. 1997.

Arbeitsplätze schaffen. Ein Vorschlag zur Gestaltung des sogenannten Dritten Arbeitsmarktes, hrsg. v. d. *Aktion Arbeit* im Bistum Trier, Trier 2008.

Arendt, Hannah, Vita activa oder Vom tätigen Leben, 2. Aufl. (Taschenbuchausgabe), München 2003.

Augustinus, Aurelius, Vom Gottesstaat, eingel. u. übers. v. Wilhelm Thimme, 2 Bde., Zürich 1955.

———, Selbstgespräche über Gott und die Unsterblichkeit der Seele, lat./dt., Zürich 1954.

Becker, Irene, Armut in Deutschland: Bevölkerungsgruppen unterhalb der ALG-II-Grenze (Arbeitspapier des Projekts "Soziale Gerechtigkeit", Goethe-Universität Frankfurt a. M., Fachbereich Wirtschaftswissenschaften), Frankfurt a. M. 2006.

Bernhardt, Wolfgang, Sechs Jahre Deutscher Corporate Governance Kodex–Eine Erfolgsgeschichte?, in: Betriebs Berater. Zeitschrift für Recht, Steuern und Wirtschaft 63 (2008), 1686–1692.

Castells, Manuel, Der Aufstieg der Netzwerkgesellschaft. Teil 1 der Trilogie: Das Informationszeitalter, übers. v. Reinhart Kößler, Opladen 2001.

Cordes, Paul Josef (Hrsg.), Helfer fallen nicht vom Himmel. Caritas und Spiritualität, Freiburg i. Br. 2008.

Dassmann, Ernst, Kirchengeschichte I. Ausbreitung, Leben und Lehre der Kirche in den ersten drei Jahrhunderten, Stuttgart u. a. 1991.

Davies, James B. u. a., The world distribution of household wealth, UNU-WIDER, Helsinki 2006.

Di Fabio, Udo/Oermann, Nils Ole (Hrsg.), Was schulden wir einander? Mit Beiträgen von Udo Di Fabio, Ludger Honnefelder, Robert Leicht, Nils Ole Oermann, Gesine Schwan (Duisburger Dialoge Bd. 1), Berlin 2008.

Fukuyama, Francis, Das Ende der Geschichte. Wo stehen wir?, München 1992.

Goldschmidt, Nils/Wohlgemuth, Michael (Hrsg.), Die Zukunft der Sozialen Marktwirtschaft. Sozialethische und ordnungsökonomische Grundlagen (Untersuchungen zur Ordnungstheorie und Ordnungspolitik, Bd. 45), Tübingen 2004.

Habermas, Jürgen, Theorie des kommunikativen Handelns, 2 Bde., 2. Aufl., Frankfurt a. M. 1981.

———, Theorie und Praxis. Sozialphilosophische Studien, 4. Aufl., Frankfurt a. M. 1971.

Habisch, André, Corporate Citizenship. Gesellschaftliches Engagement von Unternehmen in Deutschland, Berlin u. a. 2003.

Hamann, Adalbert/Richter, Stephan (Hrsg.), Arm und Reich in der Urkirche, Paderborn, 1964.

Hasse, Rolf H. u. a. (Hrsg.), Lexikon Soziale Marktwirtschaft. Wirtschaftspolitik von A bis Z, Paderborn u. a. 2002.

Hayek, Friedrich A. v., Recht, Gesetzgebung und Freiheit. Eine neue Darstellung der liberalen Prinzipien der Gerechtigkeit und der politischen Ökonomie, 3 Bde., übers. v. Martin Suhr, Landsberg am Lech 1981.

_____, Die Verfassung der Freiheit, Neuausgabe, Tübingen 2005.

Heimbach-Steins, Marianne (Hrsg.), Christliche Sozialethik. Ein Lehrbuch, 2 Bde., Regensburg 2004/2005.

Hobbes, Thomas, Leviathan sive de materia, forma, et potesta civitatis ecclesiasticae et civilis, in: _____, Malmesburiensis opera philosophica quaelatini scripsit, Vol. III, hrsg. V. William Molesworth, London 1839, Nachdruck Aalen 1966.

Höffe, Otfried, Politische Gerechtigkeit. Grundlegung ei ner kritischen Philosophie von Recht und Staat, 3. Aufl., Frankfurt a. M. 2002.

_____, Vernunft und Recht. Bausteine zu einem interkulturellen Rechtsdiskurs, Frankfurt a. M. 1996.

Höffner, Joseph, Christliche Gesellschaftslehre, Neuaus gabe, hrsg., bearb. u. erg. v. Lothar Roos, Kevelaer 1997.

_____, Neoliberalismus und christliche Soziallehre (1959), in: Gabriel, Karl/Große Kracht, Hermann-Josef (Hrsg.), Joseph Höffner (1906–1987). Soziallehre und Sozialpolitik, Paderborn u. a. 2006, 187–195.

_____, u. a., Neuordnung der sozialen Leistungen. Denkschrift auf Anregung des Herrn Bundeskanzlers, Köln 1955.

_____, Soziale Sicherheit und Eigenverantwortung. Der personale Faktor in der Sozialpolitik (1953), in: Gabriel, Karl/Große Kracht, Hermann-Josef (Hrsg.), Joseph Höffner (1906–1987). Soziallehre und Sozialpolitik, Paderborn u. a. 2006, 139–155.

_____, Wirtschaftsordnung und Wirtschaftsethik. Richtlinien der katholischen Soziallehre. Eröffnungsreferat bei der Herbstvollversammlung der Deutschen Bischofskonferenz in Fulda am 23. 9. 1985, hrsg. v. Sekretariat der Deutschen Bischofskonferenz, Bonn 1985.

Horkheimer, Max/Adorno, Theodor W., Dialektik der Aufklärung. Philosophische Fragmente, Neuausg., Frankfurt a. M. 1969.

Huntington, Samuel P., Kampf der Kulturen. Die Neugestaltung der Weltpolitik im 21. Jahrhundert, 3. Aufl., München 1998.

Jahoda, Marie/Lazarsfeld, Paul F./Zeisel, Hans, Die Arbeitslosen von Marienthal. Ein soziographischer Versuch über die Wirkungen langandauernder Arbeitslosigkeit. Mit einem Anhang zur Geschichte der Soziographie, 18. Aufl., München 2004.

Johannes Paul II., Erinnerung und Identität. Gespräche an der Schwelle zwischen zwei Jahrtausenden, Augsburg 2005.

Kagan, Robert, The Return of History and the End of Dreams, New York 2008.

Kant, Immanuel, Gesammelte Schriften, hrsg. v. der Königlich Preußischen Akademie der Wissenschaften (Akademie-Ausgabe = AA), Berlin 1902 ff.

Kaufmann, Franz-Xaver, Wie überlebt das Christentum?, 2. Aufl., Freiburg u. a. 2000.

―――, Schrumpfende Gesellschaft. Vom Bevölkerungsrückgang und seinen Folgen, Frankfurt a. M. 2005.

―――, Zukunft der Familie im vereinten Deutschland. Gesellschaftliche und politische Bedingungen, München 1995.

Ketteler, Wilhelm E. v., Sämtliche Werke und Briefe, im Auftrag der Akademie der Wissenschaften und der Literatur, Mainz, hrsg. von E. Iserloh, Mainz 1977 ff.

Kirchhof, Paul, Ehe und Familie als Voraussetzungen für die Überlebensfähigkeit unserer Gesellschaft, hrsg. vom Presseamt des Erzbistums Köln 2002.

―――, Das Gesetz der Hydra. Gebt den Bürgern ihren Staat zurück, München 2006.

Klages, Helmut, Technischer Humanismus. Philosophie und Soziologie der Arbeit bei Karl Marx (Soziologische Gegenwartsfragen. Neue Folge, Bd. 19), Stuttgart 1964.

Korff, Wilhelm u. a. (Hrsg.), Handbuch der Wirtschaftsethik, 4 Bde., Gütersloh 1999.

Kronauer, Martin, Exklusion. Die Gefährdung des Sozialen im hoch entwickelten Kapitalismus, Frankfurt a. M./New York 2002.

―――, u. a., Im Schatten der Arbeitsgesellschaft. Arbeitslose und die Dynamik sozialer Ausgrenzung, Frankfurt a. M./New York 1993.

Küppers, Arnd, Gerechtigkeit in der modernen Arbeitsgesellschaft und Tarifautonomie (Abhandlungen zur Sozialethik, Bd. 50), Paderborn u. a. 2008.

Langner, Alfred, Katholische und evangelische Sozialethik im 19. und 20. Jahrhundert. Beiträge zu ideengeschichtlichen Entwicklungen im Spannungsfeld von Konfession, Politik und Ökumene, Paderborn u. a. 1998.

Lebenslagen in Deutschland. 3. Armuts- und Reichtumsbericht der Bundesregierung, Berlin 2008.

Mackenroth, Gerhard, Die Reform der Sozialpolitik durch einen deutschen Sozialplan (1952), in: Boettcher, Erik (Hrsg.), Sozialpolitik und Sozialreform. Ein einführendes Lehr- und Handbuch der Sozialpolitik, Tübingen 1957, 43 – 74.

Markschies, Christoph, Warum sich das Christentum in der Spätantike durchsetzte, in: zur debatte, 3/2006, 33 – 35.

Marx, Karl/Engels, Friedrich, Werke, hg. v. Institut für Marxismus–Leninismus beim ZK der SED, Berlin (Ost) 1957 ff.

Marx, Reinhard, An der Bildung entscheidet sich unsere Zukunftsfähigkeit. Ansprache beim St. Martins-Jahresempfang 2005 des Katholischen Büros Mainz, hrsg. v. Bernhard Nacke, Katholisches Büro Mainz, Mainz 2005.

—, Ist Kirche anders? Möglichkeiten und Grenzen einer soziologischen Betrachtungsweise (Abhandlungen zur Sozialethik, Bd. 29), Paderborn u. a. 1990.

—, Die Stakeholder eines Unternehmens. Unternehmerisches Handeln vor dem Anspruch der Ethik, in: Nothelle-Wildfeuer, Ursula/Glatzel, Norbert (Hrsg.), Christliche Sozialethik im Dialog. Zur Zukunftsfähigkeit von Wirtschaft, Politik und Gesellschaft. Festschrift zum 65. Geburtstag von Lothar Roos, Grafschaft 2000, 465 – 482.

—, Subsidiarität – Gestaltungsprinzip einer sich wandelnden Gesellschaft, in: Rauscher, Anton (Hrsg.), Subsidiarität – Strukturprinzip in Staat und Gesellschaft (Mönchengladbacher Gespräche, Bd. 20), Köln 2000, 35 – 62.

—, Weltgemeinwohl als sozialethische Kategorie. Anmerkungen zum weltweiten Horizont katholischer Soziallehre, in: Stimmen der Zeit 212 (1994) 37 – 48.

————, /Nacke, Bernhard, Gerechtigkeit ist möglich. Zwischenrufe zur Lage des Sozialstaats, Freiburg i. Br. u. a. 2004.

————, /Wulsdorf, Helge, Christliche Sozialethik. Konturen – Prinzipien – Handlungsfelder (Lehrbücher zur katholischen Theologie, Bd. 21), Paderborn 2002.

Metz, Johann B., Glaube in Geschichte und Gesellschaft. Studien zu einer praktischen Fundamentaltheologie, Mainz 1977.

Nell-Breuning, Oswald von, Die Arbeitswertlehre in der scholastischen Theologie, in der katholischen Soziallehre und nach Karl Marx, in: Strohm, Theodor (Hrsg.), Christliche Wirtschaftsethik vor neuen Aufgaben. Festgabe für Arthur Rich zum siebzigsten Geburtstag, Zürich 1980, 57–74.

————, Gerechtigkeit und Freiheit. Grundzüge katholischer Soziallehre, hrsg. von der Katholischen Sozialakademie Österreichs, Wien u. a. 1980.

————, Kapitalismus und gerechter Lohn, Freiburg i. Br., 1960.

————, Katholische Kirche und Marxsche Kapitalismuskritik, in: Stimmen der Zeit 180 (1976), 365–374.

Nothelle-Wildfeuer, Ursula, Soziale Gerechtigkeit und Zivilgesellschaft (Abhandlungen zur Sozialethik, Bd. 42), Paderborn u. a. 1999.

————, Wilhelm Emmanuel von Ketteler (1811–1877), in: Heidenreich, Bernd (Hrsg.), Politische Theorien des 19. Jahrhunderts. Bd. 3. Antworten auf die soziale Frage, Wiesbaden 2000, 275–294.

O'Donovan, Leo J., tempi – Bildung im Zeitalter der Beschleunigung. Bildungskongress der Kirchen am 16. November 2000 in Berlin, hrsg. v. d. Zentralstelle Bildung der Deutschen Bischofskonferenz, Bonn o. J. (Sonderdruck).

Rahner, Karl/Vorgrimmler, Herbert, Kleines Konzilskompendium, 26. Aufl., Freiburg 1996.

Ratzinger, Joseph, Einführung in das Christentum. Vorlesungen über das Apostolische Glaubensbekenntnis, Neuausg. mit neuer Einleitung, München 2000.

————, Salz der Erde. Christentum und katholische Kirche an der Jahrtausendwende. Ein Gespräch mit Peter Seewald, 4. Aufl., Stuttgart 1996.

_____, Werte in Zeiten des Umbruchs. Die Herausforderungen der Zukunft bestehen, Freiburg i. Br. 2005.

Rauscher, Anton (Hrsg.), Die Bedeutung der Religion für die Gesellschaft. Erfahrungen und Probleme in Deutschland und den USA (Soziale Orientierung, Bd. 17), Berlin 2004.

Rawls, John, Eine Theorie der Gerechtigkeit, Frankfurt a. M. 1975.

Reich, Robert, Superkapitalismus. Wie die Wirtschaft unsere Demokratie untergräbt, Frankfurt a. M./New York 2007.

Roos, Lothar, Es geht um die Würde des Menschen. Zum sozialethischen Vermächtnis von Johannes Paul II. (Kirche und Gesellschaft, Heft 321), Köln 2005.

Röpke, Wilhelm, Jenseits von Angebot und Nachfrage, 5. Aufl. (Ausgewählte Werke, hrsg. v. F. A. v. Hayek u. a.), Bern/Stuttgart 1979.

_____, Civitas humana. Grundfragen der Gesellschafts- und Wirtschaftsreform, 4. Aufl. (Ausgewählte Werke, hrsg. v. Friedrich A. von Hayek u. a.), Bern/Stuttgart 1979.

_____, Die Lehre von der Wirtschaft, 12. Aufl. (Ausgewählte Werke, hrsg. v. F. A. v. Hayek u. a.), Bern/Stuttgart 1972.

Rüstow, Alexander, Ortsbestimmung der Gegenwart. Eine universalgeschichtliche Kulturkritik, 3 Bde., ErlenbachZürich 1950–57.

_____, Paläoliberalismus, Kommunismus und Neoliberalis–mus, in: Geiß, Franz/Meyer, Fritz W. (Hrsg.), Wirtschaft, Gesellschaft und Kultur. Festgabe für Alfred Müller-Armack zum 60. Geburtstag, Berlin 1961, 61–70.

_____, Rede und Antwort, Ludwigsburg 1963.

_____, Das Versagen des Wirtschaftsliberalismus, 2. Aufl., Heidelberg 1950.

Schäfer, Daniel, Die Wahrheit über die Heuschrecken. Wie Finanzinvestoren die Deutschland AG umbauen, Frankfurt a. M. 2006.

Schmidt, Helmut, Beaufsichtigt die neuen Großspekulanten!, in: DIE ZEIT 6/2007 v. 1. 2. 2007.

Schmitt, Carl, Römischer Katholizismus und politische Form, Neuausgabe, 2. Aufl., Stuttgart 2002.

Schockenhoff, Eberhard, Grundlegung der Ethik. Ein theologischer Entwurf, Freiburg I. Br. u. a. 2007.

Schramm, Michael u. a. (Hrsg.), Der fraglich gewordene Sozialstaat. Aktuelle Streitfragen – ethische Grundlagenprobleme, Paderborn 2006.

Sen, Amartya, Ökonomie für den Menschen. Wege zu Gerechtigkeit und Solidarität in der Marktwirtschaft, übers. v. Christiana Goldmann, 3. Aufl., München 2005.

Smith, Adam, Untersuchung über Wesen und Ursachen des Reichtums der Völker, übers. v. Monika Streissler, hrsg. u. eingel. v. Erich W. Streissler, 2 Bde., Düsseldorf 1999.

Spaemann, Robert, Grenzen. Zur ethischen Dimension des Handelns, Stuttgart 2001.

Stiglitz, Joseph, Die Chancen der Globalisierung, München 2006.

——, Die Schatten der Globalisierung, Berlin 2002.

The "Nine Lives" of a Chinese Woman Migrant Worker. Ms. Zhang Tells Her Story, in: China Labour Bulletin Weekly Roundup No. 3 (14. 3. 2006). Internetquelle: http://www. china-labour.org.hk/en/node 36368 (24. 7. 2008).

Thurow, Lester C., Die Zukunft des Kapitalismus, übers. v. Ursel Reinke, Düsseldorf/Berlin 2000.

Ulrich, Peter, Integrative Wirtschaftsethik. Grundlagen einer lebensdienlichen Ökonomie, 2. Aufl., Bern u. a. 1998.

찾아보기

옮긴이 후기

질서자본주의, 새로운 주류의 가치

이 책을 쓴 마르크스 추기경은 가톨릭 사회론의 세계적 대가다. 그는 프란치스코 교종이 즉위한 다음 해부터 독일 주교회의 의장을 맡아 독일 교회를 이끌고, 동시에 바티칸의 다양한 위원회에 활발히 참여하고 있다. 특히 프란치스코 교종이 즉위하자마자 가톨릭교회의 개혁을 위해 특별히 설치한 '9인 추기경 평의회C9'의 일원이기도 하다. 한마디로 프란치스코 교종의 최측근으로서 21세기 가톨릭교회의 사회적 참여를 진두지휘하고 있다.

마르크스 추기경은 사회주의가 몰락한 이후 이른바 신자유주의로 대변되는 '고삐 풀린 자본주의', 곧 시장에 모든 것을 맡기자는 헛된 주장에 비판의 목소리를 내고 대안적 성찰을 자극하고자 이 책을 썼다. 나는 2016년 탄핵 이후 한국의 새로운 주류 세력이 마르크스 추기경의 성찰, 특히 '질서자본주의'를 경청하고 참조할 필요가 있다고 생각하여 이 책을 번역했다.

질서정책

'질서자본주의'의 바탕에는 가톨릭교회의 유서 깊은 '질서'(라틴어 ordo, 독일어 Ordnung) 개념이 있다. 가톨릭 신학의 자연법 사상에 따르면 창조 때 하느님은 만물에 내재적 질서를 부여하셨고, 인간은 물질적이고 생물학적인 차원은 물론 윤리적·사회적·영적 등의 차원에서 신적 질서를 발견하고 성찰한다.[1] 쉽게 말하면, 창조 때부터 만물에 스며 있는 신적 질서를 인식하고 그 질서가 지닌 장점을 올바른 방법으로 드러내면 신의 뜻을 깨닫고 구원에 가까이 갈 수 있다. 하지만 인간의 욕심이나 시대적 한계 등 다양한 이유로 내재적 질서가 왜곡되면 참된 본성이 드러나지 못하고 고통이 증가하며 구원과 멀어진다.

이런 자연법 개념은 신학이나 철학은 물론 서구의 자연과학과 사회과학의 발전에도 동력이 되었다. 근세 이전까지 그리스도교 신학은 개인적이거나 영적인 차원에서 신적 질서를 성찰했지만, 지난 세기부터 사회적이고 역사적인 차원에서도 적극적으로 해석하기 시작했다. 그리고 21세기에 들어서 생태적 차원으로 더욱 확대되고 있다.

사회적 차원에서 볼 때 경제나 정치에 참여하는 개인이나 기구

---

[1] 《신학과 교회 사전*Lexikon für Theologie und Kirche, LThK*》, 3권, 1112쪽.

가 이런 내재적 질서를 정확히 파악하고 그 장점을 구현하면, 개인의 자유와 창의도 증진되면서 동시에 공동체의 평등과 나눔이 증가한다. 내재적 질서의 차원에서 정의와 평등은 대립되지 않는다. 정의와 평등과 사랑이 동시에 증가하는 선순환 과정은 개인적 차원과 사회적 차원에서 충분히 가능하고 마땅히 지향해야 한다.

물론 가톨릭 신학의 질서 개념은 그저 자연 현상을 무기력하고 게으르게 수용하는 것이 아니다. 창조 때부터 부여된 내적 본성이 참되게 꽃피우려면 인간의 의식적이고 올바른 노력이 뒷받침되어야 한다. 그러므로 이런 질서는 '정글의 현상'을 있는 그대로 받아들이지 않는다. 사실 약육강식과 승자독식이 정글의 근본 질서인지도 의문이지만, 사랑과 구원을 본성적으로 지향하는 문명 사회의 질서가 될 수 없다는 점은 자명하다.

마르크스 추기경이 이 책에서 밝혔듯이, 그리스도교적 가치에서 피어난 질서정책Ordnungspolitik은 2차 세계대전 이후 독일 주류의 경제 정책으로서 '라인강의 기적'을 이루는 근본이었다. 그리고 독일 경제와 정치가 발전하고 번영하는 뒷받침이 되었다.

질서정책은 중도우파의 구호로 이해되지만 사실 그 자체로 탈이념적인 성격이 짙다. 좌우의 이념을 넘어 현실을 보게 만든다. 과연 지금 여기hic et nunc에서 자본주의 경제의 본성이 왜곡되지 않는지, 성장과 분배가 잘 이루어지고 있는지, 혹시 자유와 창의가 훼손당하지는 않는지, 가난하고 소외된 이들이 눈물을 흘리고 있지는 않는지 등을 종합적으로 분석하고 성찰하게 만든다.

그래서 필요하다면 좌파 정책이든 우파 정책이든 사용할 수 있다. 또한 양쪽의 정책이 지닌 장점과 단점을 모두 실증적으로 인정하고 그 사이에서 균형과 조화를 추구하게 한다. 분배 요구를 맹목적으로 앞세울 수도 없지만 기업 활동의 자유를 지나치게 주장하지도 못한다. 국가는 지나치게 간섭하면 안 되지만 그렇다고 마냥 작은 정부가 선이라는 이념적 주장에도 제동을 건다. 시장은 개방되어야 하고 기업은 자유를 누리며 개인은 창의를 꽃피워야 하지만, 동시에 독점은 강력히 규제되어야 하고 사회안전망은 촘촘해야 한다.

전체적으로 그리고 적절하게 그런 질서를 만들고 유지하는 책임은 사회 구성원 모두에게 있다. 질서정책은 우리 편과 네 편을 가르기보다 협력과 조정의 필요성을 서로 인정하게 만든다. 지금 여기에서 정치와 경제는 본래의 목적을 어느 정도 달성하고 있는지, 무엇을 보완해야 본성적 장점이 드러날 수 있는지를 끊임없이 묻고 따지고 점검하고 전체적으로 성찰하게 하는 힘이 있다.

좌우의 극단을 극복하는 질서자본주의

질서정책의 역사적 배경에는 인류의 뼈아픈 경험과 철저한 반성이 자리 잡고 있다. 근대 자본주의 탄생기에 인류는 약육강식의 참혹한 상황을 감내해야 했다. 자본은 활개를 쳤지만 노동자들의 처지는 비참했고 기본 인권과 인간 존엄성은 파괴되었다. 이를 극복하고자 카를 마르크스는 『자본론』을 썼다. 그리고 한동안 이념과 대립의 시대가 이어졌다. 한편에서는 계급 투쟁의 깃발 아래 레닌과 볼셰비키의 사회주의가 확산되었고 다른 한편에서는 국가 개입을 최소화했던 바이마르 공화국이 나치즘으로 치달았다. 히틀러와 스탈린으로 대표되는 양극단의 시도는 모두 완전히 실패했다.

2차 세계대전의 잿더미 위해서 서독 그리스도교인들이 발견한 길은 자본주의 경제의 본성적 장점을 드러내고 단점을 보완하는 것이었다. 좌우의 정책을 가리지 않고 만인이 자유롭게 참여하면서 끊임없이 원칙을 확인하고 수선하는 것이었다. 그런 새로운 흐름을 독일에서는 '질서자유주의Ordoliberalismus'라고 불렀고 '사회적 시장경제'나 '신자유주의'라고 부르기도 했다. 마르크스 추기경은 새로운 질서정책이 탄생할 당시부터, 고 김수환 추기경의 스승이었던 회프너 추기경 등이 큰 역할을 했다고 밝혔다. 질서정책에 기반하여 전후 독일의 정치와 경제는 꽃피웠다. 독일도 여러 문제를 겪고 있는 나라지만, 그래도 전체적으로 볼 때 여전히 기초가 튼튼하고 경제가 강하며 윤리적으로 실천하는 체제를 유지하고 있다.

1990년대 이후, 시장에 모든 것을 맡기고 가능한 모든 규제를 철폐하자는 흐름이 미국을 중심으로 세계를 휩쓸었다. 그런데 그 결과 자본주의가 발전하기는커녕 약육강식의 야만적 시대가 회귀했다.

세계적으로 슈퍼 부자들이 급증하는 가운데 가난한 사람들의 처지
는 훨씬 비참해졌고 그 숫자도 훨씬 많아졌다. 일부 소수 기업은 천
문학적 돈을 벌었지만 일자리는 증발하고 경제는 활력을 잃었으며
다음 세대는 전망을 잃었다. 성장이 도처에서 멈추었다. 새롭게 제
도화된 약육강식 현상은 인류의 퇴보일 뿐 아니라 경제의 본성을
왜곡하는 것이다. 그들은 스스로를 신자유주의자로 불렀지만 가톨
릭 사회론의 시각에서 볼 때 그것은 신자유주의를 근본에서 왜곡
한 것이었다. 이를 바로잡고자 마르크스 추기경은 이 책을 썼다. 이
미 2013년에 프란치스코 교종이 『복음의 기쁨』에서 '낙수 효과는
없다'며 왜곡된 신자유주의를 비판한 것도 같은 맥락이다(54항). 나
는 개인적으로 '신자유주의'라는 말이 정치적으로 너무 오염되어
그 바탕에 있는 '질서자본주의' 또는 '질서정책'이라는 용어를 사용
하는 편이 낫다고 생각하게 되었다.

한국의 새로운 주류와 질서자본주의

질서자본주의는 '탄핵' 이후 한국의 새로운 주류가 깊이 참조해야
할 가치다. 나는 한국이 산업화와 민주화로 양분되어 이념적으로 대
립하는 시대를 탈출해야 한다는 성찰에 공감한다. 한편으로는 개인
과 기업의 자유와 창의성이 꽃피어야 하고, 다른 한편으로는 가난

이 줄고 더 평등한 사회를 이룩하는 이상을 실현해야 한다. 재화와 기회가 합리적으로 증진되도록, 곧 자본주의 본래의 내적 질서가 잘 발현되도록 궁구하는 협력의 시대로 실증적이고도 차분하게 돌입할 수밖에 없다. 또한 새 한국의 주류는 새롭게 등장하는 가난과 고통, 곧 젊은 세대의 궁핍함과 새로운 배척 현상도 직시해야 한다.

질서자본주의는 폭넓은 개념이다. 사실 경제와 정치는 인간의 보편적 관심사이기에 소수 전문가의 손에 독점되지 않는다. 문인이나 예술가 등은 근본적 질서의 흐름을 예민하게 감지하고 표현할 수 있을 것이다. 종교인들은 근본적 질서를 성찰하며 합당한 방법으로 사회적 실천에 나설 수 있을 것이다. 좌우에 매몰되지 않고 역사와 영원의 너머를 바라보는 시선으로 우리 모두는 머리를 맞대고 함께 느끼고 기도하며 나눌 수 있다.

이 책은 정의평화위원회의 산물이다. 나는 지난 6년간(2013~2019년) 천주교 의정부교구 정의평화위원회에 참여하면서 교회 안팎에서 가톨릭 사회교리를 위한 참고서가 필요하다고 느꼈고, 이제 이 책을 번역함으로써 그 숙제를 덜고자 한다. 저자 마르크스 추기경은 2002년부터 교황청 정의평화위원회에 참여하셨다. 바쁘신 가운데도 이 책을 번역하는 과정에 친절하게 도움을 주시고 한국어 서문을 직접 써주신 마르크스 추기경님께 깊이 감사드린다. 추천사를 써주신 한국 천주교 주교회의 정의평화위원회 위원장 배기현 콘스탄틴 주교님과 서울대교구에서 사회사목을 담당하시는 유경촌 디

모테오 보좌주교님의 친절함과 너그러움에도 감사드리는 마음이
크다. 두 주교님은 더 적절한 용어와 더 매끄러운 번역어를 손수 찾
아서 제안해주시는 등 큰 관심을 보여주며 격려해주셨다. 그리고 독
일 유학 시절부터 신앙과 우정을 나눠주신 눌민의 정성원 모이세 대
표님과 부족한 원고를 살려주신 김지혜 아네스 선생의 노고가 없었
더라면 이 책은 세상에 나오기 힘들었을 것이다.

　이 책을 읽는 독자 가운데는 21세기 가톨릭교회가 이만큼의 포용
력을 보여주는 것에 놀랄 분이 있을지도 모르겠다. 그런 의미에서 이
책은 종교와 신학의 미래를 위해서도 시사점을 준다. 세상의 고통을
외면하는 종교는 의미 없거나 해로울 뿐이다. 평신도 신학자에게 아
직 한국 교회는 춥고 때로는 야속하지만, 종교의 참된 의미를 묻는
일에 여전히 참여할 수 있고 격려도 받아서 기쁘다. 질서자본주의는
공동합의성 등과 함께 21세기 신학의 화두가 될 것 같다.

2020년 9월 의정부에서

옮긴이 주원준

주원준

서강대학교를 졸업하고 독일 뷔르츠부르크대학 가톨릭 신학부에서 박사 학위를 받고 가톨릭 평신도 신학자로 활동하고 있다. 한님성서연구원 수석연구원이며, 서강대 등에서 구약성서, 고대근동의 종교, 히브리어, 고대근동어, 유다교 등을 가르친다.

주요 저서로 『구약성경과 신들─고대근동 신화와 고대 이스라엘의 영성』, 『우리곁의 교황, 파파 프란치스코』(편저), 『신명기─거룩한 독서를 위한 성경 주해 5』, 『신학의 식탁─세 종교학자가 말하는 유다교 이슬람교 그리스도교』(공저) 등이 있고, 『우가릿어 문법』, 『우가릿어 사전』, 『마테오 리치─기억의 궁전』, 『How to Read 성경』, 『우리 인간의 종교들』(공역), 『고대근동문학 선집』(공역) 등을 번역했다.

추기경 마르크스의 자본론

교회 인가 2020년 8월 10일 천주교 의정부교구장 이기헌 베드로 주교
1판 1쇄 찍음 2020년 10월 7일
1판 1쇄 펴냄 2020년 10월 14일

지은이   라인하르트 마르크스
옮긴이   주원준
펴낸이   정성원 · 심민규
펴낸곳   도서출판 눌민

출판등록   2013. 2. 28 제25100−2017−000028호
주소   서울시 마포구 월드컵로10길 37, 서진빌딩 401호 (04003)
전화   (02) 332−2486   팩스   (02) 332−2487
이메일   nulminbooks@gmail.com

한국어판 ⓒ 도서출판 눌민 2020
Printed in Seoul, Korea

ISBN   979−11−87750−32−1 03300

• 이 도서의 국립중앙도서관 출판예정도서목록(CIP)은 서지정보유통지원시스템
  홈페이지(http://seoji.nl.go.kr)와 국가자료종합목록시스템(http://www.nl.go.kr/
  kolisnet)에서 이용하실 수 있습니다. (CIP제어번호 : CIP2020028640)